中小学田径裁判员执裁规范研究

谢洪昌　王　雷　著

图书在版编目（CIP）数据

中小学田径裁判员执裁规范研究 / 谢洪昌，王雷著
. --北京：中国原子能出版社，2023.12
ISBN 978-7-5221-3153-5

Ⅰ. ①中… Ⅱ. ①谢…②王… Ⅲ. ①中小学–田径运动–裁判法 Ⅳ. ①G820.4

中国国家版本馆 CIP 数据核字（2023）第 239251 号

中小学田径裁判员执裁规范研究

出版发行 中国原子能出版社（北京市海淀区阜成路 43 号 100048）
责任编辑 张 磊
责任印制 赵 明
印　　刷 北京九州迅驰传媒文化有限公司
经　　销 全国新华书店
开　　本 787 mm×1092 mm 1/16
印　　张 16.25
字　　数 275 千字
版　　次 2023 年 12 月第 1 版 2023 年 12 月第 1 次印刷
书　　号 ISBN 978-7-5221-3153-5 **定 价 88.00 元**

网址：http://www.aep.com.cn **E-mail：atomep123@126.com**
发行电话：010-68452845

前　言

田径竞赛中，裁判员扮演着重要角色，是公平竞赛的重要保证。他们的组织能力、管理水平、判罚尺度以及确保参赛者在公平、公正、公开的环境下比赛的能力，对于运动会的顺利进行至关重要。随着田径竞技水平的不断提高，对裁判工作的要求也与日俱增。因此，培训和考核田径裁判员的工作必不可少，它有助于提高裁判员的执裁能力，保证比赛的公平公正进行。这项工作对于确保比赛工作的公平性至关重要。

本书结合现代科学技术在田径裁判工作中的应用和国际田径运动会竞赛裁判发展的新特点。针对中小学校田径工作实践的需求，通过简述中小学校田径裁判的实践以及对田径竞赛管理工作的论述，重点分析了径赛裁判工作、田赛裁判工作、竞赛秘书与编排工作、外场竞赛裁判工作、全能裁判工作等具体裁判工作的实施细则。这些内容更加明确了裁判员的工作任务以及田径竞赛的各项规则，以确保比赛有序、高效地进行。书中还阐述了场地器材管理与检查工作，充分体现了裁判工作“以人为本”的新理念，同时也更加贴近竞赛商业化的要求。这为加快我国中小学田径裁判工作与国际接轨提供了新的依据。通过学习本书，读者可以全面、系统地了解和掌握有关田径竞赛裁判方面的基本理论知识和裁判工作方法，从而提高组织田径运动竞赛的能力。

在本书的撰写过程中，作者借鉴了已出版的田径裁判方面的教材、专著以及国际田联网站上的内容，特此向这些作者表示感谢。鉴于时间紧迫，以及作者的精力和水平的限制，书中难免会存在遗漏之处，恳请广大读者批评指正。

作者

2023 年 5 月

目　录

第一章　田径裁判简述 …… 1

第一节　田径比赛裁判工作的特点 …… 1

第二节　田径裁判晋级的条件 …… 3

第三节　田径裁判晋级的准备 …… 4

第四节　田径国家级裁判员的报考 …… 5

第五节　田径裁判员技术等级制度实施办法 …… 6

第二章　田径竞赛管理工作 …… 13

第一节　技术代表工作 …… 13

第二节　技术官员工作 …… 15

第三节　仲裁委员工作 …… 17

第四节　赛事主管工作 …… 18

第五节　技术主管工作 …… 20

第六节　现场指挥工作 …… 23

第七节　现场展示裁判工作 …… 27

第八节　检录裁判长 …… 34

第九节　径赛裁判长 …… 44

第十节　田赛裁判长 …… 49

第十一节　外场裁判长 …… 52

第十二节　录像裁判长 …… 55

第十三节　全能裁判长 …… 58

第三章　径赛裁判工作……60
第一节　起点裁判工作……60
第二节　终点裁判工作……69
第三节　人工计时裁判工作……75
第四节　终点摄像计时裁判工作……79
第五节　终点记圈裁判工作……86
第六节　检查裁判工作……91
第七节　风速测量裁判工作……103
第八节　赛后控制中心工作……105

第四章　田赛裁判工作……113
第一节　跳远、三级跳远裁判工作……113
第二节　跳高裁判工作……123
第三节　撑竿跳高裁判工作……130
第四节　铅球裁判工作……139
第五节　标枪裁判工作……152
第六节　铁饼裁判工作……159
第七节　链球裁判工作……166
第八节　田赛电子裁判工作……175

第五章　竞赛秘书与编排工作……179
第一节　竞赛秘书工作……179
第二节　田径比赛编排与记录……186
第三节　技术信息中心裁判工作……196

第六章　外场竞赛裁判工作……200
第一节　马拉松裁判工作……200
第二节　竞走裁判工作……209

第七章　全能裁判工作 …… 218
第一节　全能裁判长工作 …… 218
第二节　全能项目裁判工作 …… 222

第八章　场地器材管理与检查工作 …… 228
第一节　场地器材裁判工作 …… 228
第二节　场地指挥裁判工作 …… 241
第三节　热身场地裁判工作 …… 247
第四节　外场比赛场地和器材、器械的布置 …… 250

参考文献 …… 251

第一章 田径裁判简述

裁判工作是竞赛的重要组成部分，它直接影响着竞赛的进行和运动员技术水平的发挥。裁判工作的目的是确保公平竞赛，保证运动员在竞赛条件均等的情况下进行比赛。因此，在工作中要做到严肃认真，公正准确，谦虚谨慎，团结协作。

第一节　田径比赛裁判工作的特点

一、电子仪器设备广泛运用于比赛的裁判工作

许多高科技的电子设备运用于裁判工作，使田径比赛更加公正、准确，并减轻了裁判员的工作强度，提高工作效率。如以终点摄像系统为基础的全自动电子计时装置和在公路赛和越野赛等中使用的传感器系统（芯片计时装置）代替人工计时；红外激光测距仪代替了直尺和钢尺测量高度项目和远度项目的成绩，目前在远度跳跃和铅球项目中还使用了影像测量仪，为田赛成绩复判与数据的保存提供了便利；起跑犯规监测仪能更好地确定对起跑犯规负有责任的运动员；电子计圈仪的应用提高了终点计圈工作的准确性；电动平沙器和投掷器材遥控运送车的使用，有效地减轻了裁判员的工作强度。计算机与网络设备的运用实现了以竞赛组织编排、记录、成绩处理与公告、综合查询、信息发布等为一体的高速度智能化管理。因此，现代的裁判工作是由裁判员和掌握电子仪器设备的技术人员共同协作完成的。

二、裁判员分工细，专业性强

田径比赛场地大，每项目比赛都是由多个裁判组（径赛项目）或组中不同分工的裁判员（田赛项目）共同完成的。例如，径赛项目的比赛是在径赛裁判长的领导下，由检录、起点、终点、计时（包括终点摄像计时和人工计时）、检查、风速等各裁判组和有关技术人员共同协作完成的。各裁判组的工作既有独立性，又要求各裁判组紧密协调配合，才能完成一场径赛的比赛任务。

田赛比赛终端、激光或影像测距、超声风速仪、时限显示牌、叫号牌、成绩显示屏、平沙器、器材回送车等电子仪器设备在裁判工作中使用，也使田赛裁判的分工更加细致。

三、裁判员的“大兵团协作”

田径比赛，参赛运动员少则几百人，多则几千人，国际上也经常举行万人马拉松赛。因此，比赛规模大是田径比赛的特点。国际大型比赛，裁判员的人数一般在 250～300 人，辅助裁判人员 200 人左右。

四、以信号指挥运动员比赛

在检录处设有大型检录时间显示牌，可显示比赛项目、比赛时间、开始检录时间、检录结束时间。绿灯亮表示该项检录开始，红灯亮表示检录结束。

径赛项目开始比赛前，现场展示收到径赛各相关的裁判组已准备就绪的回复后，播放一段将举行比赛项目的主题音乐（或用其他的音频信号）提醒裁判员、运动员和观众，接着场内大屏幕显示运动员的信息，并由宣告员宣布即将进行的比赛项目和介绍参赛运动员，然后再由发令员组织运动员上道。

田赛的各项比赛，运动员试跳或试掷的开始，是以在显示屏幕上显示运动员的号码为准，代替了裁判员的喊号，显示运动员号码后，裁判员拿开停止比赛的标志后，开始计算运动员的时限。

五、按照国际比赛特定规则和规程规定

国际大型田径赛的裁判工作，严格按照国际田联竞赛规则和技术规程的规定进行。

第二节　田径裁判晋级的条件

裁判水平决定了比赛组织进行得成功与否，同时也影响着运动员在比赛中技术水平的发挥。因此，做好田径裁判的培训及考核尤为重要。为推动我国田径运动的发展和田径竞赛裁判水平的提高，促进年轻一代裁判的成长，中国田径协会（以下简称中国田协）每两年组织全国田径裁判晋升国家级等级考试，各省市、自治区、直辖市、各行业体协以及各地区等基层单位也组织各等级的裁判晋级考试，不断地培养出新一代的裁判，推动着我国田径竞赛裁判水平的提高，也促进着我国田径运动水平的提高。

如何更好地进行田径裁判晋级的准备工作，并能确实达到提高裁判的工作水平，可以通过组织裁判等级考试进行考查，我国报考田径等级裁判的资格有以下三种规定。

（1）报考二级裁判等级考试，须至少参加 5 次以上的田径裁判工作。

（2）报考一级裁判等级考试，需在获得二级裁判等级证书 1 年以后，并参加了 7 次以上的不同等级比赛的裁判工作和具备领导一个裁判组进行裁判工作的能力。

（3）报考国家级裁判等级考试的裁判，需在获得一级田径裁判等级证书 3 年后，参加过各种等级的田径比赛裁判工作，并具备领导大、中、小型田径比赛裁判工作的能力。

因此，除学习《田径竞赛规则》外，在准备报考田径裁判等级考试时，应积极参加各级裁判工作，通过实践与锻炼，积累裁判经验和处理各种突发事件的能力，才能真正达到提高裁判水平的目的。

田径裁判的晋级，应具备以下两个条件。

一、精通《田径竞赛规则》

《田径竞赛规则》是裁判执裁工作的准则，牢记规则既是准备考试的最基本要求，也是衡量完成裁判实际工作能力的准绳。同时，由于规则中不可能包含所有可能发生的突发事件的处理规定，因此，即使具有丰富经验的裁判对出现的特殊问题的理解和处理，也会产生不同的观点。解决这些分歧的原则是：

掌握规则的精神是什么，区别有意和无意、有利和无利，是否影响他人，是轻微还是严重犯规，本着实事求是的态度来处理。因此，作为一名合格的裁判员，首先就是要深刻理解与精通最新田径竞赛规则的精神实质，这也是确保顺利通过考核的基本途径。

二、熟悉裁判方法

田径裁判等级考试，实际上是对考试参加者裁判能力的一种书面考核方式。因此，在学习规则的基础上，要加强实践经验的积累，熟悉裁判方法。通过实际裁判工作才能很好地掌握每个裁判组工作的任务、工作要点、程序、职责、人员设置及分工和场地器材的有关要求，使书本知识转化为系统地处理实际问题的能力。在此基础上，经过系统的理论学习，就能很快地全面掌握各项裁判工作方法及相关细则，从而提高学习效率。

第三节　田径裁判晋级的准备

通过晋级考试是田径裁判的热切愿望，除积极参加裁判实践外，加强晋级考试的复习和准备，巩固在实践中所学习的知识，进一步深入理解和掌握，达到融会贯通和灵活运用是晋升高等级裁判的必要条件之一。由于应试者准备晋升裁判的等级各异，考试的重点和难点与要求也不同。因此，备考中，学员应根据自身情况和裁判经验，确定准备步骤。在学习方法上，可以从规则与裁判法的学习研读、记忆、模拟各类试题三个方面进行。

一、研读

学习田径规则与裁判法，应在全面阅读的基础上，对重点章节进行研读，尤其是对总则、通则包括田赛项目的通则和各项目的条款以及场地器材、设备的规定等内容的理解与掌握，以达到融会贯通的目的。特别是对规则的定义与概念性的条文应认真读懂，理解其真正的意义，进而做到举一反三，灵活运用。

二、记忆

田径裁判晋级考试均采用闭卷形式，因此，对规则条款的熟记显得尤为重要，在学习中，应将共性的内容进行总结和归纳，精简记忆材料，提高效率。记忆法包括：归纳法、对比法、字头法、互答法等。

三、模拟

完成了前两个环节，紧接着应该是加强各类模拟试题的实战演练，在演练中加深对各种知识的理解与记忆。通过对多种题型的研究与剖析，摸清自身不足，并结合实际，制订出相应的备考策略。

第四节　田径国家级裁判员的报考

一、报考条件

（1）拥护中国共产党的领导，热爱社会主义祖国，热爱田径事业，工作积极，作风正派。

（2）年龄不超过 55 岁，具备大专及以上文化水平者。

（3）正式授予田径裁判员称号 5 年以上，经常参加田径裁判工作，身体健康的在职工作者。

（4）精通田径竞赛规则和裁判法并能准确熟练地运用，有较丰富的田径裁判工作经验。

（5）担任过省级或省级以上田径比赛主裁判以上职务者。

二、报考内容

（1）田径竞赛规则和裁判法。

（2）田径英汉竞赛用语。

（3）田径裁判工作实践能力。

三、报考办法

（1）一年考一次，考试前需参加田径裁判员培训班。

（2）由各省、自治区、直辖市、计划单列市体委、各行业体协、直属体育院校，根据国家体育总局田径运动体育管理中心分配的名额，由各省、市裁委会推荐符合报考条件的人员并通知参加报考，交纳报名费。

（3）由中国田协裁委会组织考试。

考生成绩达到合格分数线，由田径运动管理中心报国家总局审核批准后，授予国家裁判员称号并颁发证书、证章及胸徽。

一级以下各级田径裁判员报考，可参考本规定。

四、奖惩

（1）对于那些在田径竞赛裁判工作中，模范遵守《裁判员守则》，严格执行田径竞赛规则秉公执法；工作积极主动，兢兢业业，对竞赛规则和裁判方法能不断提出有效改进意见，并对田径裁判器材有改革创新者，给予表彰奖励，一般为4年一次。

（2）根据贡献大小，表彰方式分为：表扬、颁发荣誉证书、物质奖励、评选优秀裁判员，优先安排重大的国际、国内田径比赛裁判工作，观摩大型田径比赛，参加中国田协裁判委员会组织的活动等。

（3）各级田径裁判委员会可参照国家体育总局田径运动管理中心的规定，分级管理，定期进行表彰。

（4）裁判员违反竞赛纪律，应根据情节轻重给予纪律处分。

第五节　田径裁判员技术等级制度实施办法

为鼓励田径裁判员不断钻研业务，迅速提高我国裁判员的业务水平，以适应国内、国际田径比赛裁判工作的需要，促进我国田径运动的发展，同时为了保证各级、各类田径竞赛公平、公正、有序地进行，规范田径裁判员的监督管理工作，制定本方法。

一、田径裁判员管理细则

（1）田径裁判员应热爱田径事业，品行端正，为人师表，公正无私，身体健康，愿为裁判事业的发展贡献力量。积极参加裁判工作，努力钻研竞赛规则和裁判方法，熟悉田径运动技术，高质量地完成裁判工作。

（2）全国田径裁判员实行分级认证、分级注册、分级管理。

（3）田径裁判员的技术等级分为国际级、国家A级、国家B级、一级、二级、三级，对获得世界田联有关裁判技术等级认证者，统称为田径国际级裁判员。

（4）中国田协负责对田径各级裁判员的技术等级认证等工作的管理，具体负责对田径国家级裁判员进行技术等级认证等管理工作，负责对田径一级（含）以下裁判员的技术等级认证等工作进行监管和业务指导。

（5）中国田协委托各省、自治区、直辖市田径协会（或体育主管部门）负责本地区田径一级（含）以下裁判员的技术等级认证等管理工作。各地（市）田径协会负责对本地区田径二、三级裁判员技术等级认证等工作。有关地市未成立田径协会的，此项工作由所属省、自治区、直辖市田径协会负责。

（6）符合田径一级以下（含一级）裁判员技术等级认证条件的全国性行业体育协会和体育专业高等院校可负责本系统、本单位田径一级以下（含一级）裁判员的技术等级认证等管理工作，并接受中国田协及所属省、自治区、直辖市田径协会的业务指导。

二、裁判员委员会

（1）中国田协设立裁判员委员会（简称：裁委会），裁委会在中国田协领导下开展工作，具体负责田径裁判员的技术等级认证等监督管理工作。裁委会设主任1人，副主任2～4人，委员若干人组成。

（2）中国田协裁委会的职责包括：负责制定全国田径裁判员发展规划；制定裁判员管理的相关规定和实施细则；组织裁判员培训、考核；国家级裁判员技术等级认证、注册；对裁判员的奖惩提出意见；翻译并执行世界田联竞赛规则和裁判法；研究制定符合中国国情的田径竞赛规则和《裁判法》的补充规定。

（3）各省、自治区、直辖市体育主管部门或地方田径协会应当结合本地区田径竞赛开展情况参照本细则的规定成立相应的裁委会。本级裁委会原则上应由不少于3名国际级或国家A级或国家B级裁判员组成。裁委会名单须向中国田协备案，并向社会公布。

（4）进行二级、三级裁判员技术等级认证等管理工作的地（市）、县级地方田协也应参照本章规定成立裁委会。本级裁委会原则上应由不少于3名一级（含）以上技术等级的裁判员组成。裁委会名单须向上一级地方田协备案，并向社会公布。

（5）进行一级以下（含一级）裁判员技术等级认证等管理工作的全国性行业体育协会和体育专业高等院校应当参照本规定成立裁委会，裁委会应由不少于 3 名国家级裁判员组成。裁委会名单须向中国田协或所属省、自治区、直辖市田径协会备案，并向社会公布。

三、裁判员注册管理

（1）各等级裁判员实行注册管理制度。国际级、国家 A 级、国家 B 级裁判员每年在中国田协裁判员注册系统进行注册；一级（含）以下裁判员每年由各省、自治区、直辖市体育行政部门或地方田协裁委会组织注册工作，各级别裁判员注册年龄不得超过 65 周岁，国际级、国家 A 级、国家 B 级裁判员超过 1 年，一级（含）以下裁判员超过 2 年未在相应协会进行注册的将取消注册，一经取消注册的裁判员重新注册需重新提交注册申请书。

（2）中国田协裁委会和各省、自治区、直辖市政府体育主管部门或地方田协要建立裁判员注册信息库，注册信息建议至少包括以下主要内容：一是裁判员姓名、年龄、技术等级、注册申报单位等；二是裁判员获得相应技术等级资格认证的时间；三是参加裁判工作记录。

四、裁判员等级认证

（1）裁判员须具备良好的思想道德和业务素质，热爱田径裁判工作，能适应田径裁判工作特点，须具有良好身体素质和心理素质，且须具备良好的视力和反应能力。

（2）裁判员技术等级认证考核内容包括：田径竞赛规则、裁判法。有必要时可增加临场执裁考核和职业道德的考察。晋升国家级裁判员应适当加试外语作为资格认证的参考条件。

（3）报考国际级裁判员的人选，须具备国家级 A 级或国家 B 级裁判员资格。中国田径协会根据世界田联的相关要求确定推荐标准，由各省、自治区、直辖市田径协会（或体育主管部门）推荐，或由中国田协根据实际工作需要择优推荐。

（4）国家 A 级技术等级标准：身体健康，具有较高的裁判理论水平，有

丰富的全国性田径竞赛执裁经验，能够独立组织和执裁裁判工作，曾在国际级或国家级田径竞赛中担任裁判长岗位 4 次（含）以上或省级田径竞赛裁判长 8 次（含）以上在国家 B 级裁判员岗位执裁 8 年（含）以上，年龄一般不超过 60 周岁。国家 A 级裁判员认定工作需由符合申报条件的裁判员本人提出申请，由各省、自治区、直辖市田径协会审核，报中国田径协会审批。

（5）国家 B 级技术等级认证标准：身体健康，具有较高的裁判理论水平，有执裁全国性田径竞赛经验，能够独立组织和执裁裁判工作，曾担任全国田径竞赛裁判岗位 2 次（含）以上或省级田径竞赛主裁判 4 次（含）以上，任一级裁判员满 3 年，年龄一般不超过 50 周岁，经培训并考核合格。

（6）一级裁判员技术等级认证标准：身体健康，具有一定的裁判工作经验，曾担任省、市级田径竞赛主裁判 3 次（含）以上的经历，任二级裁判员满 2 年，能够掌握和准确运用田径竞赛规则和裁判法，经培训并考核合格。

（7）二级裁判员技术等级认证标准：身体健康，具有一定的裁判工作经验，曾担任区、县级田径竞赛裁判 3 次（含）以上，任三级裁判员满 1 年，能够基本掌握和正确运用田径竞赛规则和裁判法，经培训并考核合格。

（8）三级裁判员技术等级认证标准：身体健康，年满 18 周岁中国公民，具备高中以上学历，能够初步掌握和运用田径竞赛规则和裁判法，经培训并考核合格。

（9）裁判员技术等级认证，不得跨地区、跨部门认证。裁判员由于工作调动，可持本人注册证明和裁判员证书到所在地方相应的注册单位申请变更注册单位。国家级裁判员变更注册单位，应当报中国田径协会裁委会备案。

（10）具有裁判员培训与认证条件的地方田协或单位，应当至少每两年举办一次裁判员技术等级认证考核。合格者授予相应的裁判员技术等级称号。不具备裁判员培训与认证条件的各级体育主管部门或地方田协，不得开展相应等级的裁判员技术等级认证等工作。不具备培训与认证条件的地区，由中国田协指定参加其他各省、自治区、直辖市和地区相应的培训与认证工作。

五、裁判员选派

（1）全国性和地方性田径竞赛的裁判员选派应当遵循公开、择优、中立、均衡、就近的原则。

（2）全国性田径竞赛的技术代表、赛事监督、仲裁委员、赛事总管、技术官员、裁判长、主裁判须由国际级、国家 A 级或国家 B 级裁判员担任，由中国田协在各省市推荐的基础上根据相关规定进行选派。其他裁判员的技术等级应为一级（及）以上。

（3）各省市推荐裁判员的相关要求：身体健康；思想作风正派，公信力强；具有国家 A 级或国家 B 级以上裁判员资格；有省级以上竞赛的多次执裁实践，经验丰富；年龄在 65 周岁以下。

（4）担任全国性田径竞赛技术代表的条件：一般由具有国家 A 级或国家 B 级以上裁判资格的中国田协负责竞赛的工作人员担任，个别可从具有赛事监督岗位经验的人选中选拔选派。

（5）担任全国性田径竞赛赛事监督的条件：身体健康，年龄不超过 65 周岁，须具有国家 A 级或国际级裁判资格，在省级以上竞赛中担任过技术代表或赛事总管。中国田协裁委会根据赛事需要，设竞赛赛事监督岗位。赛事监督的职责是配合技术代表参与赛区相关工作。

（6）担任全国性田径竞赛赛事总管的条件：须具有国家 A 级或国际级裁判资格，在省级以上竞赛中担任过赛事总管助理，熟练掌握田径竞赛组织管理的流程与方法，具备径赛、田赛等综合的执裁经验与能力。

（7）担任全国性田径竞赛仲裁委员的条件：须具有国家级或国际级裁判资格，在省级以上竞赛中担任过赛事总管助理或相关裁判长以上岗位，具备径赛、田赛等综合的执裁经验与能力。

（8）担任全国性田径竞赛技术官员的条件：须具有国家级或国际级裁判资格，在省级以上竞赛中担任过不同的裁判长岗位 3 次以上，具备径赛、田赛等综合的执裁经验与能力，经中国田协培训合格。

（9）担任全国性田径竞赛裁判长的条件：须具有国家级或国际级裁判资格，在省级以上竞赛中担任过该项群竞赛的裁判长或主裁判岗位 3 次以上，具备综合的执裁经验与能力。

（10）担任全国性田径竞赛主裁判的条件：须具有国家级或国际级裁判资格，在省级以上竞赛中担任过该项群竞赛的主裁判或裁判员岗位 3 次以上，具备综合的执裁经验与能力。

（11）在国内举办的由国际体育组织主办的国际性体育竞赛，由中国田协

选派裁判员；国际组织未对竞赛的裁判员技术等级做出要求的，应当选派国际级、国家 A 级裁判员担任主要裁判岗位。

（12）各省、自治区、直辖市举办的同级以下的各类田径竞赛的技术代表、仲裁委员、赛事总管、技术官员、裁判长、主裁判须具备一级及以上裁判员资格，由各省、自治区、直辖市政府体育主管部门或地方田协选派。其他裁判员的技术等级应为二级及以上。可根据赛事规模自行决定赛事监督、赛事总管助理岗位的设置。

（13）全国综合性运动会的田径竞赛，由中国田协提出裁判员的选派条件、标准和程序，并公开、公正进行选派。全国综合性运动会选派的裁判员，由体育总局审核并统一公示名单。

（14）裁判员自愿参加各类田径竞赛执裁工作，赛区须为裁判员提供人身意外保险。裁判员在裁判工作期间出现人身意外和健康问题，由投保的保险公司负责赔付。

六、裁判员考核和行为准则

（1）中国田协裁委会以及各省、自治区、直辖市政府体育主管部门或地方田协应至少每两年对本单位注册裁判员进行工作考核。

（2）各级竞赛的裁判长，应当对参加竞赛执裁的裁判员进行考核，按裁判员的赛区工作表现填写评估表和打分，并报送相应田径协会或主管单位备案。

（3）裁判员在工作中必须严格执行“严肃、认真、公正、准确”的工作方针，仪表端庄、大方自然、精神饱满、体力充沛。在各级竞赛中佩戴中国田协统一制作的相应等级的裁判员徽章。

（4）竞赛结束后 5 个工作日内，选派的赛事监督、技术官员、赛事总管须向中国田协或相应的体育行政主管部门提交赛区工作报告。参加境外学习、工作的裁判员，须在竞赛结束后 5 个工作日内向中国田协提交裁判员境外执裁（培训）总结报告。

（5）各级田径协会（或行政部门）每年均应对本地区裁判员进行 1～2 次业务学习与培训，未参加者，下一年度不能安排执裁工作。

七、裁判员权利和义务

各级别裁判员享有以下权利：

（1）积极参加相应等级的田径竞赛裁判工作、积极参加裁判员的学习和培训。

（2）监督本级裁委会的工作开展、对于不良现象进行举报。

（3）享受参加田径竞赛时的相关待遇。

（4）对做出的有关处罚，有申诉的权利。

各级别裁判员应当承担下列义务：

（1）自觉遵守有关纪律和规定，廉洁自律，公正、公平执法。

（2）主动学习研究并熟练掌握运用田径竞赛规则和裁判法。

（3）主动参加培训，并服从和指导培训其他裁判员。

（4）主动承担并参加各类裁判工作，主动配合有关部门组织相关情况调查。

（5）主动服从管理，并参加相应技术等级裁判员的注册。

八、裁判员奖励与处罚

（1）各级裁判员资格认证的田径主管部门（中国田协、省、自治区、直辖市、地区田协）可每年举办 1 次优秀裁判员评选活动，并对优秀裁判员进行奖励。全国性综合运动会可根据国家体育总局相关规定进行评选。

（2）由中国田协以及各地方田协对违规违纪裁判员做出处罚。如地方田协不健全的，由当地政府体育主管部门向上级田协提出处罚意见，由上级田协对违规违纪裁判员进行处罚。

（3）裁判员违反下列竞赛纪律，应根据情节严重性给予相应纪律处分。纪律处分包括：通报批评、警告、取消若干场次裁判执裁资格、取消裁判执裁资格 1～2 年、降低裁判员技术等级资格、撤销裁判员技术等级资格、终身禁止裁判员执裁资格。

第二章
田径竞赛管理工作

第一节　技术代表工作

一、任务

技术代表与组织代表、大会组委会及有关人员密切协作，在适当时间向有关组织提交比赛准备情况的书面报告，负责田径赛事必要的技术性准备和组织工作，处理有关的技术问题，保证全部技术性安排完全符合田径竞赛规则和国际田联田径设施手册的规定。

二、人员设置与职责

技术代表设 1～2 人，其主要职责如下：

（1）确保所有技术性安排符合田径竞赛规则。

（2）提交竞赛日程议案。

（3）提交报名标准议案。

（4）提交投掷器械清单议案。

（5）确定田赛项目的及格标准。

（6）确定径赛项目的赛次、录取的原则和抽签。

（7）安排全能项目的分组等。

（8）确定按时发送竞赛规程。

（9）审核报名，并有因技术原因拒绝报名的权利。

（10）提交比赛准备情况的文字报告。

（11）与组织代表合作，主持技术会议，介绍技术官员。

（12）提交比赛总结报告。

三、工作方法

（一）赛前

（1）学习田径竞赛规则和相关的赛事文件，全面了解情况和赛事要求。

（2）研究、制定工作方案，明确工作的重点及其日程安排。

（3）确定竞赛规程下发的时间，按时发出竞赛规程。竞赛规程应包括竞赛日程的初步安排、报名标准与方法、比赛采用的有关器材以及径赛项目的比赛方法等内容。

（4）根据比赛的规格，确定发令员、终点摄像裁判员、感应计时裁判员等官员的人选。

（5）参加赛事实地考察，提出有关的建议和原则，协助当地组委会做好田径比赛所有必要的技术性准备工作，提交比赛准备情况的书面报告。

（6）根据比赛的实际需要，向当地组委会提出竞赛用房和房间内设施、在比赛场地和热身场地设置混合区、计算机在比赛场地区域内部分或全部联网等方面的要求。

（7）在审核报名情况时，凡不符合有关规定者，有权以技术性理由不批准其报名。如出现非技术性理由而需要否决报名，国内大型比赛应由中国田径协会裁决。

（8）对运动员参赛资格提出的抗议作出裁决。

（9）技术会议按照预先确定的议程进行，技术代表应介绍主要官员和赛事主管（总裁判长），解释比赛时间表、径赛录取方法、有关田赛项目的及格赛标准、跳跃高度项目横杆递升计划、比赛抗议、兴奋剂检测以及比赛其他要求等技术性安排，并回答与会代表书面或口头提出的问题。

（10）召开技术官员会议，任命技术官员组长，详细介绍工作情况，提出有关的要求。

（11）根据比赛的需要。决定仲裁摄像的具体位置，提出仲裁摄像的有关要求。

（二）赛中

（1）全面了解比赛的进展情况，加强与竞赛主任或赛事主管的联系，共同计划比赛的技术组织。

（2）在比赛过程中如发现存在任何技术问题，应提出解决这些技术问题的要求，保证比赛在符合规则规定的条件下进行。

（3）根据规则的有关规定，主持经运动员参赛确认后的全部比赛项目的分组、抽签排定道次或比赛顺序以及全能比赛每个单项的分组等编排工作。

（4）听取技术官员组长的工作汇报，提出改进工作的要求。处理在比赛中出现的经技术官员建议和裁决后仍未得到解决而提交的有关问题。

（三）赛后

对比赛的技术性准备和技术组织等工作进行总结，提交书面总结报告。

第二节　技术官员工作

一、任务

根据技术代表的要求和技术官员组长所分配的工作，到达该项目比赛现场，保证比赛全过程完全符合田径竞赛规则、竞赛规程的有关规定和技术代表作出的有关决定。

二、职责

（1）每个比赛项目安排1～2名技术官员，他必须自始至终在比赛现场。

（2）为该比赛项目的裁判长提供一切必要的工作支持。

（3）审核田赛项目的比赛成绩，并在成绩单上签名。

（4）当发现问题时的解决步骤如下：先向主裁判提出，如有必要可提供如何做的建议，如此建议被采纳，并发现此情况明显违反田径规则、竞赛规程和技术代表作出的有关规定，可作出裁决，如此问题仍未解决，应提交技术代表。

三、工作方法

（一）赛前

（1）认真学习田径竞赛规则、竞赛规程和竞赛须知，了解技术代表的有关决定和要求。

（2）分析、研究比赛中容易出现的问题，统一对解决疑难问题的认识，明确工作重点，制定工作方案。

（3）参加技术会议，全面掌握技术会议的决定和比赛的技术性安排等情况。

（4）根据竞赛日程进行分工，明确工作任务，技术官员组长应为每个比赛单元的每个项目指派至少一名技术官员。

（5）检查场地、器材和设备，了解裁判工作安排，对有异议的问题应立即与有关裁判长协商改进，或与有关方面联系解决，并及时向技术代表报告。

（二）赛中

（1）与有关裁判长、主裁判加强联系，密切合作。

（2）坚守工作岗位，在该项目比赛的全过程中（从检录到比赛结束），技术官员必须始终在场。

（3）认真、仔细地观察比赛进程，如果出现问题或观察到认为需要加以改进的事项，首先向该项目的主裁判提出，必要时可提出改进的建议。如果该建议未被采纳，并出现明显违反田径竞赛规则、竞赛规程和技术代表作出的有关规定时，技术官员可对此作出裁决。如果有关问题仍未得到解决，应提交技术代表。

（4）当有关裁判长缺席时，负责该项目的技术官员与该项目主裁判一起工作。

（5）田赛项目比赛结束时仔细审核成绩，无误后在成绩记录单上签名。

（三）赛后

（1）主动向技术代表汇报该项目的比赛情况。

（2）每天进行工作小结。

（3）比赛全部结束，写出书面总结上报。

第三节　仲裁委员工作

一、任务

仲裁委员会是田径竞赛的临时性仲裁机构，仲裁委员的任务是复审比赛期间执行田径竞赛规则、竞赛规程中发生的纠纷，处理各项抗议，裁决有关事宜，保证竞赛规则、竞赛规程的正确执行。

二、人员设置与职责

根据田径比赛规模和工作需要确定仲裁委员会的人数，通常由 3 人、5 人或 7 人组成，其中 1 人为主席，另 1 人为秘书。仲裁委员会的人选由中国田径协会选派，其职责为根据田径竞赛规则的规定和其它有效的证据，处理各项抗议，同时对发生于比赛中提交仲裁委员会的其它事宜作出裁决。

三、工作方法

（一）赛前

（1）认真学习田径竞赛规则、竞赛规程和仲裁委员会条例等文件，研究比赛中容易出现的问题及其原因，明确工作的重点和难点，制定工作计划和有关预案。

（2）全面了解比赛的准备工作，重点了解比赛场地、器材、设备以及裁判工作安排等方面的情况，为工作时便于清楚地观察提供帮助。

（3）检查仲裁委员的工作席位，以便于观察全场比赛为原则来设置仲裁委员的工作席位，并应有明确的标志。

（4）与摄像人员联系，共同商定仲裁摄像的工作方法与分工，绘制仲裁摄像机位示意图，了解摄像人员的学习、实习情况等。

（5）参加技术会议，掌握技术会议的有关内容和决定。

（二）赛中

（1）仲裁委员会应深入比赛现场，及时了解比赛中发生的争议和纠纷，掌握第一手材料。

（2）接受抗议申诉。接受抗议申述应根据《田径竞赛规则》第 146 条“抗议和上诉”中的有关要求执行：① 抗议申诉必须以书面形式提出，由代表该运动员的负责人（领队或教练员）签名，并交纳大会规定数额的申诉费。② 凡上交仲裁委员会的申诉，必须在正式宣告有关裁判长的裁决之后的 30 分钟内提出；如果抗议涉及某比赛的成绩和名次，则应在正式宣告该项目成绩后的 30 分钟内提出，否则不予受理。

（3）仲裁委员会一旦受理抗议，应立即开展调查工作，向有关的裁判长、裁判员和其他人员了解具体情况，同时结合收集其他有效证据、分析仲裁录像等，加以综合研究。然后召开仲裁委员会会议进行讨论，依据事实和规则精神，采取投票方式作出裁决。仲裁委员会的裁决结果，应以书面形式通知有关人员，并上报组委会备案。

（4）仲裁委员会的裁决为最终裁决，但是当有新的确切证据出现时，如果产生新的裁决结果仍有实际意义，仲裁委员会可考虑重新进行裁决。

（5）凡对田径竞赛规则未曾涉及的问题而作出的裁决，事后应由仲裁委员会主席向有关的田径协会报告。

（三）赛后

（1）认真进行总结。总结一般包括工作情况、接受抗议申诉及处理结果、经验与教训等内容。

（2）撰写书面总结并上报。

第四节　赛事主管工作

一、任务

负责运动会的正常进程，组织领导裁判工作，监督裁判工作过程。与比赛场地指挥员配合，保证比赛场地内的秩序。

二、职责

（一）赛前

（1）熟悉竞赛规程，准确把握和理解规程中的有关规定，如有疑惑之处，及时与主办单位联系解决。

（2）根据比赛的要求制定裁判岗位计划。

（3）根据裁判员的业务能力和工作水平，安排到适宜的岗位。

（4）掌握有关信息和资料，协助技术代表指导竞赛秘书组编印秩序册。

（5）领导有关裁判长按规则要求，严格检查场地、器材和设备，对器材和设备的不足部分向竞委会提出合理建议。

（6）组织裁判员和志愿者的业务培训。提出对全体裁判员的工作要求及比赛中执行规则和裁判方法需要重点注意和掌握的问题，统一裁判执法尺度。宣布赛前工作日程的安排。

（7）组织各裁判组按照工作细则进行裁判员学习及实习，并实施各裁判组联调工作。

（8）及时向竞委会主任及技术代表请示和汇报有关工作情况，做好与仲裁组、技术官员组的联系。

（9）协助技术代表制定竞赛技术规定，参加技术会议，做好第一天参赛运动员的确认工作，及时向主裁判通报技术会议的相关情况。

（10）适时安排主裁判及相关裁判员会议，听取赛前工作情况汇报，及时解决存在的问题。

（11）做好裁判队伍入场工作指导。

（二）赛中

领导全体裁判员在比赛中保证竞赛规程和竞赛规则的切实执行。

（1）每单元比赛开始前组织相关裁判员入场，检查各裁判组到场情况，督促各裁判组按时进行比赛。

（2）掌握比赛进程，与现场指挥保持联系。如遇特殊情况比赛不能正常进行时，与技术代表、竞赛部门有关人员研究应急方案及善后工作预案。

（3）根据规则精神，及时准确处理比赛中遇到的疑难问题和规则中未明文规定的相关问题。

（4）根据规则精神，对有关运动员给予警告或取消比赛资格，并将此情况填入成绩记录卡。

（5）全面掌控赛场情况，对容易发生争议和有可能出现问题的项目及地点重点加以关注。

（6）比赛结束后，召开裁判长、主裁判会议，听取汇报，了解情况，及时解决问题。

（7）督促指导竞赛秘书组做好每日秩序册和成绩公报的编印工作。

（8）与比赛场地指挥员保持密切联系，保持比赛场地的良好秩序。

（9）及时与技术代表、技术官员、仲裁和竞赛部门的联系和沟通。

（三）赛后

（1）宣布比赛成绩。

（2）召开全体裁判员大会，总结本次比赛的裁判工作。

（3）在有关证书、证明单上签字。

（4）审定、指导竞赛秘书组编印总成绩册。

（5）将有关材料上交入档。

（6）做好其他有关善后工作。

注：赛事主管助理协助赛事主管完成上述工作。

第五节　技术主管工作

一、技术主管的设置

（1）技术主管：2 人。

（2）场地器材组：24 人。

（3）器材保管组：4 人。

二、技术主管的任务

（1）根据规则在赛前对各径赛项目和田赛项目的场地、器材设备进行认真检查，新修场地和新购器材检查数据以中国田径协会审查鉴定的数据为准。

（2）按照规则和规定对运动员送来的田赛项目的自备器材进行准确的检查，对“合格”的器材贴上标记注册封存。

（3）赛前按各项目主裁判开设的比赛中所需物品进行逐项清点，检查准备落实，对所缺物品立即反映购置。

（4）根据竞赛日程的安排，按规定时间布置好场地。

（5）安排好赛前训练和准备活动场地、器材，为运动员创造优异成绩提供条件。

（6）赛后及时回收器材和物品并及时清理保养以备后用。

三、技术主管的分工

技术主管 A 主负责，协调并分管径赛裁判和裁判员的管理工作，技术主管 B 协助负责，分管田赛裁判和裁判员的管理工作。

四、技术主管的职责

1. 技术主管

（1）组织领导本组裁判学习规则，熟悉场地、器材、设备，学习规程、熟悉竞赛日程，研究统一工作方法。

（2）进行裁判分工、落实工作任务和工作职责。

（3）制订工作进程计划，掌握场地器材组和器材保管组在赛前、赛中及赛后的全部工作进程，协调各个环节，处理工作中的问题，有效地指挥工作。

（4）总结汇报工作。

2. 场地器材组

（1）在技术主管的领导下，进行竞赛场地、器材的检测和比赛项目的场地布置工作，工作中做到认真负责。

（2）根据工作任务，制订本组的工作细则。

（3）掌握全赛程中每一个单元的比赛项目时间和比赛项目的衔接情况，指挥每一个单元的场地布置以及器材设备的回收工作。

3. 器材保管组

（1）在技术主管的领导下负责保管室的全部工作，对工作认真负责。

（2）根据工作任务和竞赛日程制订工作细则。

（3）赛前根据规则和规定的要求，清理、检查、归类、准备好竞赛中所需器材和物品，对合格的器材，贴上标签封存，分类安放保管。

（4）根据各项目主裁判开列的所需物品清单，分类放入筐内。对不足或所缺物品，立即向主裁判报告，向上反映购置解决。

（5）根据大会规定，接受各项目主裁判对所需器材、用品的清理、检查，并提供方便。

（6）负责器材的借用和回收工作，对回收的器材进行认真检查、清理分类保管。

五、技术主管的工作细则

（一）赛前工作

技术主管组织裁判和工作人员学习有关场地、器材的部分章节和竞赛规程。明确工作内容、任务和职责，以及器材搬运和场地器材的检测方法。

（1）根据工作需要，场地器材组分成径赛场地器材组和田赛场地器材组，统一指挥，按规则要求和裁判检查方法，分头对场地、器材认真检测。

（2）根据规则对各竞赛项目的设备进行安装和检查。

（3）与田赛裁判长联系确定跳高、撑竿跳高和其他田赛项目的送检时间，经赛事主管同意后通知各队。

（4）制订本组每个比赛单元的场地和器材的工作计划，分工明确，任务落实，责任到组。

（5）准备接受有关裁判的检查。要求场地器材组和器材保管组在比赛前两天，将各种器材和所需用品进行清理和检查，准备完毕，并登记造册。对合格器材贴上标签分类封存。

（二）赛中工作

（1）田赛场地器材组根据比赛单元的秩序和时间，田赛项目的场地和器材在赛前 70 分钟应布置到位。比赛结束后工作人员将器材送到规定地点存放。如果还要使用，器材保管人员重新检查贴上“合格”的标签备用。

（2）径赛裁判组，根据比赛日程上每个单元的第一个径赛项目，器材备用应提前 70 分钟准备到位，以后进行的径赛项目和赛次，要在前一个项目比赛完毕后，立即布置，各跨栏跑项目和障碍赛项目（单元第一个项目）按日程提前 90 分钟将栏准备到位。10 千米、20 千米场地竞走饮水和其他用品，由径赛场地器材组的人员按规则要求布置。

（3）器材保管组，根据每个单元的比赛日程提前 90 分钟到场，准备好主裁判要领的物品。物品的领取和归还时，裁判员均要在清单上签字。

（三）赛后工作

（1）各组收回器材和物品，清点器材物品登记造册，对损坏器材写出报告。

（2）总结工作。

第六节　现场指挥工作

一、任务

组织、协调田径比赛现场各部门的工作，保证比赛准时开始和比赛进程，掌握颁奖仪式的进行、控制大屏幕的显示、与体育展示、赛场主持人密切配合，做好宣传宣告以及音响控制等工作，确保比赛顺利进行。

二、人员设置与职责

（一）人员设置

现场指挥 2 人。

（二）职责

（1）现场指挥一人全面领导工作，并负责与体育展示、赛场主持、大屏幕、音响控制及有关工作，负责径赛项目的比赛；一人负责田赛项目的比赛和颁奖工作。

（2）协调指挥各项目比赛的进程。

（3）掌握颁奖仪式的进行。

（4）控制大屏幕的显示与音响师配合播放比赛的有关音乐。

（5）指导赛场主持人的宣传、鼓动与宣告。

三、工作方法

（一）赛前

（1）认真学习规则和规程，了解赛会的性质、规模和组委会、竞委会对比赛的要求，熟悉竞赛日程和竞赛文件。

（2）制定详细的工作流程。

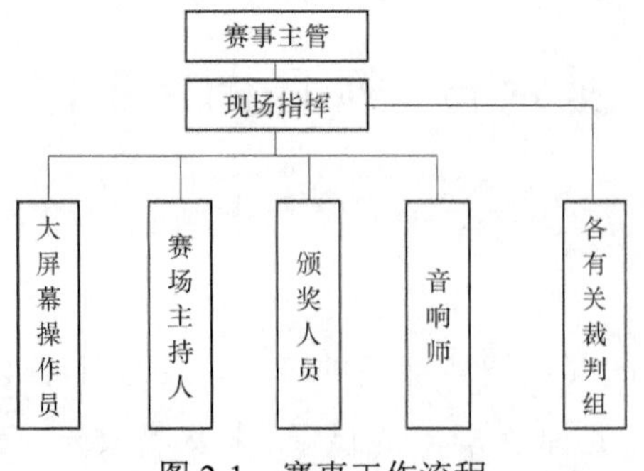

图 2-1　赛事工作流程

（3）掌握每个单元开始比赛时间和各项比赛的检录时间及裁判员、运动员进场时间。

（4）全面了解大会各种设备的配置情况，明确现场指挥工作所要达到的要求和规格，并检查和试运行各种设备，确保比赛时能正常运作。检查的设备应包括：大屏幕显示、播音和广播系统、电脑终端、通信设备（对讲机等）。

（5）与各部门商定联络方法，对讲频道等。

（6）与赛场主持人、大屏幕操作员合作，准备广播资料和运动会背景材料，确定宣传鼓动方案和策略。

（7）与音响师合作，选配径赛启动信号和有关比赛中的背景音乐。

（8）制订颁奖程序，协商联络和配合方法，初步确定每个单元的颁奖计划，根据各单元比赛日程和各项比赛可能结束的时间，合理穿插，烘托赛场气氛。

（9）确定现场指挥的位置，明确人员分工，准备所需设备和用品。

（10）了解各裁判组的工作流程、工作地点和进退场路线，充分做好准备工作，及时与各位主裁判沟通。

（11）预测比赛中可能发生的问题，与竞赛主任、赛事主管及有关部门商定应急预案。

（二）赛中

（1）按时到达工作岗位检查有关人员上岗情况，检查设备和器材运作是否正常，与有关人员和部门联络，检查通信是否畅通，了解各部门赛前准备工作情况。

（2）通过大屏幕显示大会背景资料及音响师播放有关音乐。

（3）每单元组织裁判员队伍入场，并介绍技术代表、仲裁主任、赛事主管。

（4）赛场主持人向观众介绍大会背景资料、比赛日程、参赛运动员情况及本单元比赛的项目和时间，让观众了解各项目比赛的情况等。

按照预定的比赛时间，准时启动各项比赛信号：

① 径赛准备就绪信号从发令协调员处得到确认，启动时间，大屏幕同步显示比赛分组表，并附有“请保持安静”的提示，预赛只介绍比赛项目、组别；长距离比赛在运动员出发后再详尽介绍运动员；决赛时，赛场主持人按道次介绍运动员，重点介绍有可能超纪录的运动员或优秀运动员，以吸引观众注意。

② 田赛项目在主裁判的领导下，按工作流程组织运动员赛前练习。赛前4分钟主裁判与现场指挥练习、管理裁判组织好运动员，赛前3分钟运动员入场，主持人介绍运动员。

（5）及时宣告比赛成绩和超纪录情况。径赛每组比赛成绩通过信息中心显示在大屏幕上；田赛各项比赛成绩在田赛裁判长确认后，也通过信息中心上大屏幕公布。大屏幕操作员必须及时记录成绩公布的时间，以便裁判长和仲裁委员会需要时查阅。

（6）协调各部门的工作，发现问题及时解决，保证比赛按预定计划顺利地进行。如遇特殊事件，应采取有效措施尽快解决。

（7）指挥颁奖仪式，使颁奖仪式成为整个比赛的重要组成部分。现场指挥应根据赛前制订的颁奖计划和与颁奖组商议好的工作细则，组织颁奖仪式。颁奖的工作程序如下：与颁奖组负责人联系—确认运动员和颁奖官员已经到位—准备工作就绪—赛场主持人宣告某项目颁奖仪式开始—播放音乐（颁奖官员和运动员入场）—颁奖官员和运动员入场到位后，大屏幕显示获奖运动员名单—赛场主持人介绍获奖运动员、颁奖官员—赛场主持人宣告颁奖官员和运动员退场（播放音乐）。

（三）赛后

（1）每单元比赛结束后认真总结，发现问题及时研究改进，不断提高指挥艺术，保证比赛更有序地进行。

（2）虚心听取有关部门和有关裁判长、主裁判的意见与建议，根据需要，及时调整指挥实施方案。

（3）比赛全部结束后，归还物品，有关材料归档。

四、工作重点与难点

（1）工作重点：保证比赛准时开始，掌握比赛进程。

（2）工作难点：协调各部门的工作，创造赛场的热烈气氛，为运动员创造优异成绩和提高观众欣赏比赛的兴趣创造有利的条件。

五、所需物品

（1）对讲机：4 部。

（2）电话：1 部。

（3）终端联网电脑：1 台。

（4）望远镜：2 个。

（5）比赛现场录像终端。

（6）文具用品若干。

（7）条桌 8 张，椅子 10 张。

（8）成绩公告、最新大会纪录、运动员技术等级标准。

（9）电脑：2 台。

（10）监听音箱：1 个。

六、体育展示标准程序

表 2-1　标准程序

径赛：	
分道起跑项目（100、200、400、800 等）	
预赛：只介绍比赛项目、组别	
决赛前 02:00	引导音乐 20 秒
决赛前 01:40	介绍比赛名称和运动员名单
决赛前 01:30	介绍每道运动员，每个运动员介绍用 10 秒
决赛前 00:00	比赛零时（“各就位”时间）
不分道起跑项目（1 500、5 000、10 000 等）	
预赛：介绍比赛项目、组别，发令后，在逐一介绍运动员	
决赛前 01:00	引导音乐 20 秒
决赛前 00:40	介绍比赛名称和运动员名单
决赛前 00:30	介绍 2～3 名优秀运动员
决赛前 00:00	比赛零时（“各就位”时间）
田赛：	
赛前 4 分钟管理裁判组织运动员整队集合，主裁判与现场指挥联系进行展示，赛前 3 分钟引导音乐响起，运动员列队进入场地（倒序排列入场），主持人介绍每个运动员。根据情况每个运动员大约用 10 秒钟左右时间，每个运动员被介绍完后可以返回比赛场地进行热身	

第七节　现场展示裁判工作

一、田径竞赛规则对项目展示主管和宣告员的规定

项目展示主管与竞赛主任协调，应负责制订比赛项目展示计划，并与组织代表和技术代表保持合作，应确保展示计划的实施，与竞赛主任和有关人员一

起解决发生的相关问题，应负责指挥项目展示团队并通过通信系统保持与团队每个成员的联系。

宣告员应向公众宣告参加每项比赛的运动员姓名、号码以及所有相关信息，如分组名单、抽签排定的道次或站位以及比赛中途的时间等，宣告员收到交来的每项成绩（名次、时间、高度和远度）后应尽快宣告。举办规则第一条规定，比赛时，应由国际田联指派英语和法语宣告员，在组织代表和技术代表的总指挥下，由项目展示主管负责所有宣告事宜和礼仪。

二、赛场展示

一场田径比赛的赛场展示水平可以决定它的成败，良好的赛场展示和宣告能够使一场平庸的比赛变得可以被接受。不同类型的比赛所需要的赛场展示类型也不同。另一方面，要使田径运动“引人入胜”也需要气氛，赛场展示烘托出大赛气氛，并且提供了一些比赛解说形式。

（1）在半决赛和决赛，或在运动员较少的项目的第一轮中，每个项目在发令前用 2～3 分钟介绍运动员，然后发令员发令开始比赛。

（2）为了配合闪现运动员获胜时间和成绩出现的过程，允许在 5 分钟内进行最快的基本情况介绍。

展示团队在赛事组委会为他们安排的区域内工作，通过宣告员的广播、大屏幕显示和音乐等展示比赛情况，调动赛场气氛。因此，需要展示团队的协同工作。展示团队的人员组成：1 名主管，1 名（或多名）宣告员，1 名（或多名）解说员，音响师，大屏幕上屏控制员等。

三、宣告工作

（1）宣告员基本上是一位信息提供者，其工作本质是向观众提供足够的信息，激发他们的兴趣和热情，使运动员和竞赛人员随时了解比赛信息。

（2）宣告员必须考虑运动员和竞赛人员的需要，并将这种需要与他们向观众宣传田径运动结合起来。

（3）基本要求是掌握田径运动的基本知识，顶级比赛的宣告员需要具备田径运动专家的知识，包括了解规则、成绩评价和对领先运动员的即时确认。

（4）宣告员必须能够迅速评估传递给他的各种信息，排除不适宜的信息，

通过其自身的评估过程，简洁地传播能够吸引听众兴趣的信息，如新纪录、主要锦标赛的达标成绩和个人最好成绩等。

（5）宣告员必须用大量时间进行综合性预先准备工作，从比赛组织机构获得充分和详细的比赛和运动员信息，具备现成的信息，包括世界纪录、国家纪录、参赛俱乐部（运动队）、省或地区比赛项目等。

（6）宣告员的嗓音应该是欢悦、清晰和经过良好调试的，避免单调，要善于展示热情。适合的做法是采用两名宣告员，形成嗓音的对比。女性嗓音尤其适合宣告对公众问候致辞，清晰程度往往是男宣告员难以达到的。

展示团队在引导公众欣赏田径运动过程中具有关键的作用，宣告员是团队的喉舌。

四、宣告的形式

如果下列任何信息出现在成绩显示屏或秩序册上，宣告员只需要注意书面文字。

（一）赛前介绍运动员

姓名、运动员的俱乐部、地区、国家，在适宜情况下还可以伴随运动员信息简短介绍。

上述信息宣告应该在一个比赛开始前的足够时间内完成，不要与比赛进程脱节，在这方面，赛前预备会上与主要竞赛人员，如发令员，会面协商是有帮助的。

（二）赛中宣告

赛跑过程中，各圈的用时、领先运动员的姓名和所剩赛程，在非锦标赛的比赛中，提供跑速指示、打破纪录的可能性说明，以营造气氛。

在田赛项目比赛中，在每轮比赛之间进行小结，播报具有专门意义成绩的细节、在明星运动员开始准备之前进行重点介绍。

（三）赛后宣告

（1）在最适宜的间隔时间内介绍获胜成绩或运动员。

（2）突出介绍重要的成绩和纪录等。

（3）提供充分的成绩结果服务，在时间允许情况下还要说明这种服务的程度以及提供风速信息等。

（4）团体比赛中，在每次比赛后或在频繁比赛的间隔内，播报即时团队积分。

五、仪式中的宣告

力图把宣告与成绩结合起来，尽可能取得最完善的仪式宣告效果。比赛宣传机构应该在他们的工作计划中安排这些宣告展示内容。

六、要求

（1）保持宣告形式一致。

（2）在运动员跳或投的过程中避免宣告，必要时需中断宣告，保证跳或投的比赛进行。

（3）运动员起跑时，由发令员的指令控制，需保持完全安静。

七、人员组成

（1）现场指挥 2 人。

（2）现场指挥助手 1 人。

（3）宣告员 3 人（兼内场主持）。

（4）音响师 1～2 人。

（5）大屏幕控制员 1～2 人。

（6）信息传递员 1 人。

八、岗位职责与任务

（一）现场指挥

现场指挥是比赛现场展示工作的实施者，负责比赛的进程控制和协调展示工作小组的各项工作。

（1）比赛前组织本组人员学习竞赛规程、竞赛规则和相应岗位的工作方法，并进行现场实习。

（2）比赛前根据每日的竞赛日程和比赛展示的需要编制《现场展示工作流程表》，该表作为比赛中现场展示工作的指导性文件。

（3）比赛前负责检查本组人员到位情况，对设备器材进行检查和调试，保证比赛中现场展示工作的顺利进行。

（4）比赛前监督检查展示工作本组员的工作准备情况，审定工作材料，及时发现问题并提出建议。

（5）积极与径赛长、田赛长和有关裁判组联系，制定赛中联系方式和程序，保证沟通顺畅。

（6）候制定比赛紧急情况预案，以备比赛中出现紧急情况时马上启动应急预案。

（7）负责比赛按照既定进程进行，并根据现场展示的需要对比赛的进程进行调整。

（8）对本组的工作进行总结并与总裁判长交换意见。

现场指挥 A：负责现场展示全面工作。

① 对设备、器材进行检查和调试；与径赛长、田赛长及各裁判组确定联络方式；对音乐进行编辑、试播，确定比赛所用音乐；制定颁奖流程，并对颁奖人员进行培训。

② 组织本组人员进行学习、实习和联调，确保比赛期间顺利完成任务。

现场指挥 B：根据竞赛日程，结合现场展示的需要，制定每场比赛的现场展示工作流程表。

① 与组委会协调，落实现场展示所需的设备和用品。

② 检查所有设备和用品，确保比赛期间正常使用，与赛事主管交换意见，拟定联调的时间和联调工作流程表，在比赛中做好与各部门的协调。

（二）现场指挥助手

协助现场指挥完成现场展示工作流程表的分发，落实颁奖工作，同时担当现场观察员。

（1）认真学习竞赛规程，熟悉竞赛日程。

（2）协调颁奖，制定颁奖工作计划，并确定联络方式，制定联络工作流程表，协同实施。

（3）作为赛场观察员时刻注意场上比赛的进程，及时发现比赛中的亮点，并及时向现场指挥报告。

（三）宣告员

负责完成现场宣告和主持的任务，包括宣告运动员名单、比赛成绩与田径运动知识等例行的宣告任务，同时还要积极寻找比赛的精彩点，在现场指挥的指挥下，适时合理地调动场上气氛，营造良好的赛场环境。

（1）认真学习竞赛规程，熟悉竞赛日程。

（2）准备比赛的现场解说资料和相关的大量指导材料以及编辑音乐。

（3）根据比赛日程，依照赛前制定的工作流程，在现场指挥的安排下进行宣告。

（4）时刻注意场上比赛的进程，充分发掘比赛中的精彩点，适时合理地调动群众情绪，营造良好的赛场氛围。

（5）在现场指挥的安排下，兼当内场主持人，积极寻找比赛精彩点，并对优秀运动员进行采访，做好运动员、裁判员与现场观众三者间的沟通，营造良好的赛场氛围。

宣告员 A：主持宣告工作。

① 完成收集、整理、编辑现场展示用的音乐材料，包括项目引导音乐、比赛提示音乐、串场音乐，准备好竞赛素材资料。检查音响设备，与音响师协调，试播现场展示用的音乐。

② 进行学习、实习和联调。

宣告员 B：负责宣告工作（兼内场主持），包括：竞赛日程宣告、田径知识宣传等，协助宣告员 A 工作。

① 收集资料素材，整理定稿，交现场指挥 B 检查。

② 熟悉和背诵所有资料，确保在比赛中发挥自如，出色完成任务。

宣告员 C：负责田赛宣告工作（兼内场主持）。

① 收集田赛资料素材，整理定稿，交现场指挥 B 检查。

② 熟悉和背诵田赛资料，并到内场进行现场采访实习，确保在比赛中有出色的表现。

（四）音响师

负责完成比赛现场的音乐播放任务。

（1）在现场指挥和主持人的领导下进行工作。

（2）根据比赛日程，依照赛前规定的工作流程表，准确无误播放音乐。

（五）大屏幕控制员

在现场指挥的指挥下，完成运动员名单、比赛成绩和获奖名单等比赛信息的上传工作。

（1）认真学习竞赛规程，熟悉竞赛日程。

（2）根据比赛日程，依照赛前制定的工作流程表，在现场指挥的领导下，上传比赛信息，确保准确无误。

（六）信息传递员

负责比赛信息的打印和传递工作，保证比赛信息的流通顺畅。

（1）认真学习竞赛规程，熟悉竞赛日程。

（2）积极与主持人、宣告员、大屏幕控制员沟通，确定信息的传递方式。

（3）根据比赛日程要求，及时打印和分发比赛信息。

九、工作流程

（一）赛前工作

（1）在现场指挥领导下学习竞赛规程和竞赛规则。

（2）制定工作计划，做好分工安排，明确工作职责与具体操作方法。

（3）与各裁判组商定落实联络的具体方式方法，并进行现场实习和联调。

（4）检查、熟悉工作环境和设备的性能。

（5）收集、编辑适合本次运动会，并具有特色的信号音乐以及资料。

（二）赛中工作

（1）按规定时间提前到达工作室。

（2）根据比赛日程，制定的每场比赛工作流程表。

（3）按照每场比赛工作流程表控制比赛，可根据比赛场上的实际情况，进行适当调整。

（4）协助颁奖。

（三）赛后工作

（1）每场比赛结束后主动与裁判长、主裁判联系，了解各项目比赛情况，评价赛程控制状况。

（2）在现场指挥领导下进行工作小结。

（3）进行赛会工作总结，并交赛事主管。

第八节　检录裁判长

一、任务

（1）按时召集运动员到第一检录处。

（2）按照规则规定，对运动员做好各项检查工作。

（3）按检录时间表及时将运动员带到第二检录处的相应检录间，分发小号码及芯片，并做好复检工作。

（4）选择合理路线将运动员准时、安全地带到赛场。

二、人员设置与职责（裁判员 16 人，志愿者 45 人）

（一）人员设置

（1）检录长 2 人。

（2）检录主裁判 3 人。

（3）广播员 2 人（志愿者）。

（4）检录时间显示操作员 1 人（设备公司人员）。

（5）第一检录处入口检查员 4 人（志愿者）。

（6）第二检录处出口控制员 2 人（志愿者）。

（7）检录员 10 人，辅助检录员 20 人（志愿者）。

（8）物品器材管理员 4 人（志愿者）。

（9）终端操作员 1 人（志愿者）。

（10）引导员及其他志愿者 12 人（志愿者）。

（二）职责

（1）检录裁判长 2 人，其职责为以下内容：

在赛事主管的领导下，主持检录的全面工作，负责裁判员和志愿者的分组分工。

1 人主要在第一检录处工作，负责全盘指挥，安排调配裁判，协调内外工作；掌握每单元工作时间，负责制定检录时间流程表，提取检录单，分配检录任务；全面指导广播、物品保管、终端、大屏显示、入口及检录工作；解决发生在检录工作中出现的问题或发生在检录室中任何没有解决的广告事宜，不断观察和监督各组工作。

1 人主要在第二检录处工作，掌握每单元工作进程，负责安排依照检录单分发小号码布（或芯片）等工作；控制运动员离开第二检录处的时间，根据赛程，确保运动员准时到达比赛场地；赛前领取秩序册，准备各种表格，负责领取和管理器材、设备及物品；解决工作中的问题，统计检录有关数据资料。

（2）检录主裁判 3 人，其职责为以下内容：

1 人在比赛中主要负责第一检录处各检录室的检录工作。负责引导员的安排；准确掌握检录开始时间、结束时间，登记每组带出“一检”的时间，及时督导与处理各检录组的检录事宜，不能解决时及时请示裁判长；赛前领取检录单，根据检录时间流程表分发检录单。

2 人负责第二检录处的检录工作。负责管理裁判员和志愿者在各检录区域的工作；检查小号码的佩戴情况；控制好运动员离开第二检录处的时间并监督各组的终端确认；登记每组带出“二检”的时间；保证检录室的秩序及卫生等。

（3）广播员 2 人（志愿者），其职责为以下内容：

“一检”处广播员根据竞赛日程，预先制定每单元比赛项目的广播计划；赛前准备好设备，每组比赛开始检录前 12 分钟、8 分钟、3 分钟进行 3 次预备检录广播通知，每次广播 2 遍，检录广播通知应以下列时间为依据（表 2-2）。

表 2-2　检录时间安排

项目	赛前检录			检录开始时间（“一检”关门时间）	到达赛场时间
	第一次通知	第二次通知	第三次通知		
径赛项目（除接力）	赛前 42 分钟	赛前 38 分钟	赛前 33 分钟	赛前 30 分钟	赛前 10 分钟
接力	赛前 52 分钟	赛前 48 分钟	赛前 43 分钟	赛前 45 分钟	赛前 15 分钟
田赛远度项目	赛前 62 分钟	赛前 58 分钟	赛前 53 分钟	赛前 50 分钟	赛前 30 分钟
跳高	赛前 72 分钟	赛前 68 分钟	赛前 63 分钟	赛前 60 分钟	赛前 40 分钟
撑竿跳高	赛前 82 分钟	赛前 78 分钟	赛前 73 分钟	赛前 70 分钟	赛前 60 分钟
全能每单元第一项	按照各单项时间				

“二检”处广播员按事先制定的进场时间安排，通知要进场的运动员到指定的位置集合准备入场。

（4）检录时间显示操作员 1 人（设备公司人员），其职责为以下内容：

赛前检查显示系统，按时将检录内容显示在屏幕上，显示内容包括项目、赛次、组别、三次检录通知、检录时间、比赛时间等（表 2-3）。

表 2-3　电动显示屏（在热身场地）

项目组别赛次/轮次	第一次检录通知	第二次检录通知	第三次检录通知	检录时间	比赛时间
女子跳高决赛	19:48	19:52	19:57	20:00	21:00
男子铅球决赛	19:58	20:02	20:07	20:10	21:00
男子 100 米决赛	20:18	20:22	20:27	20:30	21:00
女子 100 米决赛	20:23	20:27	20:32	20:35	21:05
男子 200 米预赛第 1 组	20:28	20:32	20:37	20:40	21:10
男子 200 米预赛第 2 组	20:33	20:37	20:42	20:45	21:15

（5）第一检录处入口检查员 4 人（志愿者），其职责为以下内容：

检查每一位进入第一检录处人员的身份卡，并做好记录，确保不被允许进入检录处的人员不得进入检录处。

（6）第二检录处出口控制员 2 人（志愿者），其职责为以下内容：

按指令控制运动员离开第二检录处时间，赛中一旦运动员被带出第二检录处，不允许再从该出口返回；不允许无关人员进入。

（7）检录员 10 人，辅助检录员 20 人（志愿者），其职责为以下内容：

一检：运动员按比赛项目、组次进入各自的检录间后，检录员带领辅助检录员对运动员逐项检查。检查内容包括：运动员参赛证件、号码、钉鞋、服装、包、广告及商标。对服装、包上的广告和商标不符合要求的，应予以遮挡；对不能带入的物品填写违禁物品签收单，一份运动员留存，另一份与物品一同装袋并封口，交物品管理员；一检结束离开时告知主裁判检录情况，检录员将运动员带入二检相同的检录间，配合“二检”的检录工作。

二检：相同检录间的检录员带领辅助检录员分发径赛运动员的道次号码或顺序号、长距离项目的芯片，并检查运动员的佩戴情况；田赛项目主要复查运动员号码及参赛服；检查完毕在终端处确认（如有缺席，要重新打印检录单）；监控运动员的准备活动；及时将运动员带入比赛场地。

（8）物品器材管理员 4 人（志愿者），其职责为以下内容：

1 人赛前负责为“一检”各检录组提供透明物品袋及违禁物品签收单；负责在热身场张贴检录时间流程表及检录单；赛中收取各检录室的违禁物品。

2 人赛前确定物品运输线路和时间，准备运输工具（装物品的箱及车），赛中送违禁物品到赛后控制中心。

1 人负责小号码的准备，其他物品的领取、保管及内务等工作。

（9）计算机终端操作员 1 人（志愿者），其职责为以下内容：

赛前做好计算机系统的检查，保证运转流畅，与检录员核对检录单，确保检录单准确无误，赛中负责对检录情况的确认，如果有弃权的运动员应重新打印检录单。

（10）其他志愿者 12 人（包括 10 名引导员），其职责为以下内容：

① 场地布置，比赛前后的卫生，联络等。

② 引导员，由检录主裁判指挥，准备引导牌→站岗→举牌引导运动员进入第二检录处→举牌引导运动员入场→径赛：举牌引导端筐队伍退场，田赛，项目牌留在比赛场地→返回一检。

三、工作方法

（一）赛前准备工作

（1）在检录裁判长领导下，全体检录处裁判员认真学习田径规则、竞赛规程及技术手册所规定的检录工作要求。

（2）完成各裁判工作岗位的精确分工，明确职责，熟悉各自的裁判工作方法及流程。

（3）做好检录的各项准备工作（场地布置，准备表格，领取所需物品等）。

（4）运动员入场路线与时间测算。

① 引导运动员入场路线（略）。

② 时间测算：从一检到二检：约 60 秒；从二检出口到赛场入口：30 秒；从赛场入口到 100 米起点及附近赛场：约 40 秒；从赛场入口到 200 米起点及附近赛场：约 100 秒；从赛场入口到 3 000 米障碍起点及附近赛场：约 160 秒；从赛场入口到 1 500 米起点及附近赛场：约 200 秒；从赛场入口到 400 米起点及附近赛场：约 100 秒。

（5）分别与竞赛秘书处、信息中心、起点、田赛各裁判组、全能裁判组、赛后控制中心、场地器材组及安保人员联系，确定赛中的工作配合。

（6）赛前连调，及时发现存在的问题，为确保比赛顺利进行做好准备。

（二）赛中工作

（1）赛中工作流程。

① 提前 150 分钟到岗，做好准备工作。

a. 在各自岗位检查器材、设备及放置情况，计算机终端操作员，屏显操作员对电脑、大屏幕、音响联网调试。

b. 检录主裁判领取检录单，分配检录任务，将检录单分给各检录组，二检各组检录员与终端操作员核对检录单。

c. 物品管理组分发所需表格，在一检外公告栏张贴本单元检录流程表及检录单（一检入口检查员协助张贴）。

d. 一检主裁判重点检查引导牌准备情况。

e. 二检主裁判重点检查小号码、别针等备品的准备情况。

f. 二检号码分发员准备小号码的分发。

② 赛前 90 分钟，准备工作结束。

a. 裁判长或主裁判强调本单元应注意的问题。

b. 大屏幕显示预告第一单元比赛项目及检录时间。

③ 三次检录通知（根据各项目检录提前时间确定）。

a. 第一次检录通知广播后，第一检录处入口检查员根据检录单检查运动员的相关证件并做好记录，确保无关人员不得进入检录处，引导运动员进入“一检”的检录间。

b. 引导员在检录间门口站岗，迎接运动员。

c. 一检检录室检录员及辅助检录员做好检录准备。

④ 第一次检录。

a. 按照检录单逐个检查运动员的证件、号码、服装、比赛鞋、包内物品、广告、商标等是否符合规定，1 人检查运动员号码，收取相关证件，2 人检查服装、钉鞋、包内物品、广告、商标。

b. 对服装、包上的广告和商标不符合要求的，用不透明胶带粘贴；对不能带入的物品填写违禁物品签收单，一份运动员留存，另一份与物品一同装袋并封口，交物品管理员，送至赛后控制中心。

c. 一检结束离开时告知主裁判检录情况。

d. 检录员将运动员带入二检相同的检录间，并配合“二检”的检录工作。

⑤ 第二次检录。

a. 二检相同检录间的检录员带领辅助检录员接收运动员，并让运动员按道次号或顺序号坐好，分发径赛运动员的道次号码或顺序号、长距离项目的芯片，并检查运动员的佩戴情况（小号码粘贴至躯干两侧下端的位置）。

b. 田赛项目主要复查运动员号码及参赛服。

c. 监控运动员的准备活动。

d. 当检录长及主裁判发出带入指令后，引导员手持引导牌站好，广播员立即广播，让运动员按道次号或顺序号一路纵队站好，二检检录员清点人数，检查完毕在终端处确认（如有缺席，要重新打印检录单）。

e. 引导员在前，一检检录员在后，带领运动员进入赛场；将径赛运动员交起点助理发令员（人、单、卡），田赛运动员交管理裁判员（人、单、卡）。

⑥ 返回报告、备检下一项。

（2）全能项目每单元的第一项在检录处进行检录，方法同单项，后继项目由全能裁判员在下一项比赛前自行检录。检录处应为全能组做好各种准备，如每项的引导员和引导牌，每项结束后的领先运动员标志，道次小号码，最后一项的名次号码布等，并提示全能裁判组，每项检录后都必须在计算机终端确认。

（3）接力比赛每组的检录由两个检录组完成。检录一组和检录二组分别负责 4 个队每四个棒次的检录，应在两组中同时进行，运动员按棒次在标明单位或道次的座椅上就坐。检录完后，应根据规定时间出发，到达第二检录处后，相应的检录室的检录员立即分发每棒运动员的小号码，在进场前 2 分钟集合，裁判员做最后检查，带领各棒次运动员依次入场。4×100 米：2、3 棒（一组）；1、4 棒（二组）。除第 1 棒运动员交助理发令员外，2、3、4 棒运动员交各接力区检查员，同时送交检录棒次表。4×400 米按 1、2 和 3、4 棒次两路纵队将运动员带到起点交助理发令员。

（4）田赛及长跑项目检录时由于人数较多，应该安排在较大的检录间进行，或者合并检录间。

（5）与各部门的协调配合。

① 竞赛秘书处：每单元赛前领取检录单。

② 信息中心：领取当日秩序册、表格等。

③ 起点和田赛各裁判组：赛中交接运动员、检录单及相关证件。

④ 全能裁判组：每天每单元第一项的检录、后继项目提示并提供所需人员与物品。

⑤ 赛后控制中心：赛中违禁物品的交接。

⑥ 场地器材组：领取所需器材、物品。

⑦ 安保人员和工作人员：确保赛中检录处周围的秩序。

（三）赛后整理小结

（1）单元比赛结束前，主裁判及时通知下一单元的到场时间。

（2）整理内务，做全组工作小结。

（3）做好下一单元检录的准备；注意做好器材物品的保管，防止丢失。

四、检录工作的重点及难点

（1）检录时，避免重复检查号码、服装，以免影响运动员的心态。

（2）对田赛投掷项目运动员的检查要细致，避免运动员将器材及辅助器材带入赛场。

（3）确保径赛场地始终只有一组参赛运动员，为运动员在比赛中创造优异成绩提供最佳的竞赛环境。

五、工作流程图

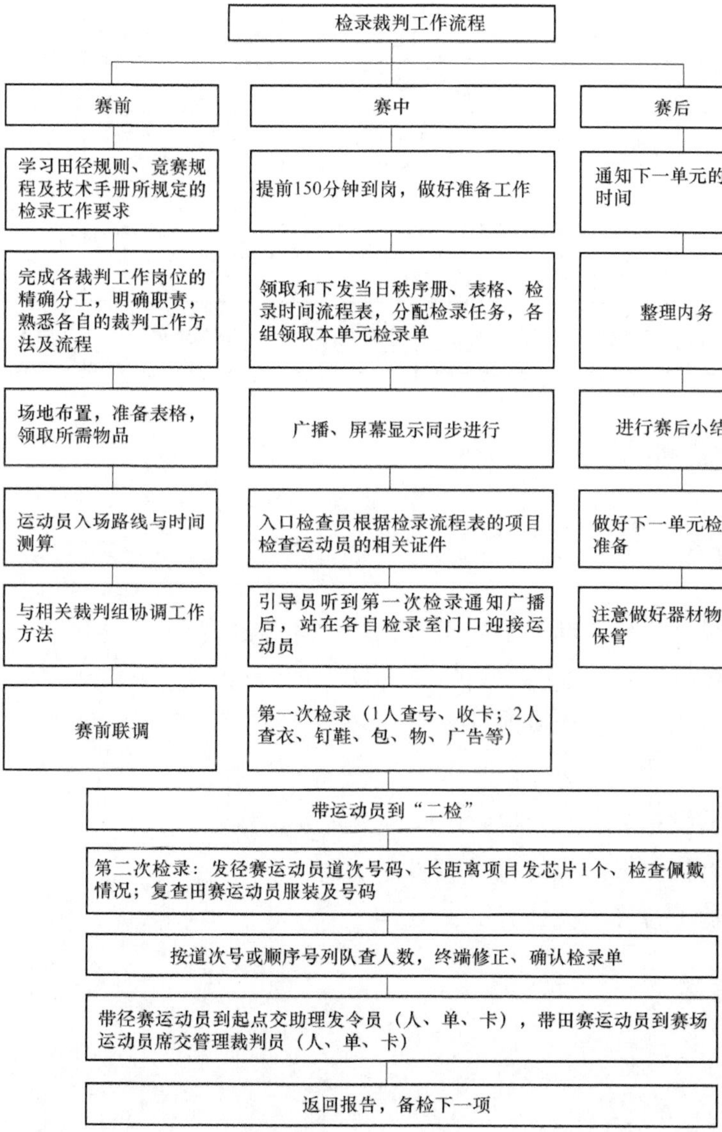

检录裁判工作流程

- 赛前
  - 学习田径规则、竞赛规程及技术手册所规定的检录工作要求
  - 完成各裁判工作岗位的精确分工，明确职责，熟悉各自的裁判工作方法及流程
  - 场地布置，准备表格，领取所需物品
  - 运动员入场路线与时间测算
  - 与相关裁判组协调工作方法
  - 赛前联调
- 赛中
  - 提前150分钟到岗，做好准备工作
  - 领取和下发当日秩序册、表格、检录时间流程表，分配检录任务，各组领取本单元检录单
  - 广播、屏幕显示同步进行
  - 入口检查员根据检录流程表的项目检查运动员的相关证件
  - 引导员听到第一次检录通知广播后，站在各自检录室门口迎接运动员
  - 第一次检录（1人查号、收卡；2人查衣、钉鞋、包、物、广告等）
- 赛后
  - 通知下一单元的到场时间
  - 整理内务
  - 进行赛后小结
  - 做好下一单元检录的准备
  - 注意做好器材物品的保管

带运动员到“二检”

第二次检录：发径赛运动员道次号码、长距离项目发芯片1个、检查佩戴情况；复查田赛运动员服装及号码

按道次号或顺序号列队查人数，终端修正、确认检录单

带径赛运动员到起点交助理发令员（人、单、卡），带田赛运动员到赛场运动员席交管理裁判员（人、单、卡）

返回报告，备检下一项

图 2-2　工作流程

六、应急预案

表 2-4　检录工作应急预案

场景描述	发生时间	解决办法	预防措施	涉及业务口
运动员忘记戴号码布	运动员进入一检处后	与技术代表联系，如同意参赛则现场制作	要准备一些空白的号码布	赛会秘书处
某项目延时不能按时带入下组运动员进入二检室或比赛场地	运动员进入一检处后或二检处后	及时通知运动员延误的原因和大概延误的时间，做好运动员安抚和管理工作	和比赛现场保持密切联系，步话机不离身	赛会现场指挥
运动员的侧面号码不牢固	运动员进入赛场之前	用别针在短裤上加固或换新的	在二检处预备别针和一些小号码布	二检处检录员
接力队员确认单不能及时输出	接力的次、复和决赛检录之前	先用上一赛次检录单检录并和竞赛秘书组迅速沟通争取尽快提取	明确接力队员确认名单的递交的地点（TIC，或赛会秘书组或一检处）	TIC 或赛会秘书组
运动员突然要上厕所	二检室进入赛场之前	让一名志愿陪同，并密切注视归队情况	熟知厕所位置	志愿者

七、所需物品

（一）设备

（1）计算机终端 1 台。

（2）打印机 1 台、A4 复印纸 6 包。

（3）显示屏 1 套（一捡处）。

（4）彩电 1 台（二检处）。

（5）广播设备 2 套（一检、二检）。

（6）对讲机 4 部，内部电话 2 部。

（7）空调 1 台（一检处）。

（二）器材

（1）桌子 15 张。

（2）椅子 30 把。

（3）运动员坐席（16×5）+（16×5）+64=224。

（4）废纸篓 8 个。

（5）扫帚、抹布等清洁用品 6 套。

（6）物品保存柜 2 个，（存放贵重物品、器材、文件等）。

（7）一检、二检门口灯各 1 盏。

（8）标志、路标若干（如：第一检录处、第二检录处、第一检录室至第五检录室、洗手间（男、女）、更衣室、饮水站、入口、出口等）。

（9）隔离带 80 米。

（10）训练场至赛场通道或过道及卫生间应铺有塑胶，便于运动员行走。通道应封闭。

（三）其他备品

（1）整理箱 12 个（不需要太大的箱，中等大小就可以）。

（2）项目引导牌一套。

（3）大钟 4 座（一检三个，二检一个）。

（4）号码：粘贴式道次小号码 1～8 号 350 套、长跑顺序小号码 1～15 号 50 套、1～30 号 30 套、领先者 2 套、全能用的名次号 1～20 两套（和号码布相同尺寸），空白大号码布 30 块（应急备用）。

（5）钉鞋专用测量器或卡尺 5 套，

（6）送物品的透明塑料袋 1 000 个。

（7）不透明宽胶带纸 30 卷（盖广告，要 3 种颜色），两面胶 12 卷。

（8）别针 10 大盒/1 200 个、针线盒 2 个、订书器 1 个、订书钉 5 盒、曲别针 2 盒。

（9）夹板 12 个、铅笔 24 支、剪刀 2 把、小刀 5 把、壁纸刀 5 把、橡皮筋 5 盒、胶水 6 瓶、签字笔 36 只、记号笔 2 支、荧光笔 2 支、直尺 1 个、大信封 30 个。

（10）创可贴 20 片。

（11）瓶装水 20 箱/12 瓶/天，饮水桶 4 个，水抽 3 个，纸杯 500 个。

（12）公告牌（白板）2 块、白板笔 2 支、白板扣 3 袋。

（13）望远镜 1 个。

（14）起跑器 4 副，栏架 10 个。

（15）自行车 1 台（运送物品）。

八、场地布置

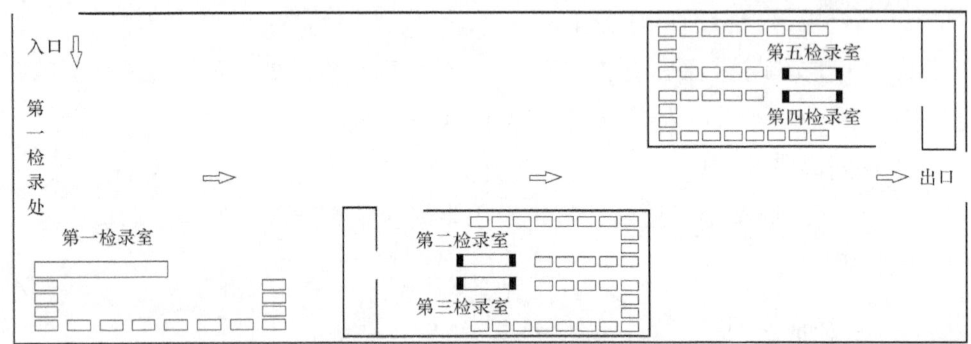

图 2-3　第一检录处位置图

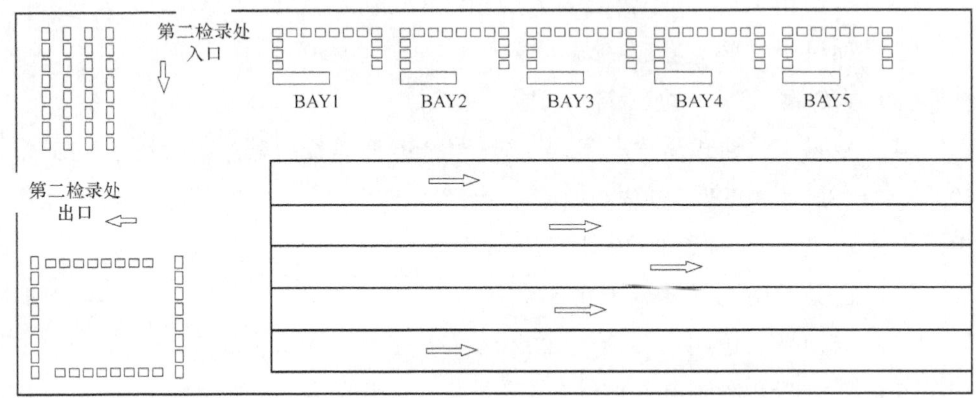

图 2-4　第二检录处位置图

第九节　径赛裁判长

一、任务

领导发令、终点摄像计时、检查、风速测量各裁判组和有关终端操作员及内场径赛的裁判工作，保证径赛项目的正常进行。

二、人员设置与分工

（一）分工

（1）径赛裁判长 A 分管终点、终点摄像计时、风速测量组和有关终端操作员的工作，审核径赛成绩。

（2）径赛裁判长 B 分管检查和相关终端操作员的工作，处理运动员的犯规问题。

（3）径赛裁判长 C 分管发令，处理发令过程中的犯规。

（二）职责

（1）执行国际田联规则，竞赛规程和技术代表所作的竞赛须知。

（2）处理发生于比赛期间径赛部分以及规则、技术规程未作明文规定的任何问题。

（3）检查所有有关径赛比赛成绩，并处理任何有争议的问题。

（4）对径赛比赛进行中的抗议或异议作出裁决。

（5）有权对有违反体育道德或者有不正当的行为提出警告或取消比赛资格。

① 给予运动员警告，向运动员出示黄牌。取消比赛资格，向运动员出示红牌。这两种处分均应填入成绩记录卡。

② 如果运动员有在一项比赛中违反体育道德或有不正当的行为而得到第二次警告，将取消该比赛及后继赛次比赛资格。如果第二次警告发生在别外一项比赛中，则取消运动员第二次警告所在比赛及后继赛次比赛资格。

③ 对在径赛比赛中，提供或接受帮助的任何运动员给予警告（黄牌），并告诫他如重犯将取消该项目的比赛资格（红牌）。

（6）如果裁判长认为某项比赛或某项比赛的任何部分应予重赛方为公允时，有权宣布该项比赛无效，并作出在当日或其他时间重新比赛的决定（技术代表、竞赛主任）。

（7）当有关裁判员对名次有争议而不能判定时，径赛裁判长有权判定比赛名次。

（8）从径赛裁判长中指定一人作为起点裁判长来监督发令工作。如果径赛裁判长在发令问题上的意见与发令组不一致，径赛裁判长可决定相关事宜（警告、是否犯规、不能正确反映等）。

（9）在径赛项目中，如果运动员对起跑犯规的判罚立即作出口头抗议，径赛裁判长可以让该运动员“在抗议下”比赛，以便保留所有有关的权利。但除了使用国际田联批准的起跑犯规监测仪检测到的以外。

（10）在比赛中，运动员可对发令员未能召回的起跑犯规进行抗议。但抗议只能是完成了该项比赛的运动员或其代表提出。如果抗议成立，径赛裁判长则对任何在本项比赛中负有起跑犯规责任的运动员根据有关规则规定被取消资格或者有权宣布比赛无效并重新比赛。

三、工作方法

（一）赛前

（1）根据大会及赛事主管的安排，组织径赛各裁判组学习规则、竞赛规程和竞赛须知，确定各裁判组人员的具体分工。

（2）组织各裁判组分别检查场地、器材和所需设备。

（3）组织有关终端操作员熟悉掌握各种终端设备，确保熟练操作、准确无误。

（4）召开径赛各主裁判会议，研究落实具体的学习、实习工作计划。

（5）组织各裁判组进行现场实习。

（6）设想比赛中可能发生的各组问题和解决问题的方案，让各有关裁判组在赛前做好一切防范措施，如雨天各种电子设备的操作、侧号码的粘贴、运动员违反体育道德、或有不正当的行为以及运动员不认真参赛等。

（7）在技术会议前，向赛事主管提供径赛方面应宣布事项的书面材料。如各项运动员入场路线，侧号码的佩戴，赛后控制中心涉及兴奋剂检查的工作，田赛标枪、跳高助跑区与径赛场地有冲突时，如何协调等。

（二）赛中

每一单元前按赛会规定的时间、地点集合，检查各组裁判员人数简要提示各组在本单元工作要点、难点及注意事项，并现场指挥联系，准时入场。

1. 径赛裁判长 A

（1）在短距离比赛中，领导终点摄像计时组确保终点摄像计时设备运转正常，准确录取并判读运动员的名次和成绩。

（2）在中、长距离的比赛中，重点领导记圈裁判员准确记录运动员的完成情况，并与终点摄像计时裁判员密切配合，准确记取运动员的名次和成绩。

（3）及时输入各裁判长对运动员的判罚信息，并对比赛成绩做最后的确认。

（4）当有关裁判员对名次有争议而不能判定时，径赛裁判长有权判定比赛名次。

（5）随时与竞赛秘书组和现场指挥保持联系。

2. 径赛裁判长 B

（1）每一项目开始前，检查场地器材的布置情况。如栏架、障碍场地、两组起跑的分道隔离墩。

（2）督促检查裁判员按时进入比赛场地并检查检查裁判员的位置情况。

（3）观察径赛比赛过程，若出现犯规情况第一时间到达犯规地点，查看现场和检查报告单，必要时应询问该区的检查员，包括看现场录像，认定犯规情节后，按规则精神慎重的判罚并立即通知赛事主管。

（4）对比赛中受到他人影响而未获得应得利益的运动员，可令其参加另一组的比赛或下一赛次的比赛，或令该组重赛。在作出决定前，要与赛事主管研究再做决定。

（5）比赛中有权对有不正当行为的运动员提出警告和取消其比赛资格。给予运动员警告，应向运动员出示黄牌；取消比赛资格，应出示红牌。这两种处分应填入成绩记录卡。

（6）组织领导赛后控制中心裁判组的工作。

3. 径赛裁判长 C

（1）每一单位比赛开始前，与发令员、终点摄像计时裁判员一起进行“零测试”。

（2）每一单元比赛开始前，检查起点的布置情况。

（3）比赛过程中监督发令组的工作。

（4）如果在发令问题上的意见与发令组不一致，径赛裁判长可决定相关事宜（警告、是否犯规、不能正确反映等）。

（5）如果运动员对起跑犯规的判罚立即作出口头抗议，径赛裁判长可以让该运动员“在抗议下”比赛，以便保留所有有关的权利。但除了使用国际田联批准的起跑犯规监测仪检测到的以外。

（6）在比赛中，运动员可对发令员未能召回的起跑犯规进行抗议。但抗议只能是完成了该项比赛的运动员或其代表提出。如果抗议成立，径赛裁判长则对任何在本项比赛中负有起跑犯规责任的运动员根据有关规则规定被取消资格或者有权宣布比赛无效并重新比赛。

（7）当运动员听到“各就位”或“预备”后，在发令枪或其他经批准的发令器材发出后号之前，无有效理由（由相关裁判长裁定理由）的中断起跑，例如在蹲踞或起跑中手先抬起或站立，裁判长将以不正当行为对该运动员进行警告。如果理由成立，则应向所有运动员出示绿牌，表示没有人起跑犯规。如果运动员出现第二次举手，而径赛裁判长都认为是无效理由，则要向运动员出示红牌，取消比赛资格及后继赛次项目的资格。

（三）赛后

（1）每一单元结束，要及时向各裁判组了解情况，如发现问题及时提出解决办法。

（2）归还各种器材和设备。

（3）汇总各组小结，写出径赛裁判工作总结，并上报赛事主管。

四、重点与难点

（一）重点

督促检查径赛各裁判组的工作，保证比赛准时开始并正常进行。

（二）难点

及时准确处理发生于比赛期间以及规则未作明文规定的任何问题。

五、所需物品

（1）对讲机：3 部。

（2）红黄牌：3 套。

（3）各裁判组所需器材（由各主裁判提交）。

（4）最新大会记录。

第十节　田赛裁判长

一、任务

根据国际田联《田径竞赛规则 2010—2011》《田径竞赛规则 2012—2013 修改部分》和第十二届全国运动会田径比赛竞赛规程等竞赛文件的规定，在赛事主管的领导下，掌握田赛项目的比赛进程，解决比赛中出现的问题。带领田赛各项目主裁判及全体裁判员，保证比赛规则和规程贯彻执行，高质量地完成裁判工作。

二、人员设置及工作职责

（一）人员设置

田赛裁判长 6 人。

（二）工作职责

（1）分别负责田赛项目跳部三个组和掷部三个组、田赛风速测量员、激光测距员、电脑操作员等裁判组和裁判员的竞赛裁判员工作，其工作对赛事主管负责，保证田赛项目比赛顺利进行。

（2）组织主裁判及全体裁判员认真学习田径竞赛规则、规程及竞赛须知，要求主裁判制定各裁判组的工作细则。

（3）明确工作岗位和任务，组织各裁判组现场实习，并熟练掌握各自的工作方法和与其他裁判组（检录处、赛后控制中心、场地器材组、竞赛秘书组、全能裁判组及现场指挥）工作之间的协调，并落实到位。

（4）落实跳跃高度项目的起跳高度和升高计划以及各田赛项目的及格标准，统一执法的程序和旗示。

（5）检查各裁判组的安全措施，确保比赛的安全。

（6）掌握比赛进程，裁决田赛各项目比赛中的抗议和异议。

（7）负责审核田赛成绩与名次并签名。

（8）比赛中如遇突发事件，及时请示赛事主管后做出裁决。

三、工作方法

（一）赛前

（1）田赛裁判长根据分工组织所分管项目组的主裁判及全体裁判员认真学习田径竞赛规则、规程及竞赛须知，统一对规则和规程的理解，与各项目主裁判研究裁判方法，根据裁判员的人数和器材设备情况制定工作细则。

（2）根据竞赛日程，确定田赛各裁判组的工作任务及分工。

（3）组织各裁判组检查各自的场地器材、设备和所需用具物品，发现问题及时解决。

（4）检查田赛各裁判组制定的工作流程，包括绘制比赛场地布局、工作岗位定位图。

（5）组织和领导各裁判组进行现场实习，统一规定记录员的记录符号及主裁判的旗示。

（6）要求田赛各组根据每单元比赛项目的场地位置，拟定裁判员、运动员进退场最佳路线。

（7）要求田赛各组做好应对突发事件的准备，并提出预案。

（二）赛中

1. 检查各自分管裁判组的准备工作

每单元比赛开始前至少 50 分钟，检查各裁判组的到位情况和田赛场地器材的布置情况，发现问题及时解决。

2. 监督比赛过程，掌握比赛进程

每个单元一般都会有数个田赛项目同时进行，田赛裁判长应对所分管的田赛比赛项目予以掌控，解决比赛中出现的问题。如田赛裁判长认为应对比赛过程的时间进行控制时，有权对成绩显示屏显示的时间进行调整。

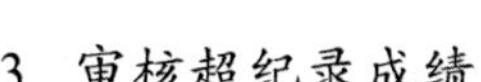

3. 审核超纪录成绩

高度项目比赛中，监督创纪录的成绩测量。远度项目比赛中，及时到现场核实破纪录情况。

4. 裁决抗议、判罚有不正当行为的运动员

对有关比赛中提出的抗议和异议根据规则和规程精神作出裁决。有权对有不正当行为的运动员提出警告（出示黄牌）或取消比赛资格（出示红牌）。裁决和判罚后，应及时向赛事主管报告。

5. 审核成绩

每项比赛结束，应及时审核成绩和名次并签字。

6. 如遇突发事件，及时处理

在比赛中如遇恶劣天气，及时请示赛事主管对是否终止比赛、暂停比赛，或变更比赛场地等及时做出裁决。

（三）赛后

（1）认真听取各裁判组在每单元比赛结束后的工作小结，对存在的问题提出解决方案，并与主裁判一起研究后续比赛单元的注意事项，确保比赛万无一失。

（2）田赛裁判长每天比赛结束后，把当日比赛的情况向赛事主管进行汇报。

（3）田赛裁判长在全部比赛结束后写出书面总结，上交赛事主管。

四、重难点

（1）加强裁判员的安全意识，掌握比赛日程中田赛与径赛、田赛与田赛等项目之间在时间、场地上的冲突，作出预案。

（2）处理比赛中所发生的规则未作明文规定的任何问题，处理后及时上报赛事主管。

（3）如遇发奖需暂停比赛时，及时与比赛现场指挥等部门协调，确保比赛顺利进行。

五、所需物品

（1）红黄牌 6 副。

（2）双色笔 6 支。

（3）对讲机 6 部。

第十一节　外场裁判长

一、外场裁判长的设置

外场裁判长设 1～2 人。

二、外场裁判长的任务

外场裁判长负责全部外场径赛项目的裁判工作，但无权管辖竞走主裁判职责范围内的有关事宜。外场裁判长保证比赛按规则与规程的要求执行，对有关运动员的犯规进行判罚，对外场比赛的问题进行处理，确保比赛顺利进行。

三、外场裁判长的职责

（1）外场裁判长领导有关裁判员学习、组织和实施外场比赛项目的裁判工作。

（2）协调场内、外裁判员配合工作，协调竞赛保障部门的联络，协调与场地器材组的联系等。

（3）保证比赛符合《田径竞赛规则》和竞赛规程提出的有关规定和要求。

（4）组织主裁判和有关裁判员检查比赛路线上的各项设施、器材用具准备情况，了解路面状况，复核比赛距离。

（5）详细制订和策划外场比赛的比赛预案和组织流程，制订各小组的工作细则和具体要求，做到分工明确。

（6）处理比赛中的问题。遇到重大事项与困难问题，应及时向赛事主管报告解决。

（7）做好赛后总结工作。

四、外场裁判长的工作细则

（一）赛前工作

（1）领导外场裁判组学习《国际田联的规则》、技术手册和裁判工作手册，

制订各项目裁判组的工作方法，指定主裁判制订本组的岗位职责和工作细则，提交裁判用品清单。

（2）组织有关裁判员勘察、复核路线，了解线路周围工作环境并进行现场实习，熟悉裁判器材性能。如赛前检录与赛后控制中心、竞赛秘书处和发令组的配合；检查与终点、赛后控制中心和收容的配合：赛后控制中心与检录、终点、宣告、发奖和兴奋剂检查的配合等。

（3）检查、落实比赛路线全程中的通信联络设施，保证比赛时通信联络畅通无阻。

（4）检查大会饮（用）水、饮料及运动员自备饮料的准备、保管及比赛时的供应方法。

（5）组织实习参加联调，发现问题及时反馈并作出相应调整，特别要注意审查检查员的工作站位与方向的指示，竞走的记圈方法，计时工作是否安全可靠。

（6）协调与相关部门的工作，如公安、交通、新闻报道、医疗救护、志愿者、赞助商等，并将有关协调事宜传达给相关主裁判。

（7）参加技术会议，宣布比赛有关规定，督促做好赛前运动员自备饮料的检查和保管工作。如检录时间、地点、方式，比赛服装与号码的要求，自备饮料的有关规定等，并把经过技术会议讨论确定后的比赛有关规定作为大会正式文件下发、传达到各裁判组。

（二）赛中工作

（1）领导各裁判组做好比赛的各项准备工作，检查各裁判组的准备与就位情况。

（2）保证比赛按日程规定时间准时开始。掌握比赛进程，保证和各裁判组的联系，发现问题及时纠正，对有争议的问题及时做出正确判断。

（3）对检查主裁判提交的运动员犯规报告单，须签署判罚意见，做出处理决定。

（4）比赛中发现运动员犯规后，应根据检查员、检查主裁判送交的检查报告单，迅速核实犯规情况，公正、谨慎地作出处理决定，对有不正当行为的参赛运动员，要及时行使裁判长的警告与判罚权，并加以制止。

（5）收到运动员本人或其代表的口头抗议时，立即按规则有关条款提出处理意见。

（6）审核名次与成绩，比赛结束后应对运动员的名次进行审核，对手工计时的成绩应审核签字后交竞赛秘书处。

（三）赛后工作

（1）各裁判组退场和归还器材。

（2）裁判组进行工作小结，并写出书面总结报告。

五、外场裁判长的协调与配合

（1）该场地有单元比赛项目时，需要对该单元比赛的裁判工作合理分配，径赛的相应器材设备也应保证，在场内和公路同时比赛的情况下确保比赛顺利进行而不出现差错。

（2）竞走比赛在外场进行，获奖运动员的颁奖仪式和兴奋剂检测在体育场内进行，必须协调有关时间，对运动员进行赛后控制，使整个比赛有序进行。

（3）由于比赛在公路上进行，必须与竞赛保障部门进行协调，提供对部分交通进行封闭的设备和器械，确保比赛道路的通畅和安全。

（4）比赛中要随时与田径场上有关裁判组保持联系和沟通，确保相互之间的衔接和协调。

（5）由于公路比赛时间长，必须设置移动厕所，需要与卫生部门协调解决。

（6）比赛所经过的路线必须封闭，需要铁栅栏或警用标志带等物品，应与有关部门联系解决。

（7）公路的环行隔离墩用交通标志和花卉组成，需要的数量比较多，必须与交通部门和园林部门协调解决。

六、外场裁判所需的物品

（1）盆装花卉：若干。

（2）往返标志物：若干。

（3）电子显示牌：2 个。

（4）竞走犯规显示牌：若干。

（5）电动自行车：10 辆。

（6）计时设备：1 套。

（7）简易广播设备：1 套。

（8）饮水设备（长条桌和队名识别标志）：若干。

（9）道路引导标志（用水、供水、卫生间、起点、终点等）：若干。

（10）移动厕所：若干。

（11）竞走裁判员用品（警告显示牌、夹板、笔等）：若干。

（12）对讲机：10 部。

（13）外场裁判员所用的器材：若干。

（14）喷淋设备：若干。

第十二节　录像裁判长

一、工作任务与要求

（一）工作任务

真实记录各项目比赛过程，为仲裁裁决提供事实材料。

（二）工作要求

如每单元每项比赛开始前，首先要摄入比赛的项目、赛次、组别、组次、比赛开始时间等信息，然后，根据各项目主裁判的安排和要求，以及项目特征和运动员易引起技术犯规的环节，裁判员易引起误判、漏判的环节进行重点拍摄，填写场景记录单。

1. 径赛拍摄要求

（1）各项目起跑时的全过程，运动员发令员全景。

（2）接力赛运动员进出接力区时，起动的地点、完成交接棒的位置、交接棒完成后离开跑道时的信息需要定点拍摄。

（3）110 米栏、100 米栏运动员全程录像技术，400 米栏运动员跨越第 1、2、6、7 栏时，在弯道上跑进的路线和过栏时的身体空间位置。

（4）3 000 米障碍跑运动员跨越水池和栏架时的跑进路线，及技术动作，尤其要重点摄入第 5 栏运动员成团跨越障碍时的情况。

（5）800 米和 4×400 米比赛第二棒运动员跑过抢道线前后的跑进路线。

（6）200 米、400 米、800 米、4×100 米、4×400 米运动员在弯道分道跑时的跑进路线，要特别注意在 200 米比赛时，对运动员下弯道时的跑进路线，可采用 3 台摄像机进行摄像。

（7）中长跑比赛，运动员跑进中的成团现象，成团时运动员相互间的挤、撞、推、踏等现象，在下弯道和终点冲刺时相互超越时的情景需要重点拍摄。

（8）录像现场场记登记表，场记单一般是记录每一个完成的镜头的讯息。

2. 田赛拍摄要求

（1）跳远、三级跳远从运动员助跑开始，起跳时的起跳点，落地后出沙坑的完整信息。

（2）撑竿跳高运动员助跑开始，包括时限显示器的信息，及插穴起跳和腾空过杆全过程。

（3）跳高运动员起跳、过杆过程。

（4）铅球、铁饼、链球运动员在投掷圈内旋转（滑步）至离开投掷圈时的全过程，特别是运动员器械出手后维持身体平衡时下肢脚的动作信息要清晰。

（5）标枪运动员最后用力前后的过程。

（6）标枪、铅球、铁饼、链球器械落地的地点、角度。

（7）填报录像现场场记登记表。

3. 人机编号

为了有利于管理和摄像工作，要对全组摄像人员进行编号。

人机分工方案：

（1）80 赛：6 台（1 号～6 号）。

（2）高跳：2 台（7 号、8 号）。如有及格赛各一台。

（3）长投：2 台（9 号、10 号）。

（4）铅球：2 台（11 号、12 号）。如有及格赛各一台。

（5）远跳：2 台（13 号、14 号）。如有及格赛各一台。

根据大会《秩序册》，每个单元均设计一份比赛拍摄方案，作为工作、管理的依据。

二、岗位设置与工作职责

（一）岗位设置

主裁判 1 人、录像及资料管理 1 人、摄像员 14 人。

（二）工作职责

（1）不外泄摄像信息，本组摄像信息仅对仲裁组负责。

（2）临场工作，不影响运动员的比赛和裁判员的工作及观众的观看。

（3）准点到场、快速到位、认真记录、妥善保管。

三、工作细则与方法

（一）赛前工作

（1）组织裁判员学习规则，裁判法和进行实习，明确分工。

（2）带领本组裁判员检查器材，列出器材清单。

（3）与仲裁委员等联系研究有关机位及工作配合问题。

（4）在赛事主管的领导下，与径赛长、田赛长以及各主裁判等研究有关工作配合问题。

（二）赛中工作

（1）全组人员按规定时间到指定地点集合，主裁判报告裁判员的出席情况。

（2）赛前 40～50 分钟，在主裁判的带领下整队进入场地，对场地器材、仪器设备进行检查和调试。分派摄像员工作及位置。

（3）赛前 35～40 分钟，摄像员准备就绪。

（4）比赛结束时，整理好设备及记录表送交仲裁组。

（三）赛后工作

（1）每天比赛结束后进行小结，总结经验教训，提出次日工作要点。

（2）全部比赛结束后，收齐比赛用品上交。

（3）写出书面总结材料，报送赛事主管。

四、所需人员及器械配置

（一）摄像人员（14人）

（1）摄像机14台（附带电源线、充电器、视频线等）。

（2）摄像机摄录光盘或录像带（最好一次性刻录），每单元每台摄像机2盘。

（3）摄像机的电池2副（4小时）和电源插板（20米）。

（4）摄像机的三脚架14副。

（5）A4夹板15个，铅字笔、油性笔各30只，封口胶带15卷。

（6）折叠椅15把、联络对讲机15部。

（7）摄像机背袋15个。

（二）仲裁放映室（2～3人）

（1）录像裁判长1人、赛场电视直播节目录制员1人、录像带资料管理员1人。

（2）大屏幕电视机2台（一台录制赛场电视直播节目，1台编辑仲裁录像）。

（3）DVD录放机2台（一台录制赛场电视直播节目，1台编辑仲裁录像）。

（4）闭路电视天线1副、电源插板5个。

（5）桌子4张，椅子20把。

（6）A4纸4包，签字笔、油性笔各30支。

（7）联网电脑及打印机1套（仲裁委员可以联网查看比赛进程和成绩）；办公用具（订书机1个，订1盒；切纸刀1把，回形针1盒，铅字笔、油性笔各10只，胶带2卷）。

第十三节　全能裁判长

（1）领导全能裁判组工作，负责裁判员分工，检查各单项成绩得分、累积分与比赛名次的统计结果，保证全能项目比赛的进程。

（2）组织全能裁判员认真学习竞赛规程和《田径竞赛规则》的有关内容，统一对规程和规则的理解。

（3）带领全能裁判组全体裁判员研究裁判工作方法，制订全能裁判组工作细则，负责裁判员分工。

（4）与各有关裁判组联系和协调，商定工作配合的具体方法；根据竞赛日程规定的各项比赛时间，准时开始比赛。

（5）根据全能项目比赛的有关规定，保证运动员各单项比赛之间的休息时间不少于 30 分钟，如出现各单项之间休息时间不足 30 分钟的情况时，应及时与竞赛秘书组联系。

（6）除了最后一项外，全能比赛每个单项的分组将由技术代表或全能裁判长安排，如有可能，将前阶段成绩相近的分在同组。各组的运动员人数最好为 5 人或 5 人以上，但不得少于 3 人。如竞赛日程不允许做到以上要求，则可在前一项比赛结束后，对已满足比赛时间要求的运动员进行下一项分组。

（7）如技术代表或者全能裁判长认为有必要，有权对任何一组重新编排。

（8）如有运动员因故临场放弃比赛，应及时通知有关裁判组。

（9）负责审核各单项成绩得分、累积分与比赛名次的统计结果，并签名确认。

第三章
径赛裁判工作

第一节　起点裁判工作

一、起点裁判的设置

（1）发令协调员：1 人。

（2）发令员：2 人。

（3）助理发令员：4 人。

（4）召回发令员：2 人。

（5）志愿者：若干。

二、起点裁判的任务

（1）根据田径竞赛规则和竞赛规程中的相关规定，按照运动会的竞赛进程，认真有效地组织各项径赛运动员按时进行比赛。

（2）保证每组运动员在公平、合理的条件下起跑。

（3）执行有关起跑时的规则，向犯规运动员提出警告或取消比赛资格。

三、起点裁判的分工与职责

（一）发令协调员

（1）组织发令组裁判员学习规则与规程，协调其他各裁判组商谈联系事宜；制订工作细则，组织联调实习工作。

（2）安排起点组裁判员的工作，确定其职责，根据具体情况，指定径赛项目的发令员。

（3）为每一名召回发令员确定专门的任务和位置。

（4）监督起点组裁判员履行职责。

（5）收到现场指挥的有关命令开始发令程序，各裁判组（径赛裁判、终点摄像裁判、风速裁判、检查裁判等）准备就绪，通知发令员准时发令。

（6）保存所有发令过程中的文件，包括起跑反应和有可能起跑犯规的波形图。

（二）发令员

（1）根据发令协调员下达的指令准时执行发令。

（2）不担任发令工作时，做好发令前的准备工作。

（3）对于起跑犯规的运动员提出警告或取消比赛资格。

1. 助理发令员

（1）接收由检录裁判员引领的参赛运动员和检录单，根据检录单对参赛运动员进行核对和检查。从检录员处接收参赛人员，组织运动员在指定的地点休息和进行赛前练习。

（2）比赛开始前，正确地安排每名运动员的道次或站位，组织运动员在距起跑线后 3 米的位置等候，监督运动员整理服装，再次检查运动员道次、号码及小号码是否正确，并向发令员示意准备就绪。

（3）组织提示起点志愿者按照指定路线，列队将运动员的衣物送往赛后控制中心。

（4）当发令员执行发令时，应根据规则，检查运动员是否符合规则要求，如有违反规则情况应用手势令其改正，符合要求即向发令员示意。

（5）需重新组织起跑时，助理发令员应组织运动员回到距起跑线后 3 米的位置等候。

（6）起跑时有运动员出现犯规情况，须重新组织运动员起跑，并记录犯规运动员，填写起跑犯规情况登记表。

（7）为各组参加接力比赛的第一棒运动员准备接力棒，每组接力比赛结束后应及时收回接力棒。

2. 召回发令员

（1）根据发令协调员确定的任务和位置，协助发令员检查参赛运动员起跑情况是否符合竞赛规则的规定。

（2）如出现起跑犯规或不公平情况时，应立即鸣枪召回运动员，并向发令员说明运动员犯规情况。

（3）发令员未鸣枪时，运动员出现犯规，召回发令员不能鸣枪召回。

（三）志愿者

1. 起点衣物箱志愿者

（1）取筐，贴标签

① 每天到器材组指定位置领取和检查衣物箱，若有破损，应及时更换。

② 到赛后控制中心按竞赛日程表，贴好当日比赛项目及号码标签。

（2）入场

① 小组组长组织好本组的 8 名志愿者，按次序领取衣物箱，列队到即将比赛的入口处等待入场。在场内裁判示意的情况下入场，要求在口令指挥下步调一致整齐进场（可能需要与引导员配合）。

② 标准站姿按道次站好，等待运动员把衣物装入衣物箱内，在场内裁判示意或引导员的带领下按路线撤出场地。

（3）离场

离场后按路线把衣物箱放到赛后控制中心。

2. 起跑器、道次牌志愿者

在一个项目结束后转移到另一起点时，列队迅速转移，在裁判员的指导下布置起跑器、道次牌等。

（1）按要求摆好 100 米、100 米栏、110 米栏比赛的起跑器和道次牌。

（2）按要求在比赛前摆好 200 米、400 米、400 米栏、800 米、4×100 米接力、4×400 米接力比赛的起跑器和道次牌，并在以上项目比赛开始后迅速跑进场内，撤离器材，放到指定位置站好。

四、起点裁判的工作细则

（一）赛前工作

（1）发令协调员组织学习竞赛规则和规程，制订工作细则，并明确分工，组织实习。

（2）检查场地器材和所需用品，熟悉各起点的位置，根据实际情况确定发令台和起跑监测仪的摆放地点。

（3）发令员和召回发令员熟悉使用起跑监测仪中的发令设备和犯规感应设备（电子枪和耳麦等），检查该设备有无故障，确保比赛中正常使用，熟悉在起跑犯规时耳麦发出的声音。

（4）制订起点志愿者往返赛后控制中心的行走路线，对起点志愿者进行培训（包括起跑器安装，道次牌摆放，发令台的位置）。

（5）与终点和终点摄像计时裁判组研究确定配合的方法和联络方法。

（6）与检录处联络，明确运动员进入赛场时间。

（7）与现场指挥联络确定比赛中介绍运动员时间和音乐播放时间。

（二）赛中工作

（1）按规定时间到达比赛场地，布置起点，清除起跑区域的杂物，保持起点整洁。

（2）根据场地实际情况确定发令台的摆放位置，确保发令员能全面观察运动员的起跑情况。

（3）检查起跑器、起跑监测仪、发令设备、犯规感应设备、电计时传感设备是否运行正常，与终点摄像裁判调试传感器。

（4）检查本单元比赛所需器材和用品是否准确无误（有接力比赛时，助理员还需发放和回收接力棒）。

（5）检查发令枪是否存在故障和子弹数量，确保比赛正常使用。

（6）当运动员到达比赛起点时，助理发令员接收检录单，检查运动员的组别、道次、号码和小号码布的粘贴情况，核对无误后组织运动员调试起跑器，进行练习，跨栏项目应给运动员适当时间练习。

（7）接力项目，助理发令员负责给第一棒的运动员发放接力棒。

（8）助理发令员负责起点志愿者的分工与管理。

（9）发令协调员查看本组其他裁判员的准备情况。

（10）发令员与召回发令员到自己的岗位准备就绪，向发令协调员示意准备完毕，发令协调员向现场指挥报告，等待现场指挥下达比赛命令。

（11）助理发令员监督运动员整理服装，再次检查运动员的道次、号码等是否正确。

（12）竞走项目比赛，助理发令员组织运动员，请竞走主裁判为运动员讲解比赛事宜。

（13）助理发令员指挥、提示志愿者，等待参赛运动员整理好服装后，列队将运动员的衣物箱按指定路线送往赛后控制中心。

（14）赛前 3 分钟指挥运动员停止练习，组织运动员在距起跑线后 3 米的位置等候，并向发令协调员示意准备完毕。

（15）赛前 2 分钟指挥中心下达比赛信号，大屏幕显示运动员的组别，道次情况，同时赛场主持人进行运动员介绍。

（16）主持人在介绍完倒数第二名运动员时，发令员应在发令台站好，再次查看传感器是否开启、处于待机状态，召回发令员在各自位置就位，犯规感应耳麦处于开启状态。

（17）运动员介绍完毕，发令员按照竞赛日程按时发令开始比赛。

（18）发令员发出“各就位”口令后：① 助理发令员负责检查运动员的动作是否符合规则规定，若有犯规情况时，助理发令员应及时用手势示意其纠正；② 横线起跑，由两名助理发令员一前一后，位于起跑线两侧检查；③ 梯形起跑，两名助理发令员分别从 4 道至 1 道方向和 5 道至 8 道方向快速移动检查。

（19）“各就位”或“预备”口令发出后，须等所有运动员均处于稳定状态后，鸣枪开始比赛。对起跑过程中犯规的运动员，给予黄黑牌警告或红黑牌取消比赛资格。

（20）起跑时出现犯规情况后，助理发令员应重新组织运动员在距起跑线

3 米处等待重新发令。

（21）助理发令员应确定运动员到达终点后，才能够组织下一组运动员上道练习。

（22）4×400 米接力跑，助理发令员负责后三棒运动员上道。

当第一棒出发后，一名助理发令员组织起点志愿者将所有的起跑器和道次牌移出跑道，另外一名助理发令员组织第二棒运动员上道，其余两名助理发令员准备组织第三、第四棒运动员接棒次序（根据各队运动员到达 200 米时的先后顺序排定）。

（23）一名助理发令员组织起点志愿者将起跑器重新摆放到场内，与衣物箱志愿者在指定位置就位。

（24）两名助理发令员接收下一组运动员，并进行相关的检查与核对。

（25）接力比赛时，由两名助理发令员负责发放和回收接力棒。

（26）发令协调员再和其他裁判组联络。

（27）发令员与召回发令员在指定位置等待下一组比赛指令。

（28）需要换项，应迅速整理转移到下一项目的起点布置场地。

（三）赛后工作

（1）整理起点器材和物品。

（2）发令协调员保存所有发令过程中的文件（包括起跑反应时和有可能起跑犯规的波形图）。

（3）列队按照指定路线退出比赛场地。

（4）归还所有器材。

（5）由发令协调员组织进行工作总结，向径赛裁判长提交总结报告。

五、起点各裁判员的工作位置

（一）发令协调员的工作位置

（1）处于发令员与起跑监测仪位置之间，利于发令时出现技术问题与提供商技术人员之间的对话。

（2）处于与径赛、终点摄像、检查、风速、现场指挥和宣告员能直接观察到的位置，便于比赛中的联络。

（3）处于能够全面监督本组裁判员工作的位置。

（二）发令员的工作位置

（1）应能够观察到所有的运动员。

（2）运动员采用蹲踞式起跑时，发令员在发出“预备”口令后能够全面观察到运动员是否稳定。

（3）在梯形起跑时未使用扩音设备，发令员的位置应与运动员之间大致相等，如发令员不能取得该位置，应将经批准的发令装置处于该位置，用电子触发装置发令。

（4）直道项目应将发令台置于起跑线的延长线上或延长线的前面，使发令员能够全面观察运动员的起跑情况。

（三）召回发令员的工作位置

（1）能够全面地观察所负责运动员的起跑情况。

（2）特别是梯形起跑时候，能够与发令员进行手势交流。

在发令员发出“预备”口令后，观察到自己主看的运动员稳定后，立即做出手势向发令员示意。

（3）既能观察主看运动员又能兼顾其他运动员的起跑。

（4）运动员出发以后出现抢跑犯规时，召回发令员的枪声能足以让所有运动员听到，以停止比赛。

（四）助理发令员的工作位置

（1）直道项目分别有两名助理发令员，分别位于起跑线的前和后，检查运动员的起跑动作是否符合规则规定，如果不符合规定，应快速走过去用手势示意其改正，再快速退到场边站好。

（2）一名助理发令员位于8道外与道次牌平齐位置，负责指挥运送衣物箱志愿者的行动。

（3）另外一名助理发令员位于检查裁判员后面，准备接收下一组运动员，负责对起点其他衣物箱志愿者的管理。

（4）梯形起跑时的两种方法。

① 四名助理发令员分别主看 1、2 道，3、4 道，5、6 道，7、8 道运动员起跑姿势是否有违规现象，并及时用手势提醒。位于场地内突沿里面的两名助理发令员，负责 1、2 道和 3、4 道的违规情况；位于 8 道外沿的两名助理发令员，负责 5、6 道和 7、8 道的违规情况。

② 两名助理发令员参与志愿者的管理，发令后监督起点志愿者将妨碍运动员跑进的起跑器与道次牌移出场外，例如 400 米和 4×100 米接力的 1、2、3 道的起跑器与道次牌，4×400 米的所有跑道上的器械。

③ 两名助理发令员负责观察运动员的起跑姿势，两名助理分别从 4 道至 1 道方向和 5 道至 8 道方向快速移动检查，然后再回到指定位置站好。

六、起点裁判的协调与配合

（1）与赛前控制中心裁判员确定交接运动员的地点、方法，以及出现紧急情况的应急预案，要求及时将运动员带至起点位置，并说明缺席情况。

（2）与场地器材组联系，按器材单提前 1 小时提取所用的器材和物品。

（3）与终点摄像计时组取得联系（用对讲机）。

（4）服从赛事主管和径赛裁判长的指挥，一旦发生问题要及时向径赛裁判长或赛事主管报告。

七、起点裁判的工作重点与难点

（一）工作重点

（1）有效地组织起点工作，使比赛能够按照大会竞赛日程顺利进行。

（2）发令是起点工作的重点，公平公正执行规则是重要的保障。

（二）工作难点

（1）发令员与召回发令员之间的协调配合。

（2）发令组与其他各组之间的协调配合。

（3）先进仪器的使用（起跑监测仪）对于犯规运动员判罚尺度的把握，特别是肉眼无法判断的犯规出现后，对跟随出去的运动员判罚尺度的把握。

八、起点裁判所需物品

（一）提前设置

（1）发令台：4 个。

（2）道次牌：3 套。

（3）起跑器：27～32 副。

（4）起跑犯规监测仪：1～2 套。

（5）电子计时传感器：2 个。

（6）发令枪（器）：4 支。

（7）子弹：根据实际需要定。

（8）手旗：2 面。

（9）接力棒：16 支。

（10）红、黄、绿牌：3 套。

（11）倒计时钟：1 台。

（12）衣物箱：40 个。

（二）自带用品

（1）套袖：6 个。

（2）白手套：16 副。

（3）对讲机：1 部。

（4）起跑犯规登记表：若干。

（5）夹板、橡皮、铅笔：2 套。

（6）擦枪布：2 块。

（7）擦枪油：250 毫升左右。

第二节　终点裁判工作

一、终点裁判的设置

（1）终点主裁判：2 人（可分为内场和外场）。

（2）裁判员：10 人（根据比赛规模大小人数有所变化）。

（3）终点记录员：2 人。

二、终点裁判的任务

终点裁判的任务是在终点主裁判的领导下，准确、迅速地判定各项径赛运动员到达终点的名次，并担任中长距离跑和竞走比赛的记圈工作。每位记圈员负责记录的运动员不得超过 4 人（竞走项目不得超过 6 人）。

现在比赛也可使用计算机记圈系统，让每位运动员携带一个感应器，替代人工记圈。

三、终点裁判的分工

（1）主裁判 A：负责径赛裁判组的全面工作，并在比赛时负责指挥判定名次和记圈工作。

（2）主裁判 B：负责审核名次和成绩，并与有关裁判组进行协调联络工作，指导径赛记录员准确地记录比赛成绩并提交。

（3）终点裁判员：在比赛中准确判定名次，在不分道次的比赛中记圈、报圈、翻圈牌。

（4）终点记录员：记录最终比赛成绩。

四、径赛裁判的职责

（一）主裁判

（1）在终点裁判长的领导下进行工作，领导裁判员判定运动员到达终点的名次。

（2）负责与其他裁判组进行联系，检查场地器材和用具，确保比赛的顺利进行。

（3）负责终点裁判员的分工，明确每个裁判员的职责。

（4）领导裁判员完成中、长距离和竞走比赛的记圈工作。

（5）每组比赛结束后，收名次报告表、记圈表，核实签字，交终点记录员。

（6）每单元比赛结束后，及时总结。

（二）终点裁判员

（1）在短距离跑的比赛项目中，准确、迅速地判定自己所看的名次。通常每人主看一个名次，兼看一个名次。

（2）如遇名次判定不清或记圈过程中有疑问，应及时向主裁判报告。

（3）在中、长距离跑和竞走比赛项目中，担任记圈工作，裁判员分为总记圈组、报圈组和脱圈组，主裁判负责总记圈和全面工作。

（4）及时认真填写终点名次报告表。

（三）终点记录员

（1）认真检查收到的径赛运动员检录表，核实组别、运动员的号码和道次。

（2）认真核实计时员的成绩、终点裁判员的名次记录表，当发现运动员的成绩与名次不符时，应及时向终点裁判和径赛裁判长报告。

五、终点裁判的工作细则

（一）赛前工作

（1）主裁判

① 组织裁判员学习规则中的有关条款和竞赛规程，制订工作细则。

② 明确裁判员的职责与分工，根据不同比赛项目，做到定岗位、定职责、定方法。

③ 组织裁判员检查场地、器材，熟悉设备性能，领取所需物品和各种表格。

④ 在明确分工，掌握裁判方法的基础上，带领裁判员进行现场实习。

（2）裁判员

① 在主裁判的领导下，认真学习规则、规程和裁判方法，明确职责与分工。

② 熟练掌握不同径赛项目判定名次的方法。

③ 熟悉总记圈表的使用方法。

④ 熟练操作余圈显示器和对脱圈运动员准确报圈的方法。

（3）工作台位置与裁判员站位

工作台的位置应设在终点线的延长线上，距外突沿至少 5 米，裁判员按所认看的名次顺序由上而下或由下而上就座于工作台上。

（二）赛中工作

1. 分道跑项目的裁判方法

按道次分工，每名裁判主看一个名次，同时兼看一个与主看名次相近的名次。

2. 部分分道跑项目裁判方法

按道次分工“人盯人到底”（800 米跑、4×400 米接力跑），每个裁判员只看一个道次。当运动员上道时，核实号码，牢记其特征，运动员起跑后，注意跑进中的名次变化，运动员到达终点，判定其名次。

3. 不分道跑项目的裁判方法（1 500 米和 1 500 米以上项目）

在中、长距离跑比赛中，为了准确地判定名次，就必须做好记圈工作。记圈的主要方法如下。

（1）终点主裁判

① 指导记圈员分组按时到位，根据该项目（组）参赛人数、水平，布置有关工作。

② 比赛开始后，核对参赛人数，随时了解裁判员的工作情况。

③ 及时向终点摄像计时主裁判通报脱圈或中途退场运动员的号码。

④ 最后一圈前，掌握前 8 名运动员跑进顺序，并与终点摄像主裁判核对。

⑤ 最后一圈的铃响后，向终点摄像主裁判通报领先的 1～8 名运动员的号码；当运动员临近终点时，根据总记圈组的记录，再次通报运动员到达终点的顺序。每组赛后，立即与终点摄像主裁判核对名次。将各记圈组记录的表格和

总名次表交竞赛秘书处。

（2）总记圈组（A、B、C 3 名裁判员）

① 根据比赛项目，确定使用相应的表格，了解参赛人数和运动员的水平。

② 比赛开始，核对参赛人数并记入表内，每次运动员通过终点时，裁判员 A 报号码，并监看记录工作；裁判员 B 依次在总记圈表上记录；裁判员 C 记录每圈领先运动员通过终点的时间。

③ 运动员到达终点前（15～25 米），向主裁判报告并记录运动员到达终点的名次。

（3）脱圈组（D、E、F 三名裁判员）

① 根据比赛项目，确定使用相应的表格，了解实际参赛人数。

② 每圈领先运动员通过终点时，裁判员 D 报号，裁判员 E 在脱圈表上记录。

③ 注意观察领先运动员与落后运动员之间的距离变化，当出现脱圈时，裁判员 D 及时将脱圈运动员号码记入已跑圈数表格内，并在号码右下角记录位置，裁判员 F 监看记录工作。

④ 脱圈运动员跑至终点前（10～15 米），根据裁判员 D 的口头呼报，由裁判员 F 举牌或口头通知运动员剩余圈数。

（4）报圈组（G、H 两名裁判员）

① 根据比赛项目，确定使用相应的表格。

② 赛前检查电源和显示仪器的性能，并进行试操作，同时准备一套木制报圈牌。

③ 报圈牌放置终点附近：在进行 1 500 米、3 000 米障碍、5 000 米比赛时，可先分别显示“3”“7”“12”的字样，发令后，待领先运动员跑过终点后，再进入终点直道时，分别显示 10 000 米比赛时，先显示“25”，待运动员进入终点直道时显示“24”，以后每当领先运动员进入终点直道时便显示剩余圈数。

④ 比赛开始，裁判员 G 按下列程序工作：当领先运动员进入终点直道时，按下显示器变换圈数的电钮，划掉记录表中前一个余圈数，记录领先 1～3 名运动员的号码并观察领先运动员跑进情况，注意他们的位置变化，以后每圈均照“按钮—划圈—记录—观察”八字工作。

⑤ 在鸣枪时开表计时，了解掌握脱圈情况，协助裁判员 G 工作，当所有

运动员还剩最后一圈时“摇铃”。

（5）另一名主裁判随时协调核对总计圈组、脱圈组、报圈组的工作。

4. 竞走比赛的记圈工作

（1）内场记圈组（该组设在内场跑道的出口处）：负责内场的记圈工作，运动员走完内场距离时，用旗示或标志牌引导运动员走向外场，当运动员返回内场时，指引运动员进场的路线。

（2）外场记圈组（设在外场路线入口处）：负责外场的记圈工作，指引运动员进入外场路线，向每圈领先的运动员显示剩余圈数，剩最后一圈时“摇铃”。当运动员走完外场距离时，用旗示或标志牌引导运动员进入内场。

（3）径赛组：负责判定运动员到达终点的名次，并将名次记录表妥善保存。

（4）主裁判工作：分管总记圈和终点工作。

（5）公路竞走比赛的记圈工作。

① 终点组负责总记圈和报圈工作，计时组采用 “人盯人到底”的记圈计时方法；终点组负责判定运动员到达终点的名次，并将名次记录表妥善保存，两组共同完成此项工作。

② 在各项竞走比赛中，终点主裁判要随时观察运动员的比赛情况，并向检查员和竞走比赛记录台了解中途退场、犯规被罚下的运动员号码，迅速通知记圈员，以便掌握场上运动员人数。

（三）赛后工作

（1）每天比赛结束后进行小结，总结经验教训，提出次日工作要点。

（2）全部比赛结束后，收齐比赛用品上交。

（3）写出书面总结材料报送径赛裁判长。

六、终点裁判的协调与配合

（1）与检录处协作：掌握实际参赛人数，了解中、长距离跑时运动员佩戴号码的范围。

（2）与发令组协作：确认有关运动员罚下时联络通知终点的方式。

（3）与检查组协作：及时了解比赛途中退出比赛运动员的号码和比赛途中退出比赛的位置。

（4）与终点摄像计时组协作：中长距离项目比赛时，随时向其主裁判报告运动员脱圈、比赛途中退出比赛的情况以及到达终点的顺序。

（5）与人工计时组协作：在径赛裁判长的统一领导下，确定中、长距离跑和竞走比赛的记圈、余圈显示，对脱圈运动员的报圈及计时方法；在采用“人盯人到底”记圈计时时，统一分工，明确领导，共同完成记圈计时任务。

（6）与场地器材组协作：准备好比赛所需器材、物品。

七、终点裁判的工作重点与难点

（一）工作重点

（1）准确地判定运动员到达终点的名次。

（2）记录长距离跑、竞走项目运动员所跑的圈数，确保运动员到达终点时所跑的圈数准确无误。

（3）同终点摄像计时组配合，随时将运动员脱圈情况，运动员到达终点的顺序通知终点摄像计时主裁判。

（二）工作难点

（1）在进行长距离跑和竞走比赛中如参赛运动员人数较多、运动员的水平差异大的情况下，脱圈情况复杂，如何准确及时地记录领先运动员与脱圈运动员的情况是工作的难点。

（2）在长距离跑和竞走比赛中遇到运动员右侧小号码辨不清的情况下容易造成工作的障碍也是工作的难点。

八、终点裁判所需物品

（一）提前设置

（1）桌子：3 张。

（2）椅子：12 把。

（3）遮阳伞：2 把。

（4）余圈显示器：1 套。

（5）铃铛：1 个。

（6）号码牌（2～10）：1 套。

（7）指引路线标志牌：2～4 个。

（二）赛前领取

（1）夹板：10 块。

（2）铅笔：10 只。

（3）转笔刀：2 个。

（4）对讲机：2 部。

（5）表格（终点名次报告表、总记圈表、余圈显示记录表、脱圈记录表）：若干。

第三节　人工计时裁判工作

一、人工计时裁判的设置

（1）计时主裁判：1～2 人。

（2）计时员：24 人。

二、人工计时裁判的任务

（1）人工计时裁判的任务是准确地计取径赛运动员的分段及全程比赛的成绩，协助终点裁判做好长距离和竞走项目比赛的记圈工作。

（2）人工计时裁判组的工作与运动员的成绩是密切相关的，因此，全组裁判员必须集中精力，认真学习规则，在工作中做到公正、准确、无误，并严格遵守大会规定的各项纪律，力争在工作中做到万无一失。

三、人工计时裁判的分工

（一）主裁判

（1）主裁判 A：负责人工计时组的全面工作，并在比赛时负责指挥计时和记圈工作。

（2）主裁判 B：负责审核计时成绩，并与有关裁判组进行协调联络工作。

（二）计时员

（1）在分道跑和不分道跑项目中，按道次分工计取运动员的成绩。

（2）在不分道跑项目中。

① 参赛人数未超过 8 人时，按分道跑的方法计时。

② 参赛人数超过 8 人时，除保证第 1 名运动员有 3 个计时员计取成绩外，其余计时员根据需要分别计取一到多名运动员的成绩。

四、人工计时裁判的职责

（一）主裁判

计时主裁判受径赛裁判长的领导，负责组织全组学习、分工、实习等各项工作，并负责与有关裁判组进行联络，在比赛中领导与组织全体计时员准确地计取每位径赛运动员的正式比赛成绩，并将成绩单交竞赛秘书处以供发布。

（二）计时员

在计时主裁判的领导下，按照计时主裁判所分配的计时工作，独立、准确、迅速地完成计时和记圈任务，准确无误地将所计成绩、圈数填入成绩记录卡，并将此卡交给计时主裁判。

五、人工计时裁判的工作细则

（一）赛前工作

（1）计时主裁判根据计时员的工作能力及具体情况进行分工，使每一位计时员尽早熟悉自己的位置、任务及计时和记圈方法。

（2）计时主裁判组织计时员学习规则、竞赛规程，研究裁判方法并了解每一个单元赛程的安排。

（3）根据大会日程安排，组织计时员进行计时方法的实习。

（4）确定与终点裁判组的联络方法。

（5）准备好比赛所需的器材、表格、秒表、纸、夹板、笔等。

（二）赛中工作

（1）计时主裁判按规定时间带领计时员入场，按顺序就座；再次明确工作分工和方法，检查秒表，接收并审核终点成绩记录卡片；各项比赛开始前 3～5 分钟，向计时员宣读本单元比赛项目及顺序，将成绩记录卡交给计时员。

① 在分道跑项目时，由主裁判把成绩记录卡发给最下面的两名计时员，然后迅速向上传递给其他计时员。

② 在长距离跑项目时，由主裁判把成绩记录卡发给每一名计时员，计取 1～2 名运动员的分段成绩及总成绩。

（2）每个项目第一名的成绩应有 3 名正式计时员（其中 1 名为主计时员）和 1～2 名后备计时员计取，当一名或多名正式计时员秒表不能准确计时时，后备计时员的计时时间才可以替补，但事先要规定好替补顺序，使所有径赛项目的第一名都有 3 块秒表计取正式成绩。

（3）每名计时员都应独立工作，不得让其他任何人看表或讨论所计的成绩，将成绩填写好后，签名交主计时员。主计时员可以验表，以核对成绩。当 3 块秒表中有两块成绩相同，那么以这两块表的时间为准，若 3 块表的成绩都不同，应以中间表时间为准。若只有两块秒表，应以相对较慢的时间为准。

（4）当听到比赛即将开始的音乐铃声或其他信号时，计时员应立即回表：若无此类信号时，计时主裁判应发出 “回表”的口令。比赛开始时提醒计时员“运动员上道”和“举枪”。

（5）计时员回表后，应立即注视起点，核对记录卡上运动员的号码、道次是否与宣告介绍的运动员的号码、道次相符合，并辨认清楚运动员的特征。然后注视烟屏，按紧电子表的按键，见烟或光开表，开表后观察秒表是否有故障，如有故障，应立即报告计时主裁判，以便安排候补计时员替补，确认秒表无误后，再注意运动员跑进。

（6）当运动员离终点约 25 米处时，计时员眼睛的主光仍继续看运动员，余光看终点线，做好停表准备并按紧停表键，当运动员离终点线 10 米时，则以眼睛主光看终点线，余光看运动员；当所计运动员的躯干（不包括头、颈和四肢）任何部分触及终点线后沿垂直面的瞬间为止停表。此时，目光继续跟踪观察本道次运动员的号码及特征是否与成绩记录卡上的号码相同，读表时将秒表水平放置胸前，按时、分、秒的顺序仔细观看，如破纪录，应立即报告计时主裁判。然后将成绩准确无误地填写在成绩记录卡上，计取第一名运动员的计时员应将所计成绩报告给该道次计时员填写。计时员填写成绩记录卡时，应将每名计时员所计成绩按 0.01 秒填写在分栏表中，然后按规则换算成 0.1 秒填写在计时存查表上。计时员填好成绩卡后，迅速由上往下传递给计时主裁判，然后，听计时主裁判的"回表"提示，进行下一组次计时。

（7）计时主裁判收齐成绩记录卡后，应立即审核，必要时应查看计时员的秒表，并根据规则中有关计时员的规定判定运动员的成绩，审核无误后，将成绩记录卡送交终点记录员。

（8）计时主裁判在下一次计时开始时，要和径赛主裁判联系是否准备就绪。

（三）赛后工作

（1）每个单元比赛结束后，径赛主裁判应及时组织计时员进行小结，肯定成绩，找出问题，提出解决方法，必要时可调整计时员的工作。

（2）全部比赛结束后，组织计时员认真总结并向径赛裁判长汇报。

（3）将比赛用品收齐后上交。

六、人工计时裁判的协调与配合

在长距离跑项目的比赛中，计时组与径赛裁判组按赛前研究的协同配合方案，共同完成长距离跑和竞走项目的计时和记圈任务。当比赛中出现问题时，计时主裁判应主动与径赛主裁判协调，合理解决问题，保证比赛任务顺利地完成。

七、人工计时裁判所需物品

（1）电子秒表：25 块。

（2）夹板：24 个。

（3）带橡皮头的铅笔：24 支。

（4）转笔刀：2～4 把。

（5）计时存查表：若干。

（6）长距离跑分段成绩计圈表：若干。

（7）径赛成绩记录卡：若干。

（8）对讲机：两部。

第四节　终点摄像计时裁判工作

一、任务

在径赛裁判长的领导下，确保终点摄像设备的性能符合要求并正常工作，根据田径竞赛规则规定，准确、迅速地判定径赛运动员的名次和成绩，以及分段成绩的计取和显示。

二、人员设置与职责

（一）分工

（1）主裁判：2 人。

（2）采集、判读裁判员：4 人。

（3）终端操作及终点录像操作员：2 人。

（4）终点显示屏操作员与电视信号操作员：2 人。

（5）摄影计时器厂家技术：2 人。

（6）起点工作人员：1 人。

（7）志愿者：2 人。

（二）职责

1. 主裁判

在径赛裁判长的领导下，全权负责全组工作，对计时装置的运转负责，确保终点摄像装置的性能符合要求并正常工作。

（1）赛前与厂家技术人员联系，熟悉计时装置的性能，监督该装置的安装盒测试，并使全组人员熟悉掌握该套终点摄像装置的使用以及简单的故障排除。

（2）带领全组裁判员学习和实习，并对本组人员进行明确的分工。

（3）在每个单元比赛开始前，指挥采集判读裁判员与径赛裁判长、发令员配合，进行核查，确保发令枪或经批准的发令装置能自动启动终点摄像计时系统并匹配无误。

（4）每个单元比赛前，负责与径赛裁判长、厂家技术人员和发令员一起测试计时器的精度。并请技术代表指定一台摄像计时装置为主机。

（5）每组比赛开始前，负责与发令协调员联系，检查与发令员之间的对讲机是否畅通。

（6）应监督主机采集判读裁判员判定运动员的名称和成绩，审核主副机采集判读裁判员判读每组运动员的名次和成绩，审核无误后，发送至竞赛秘书组。如遇破纪录，严格核对运动员的图像和成绩，打印出附有时标的照片并签字送竞赛秘书组。同时通知径赛裁判长、赛后控制中心，通知起点工作人员打印出该组运动员的起跑反应时数据交竞赛秘书组。

（7）与终点显示屏操作员、电视信号操作员、电视转播人员协调联系，商定有关事宜，尽量配合转播工作。

（8）与厂家技术人员负责标定计时器。并保存好以备检查。

（9）每单元比赛结束后，及时总结经验和解决出现的问题。

2. 采集判读裁判员

（1）每单元和每次发令组更换发令地点后，负责与发令组和厂家技术人员一起测试，确保发令枪和发令装置能自动启动终点计时系统并匹配无误。

（2）采集判读裁判员应时刻关注比赛进程，并准确的开启 CCD 摄像装置开关，采集所有通过终点运动员的图像，并准确判读运动员的名次和成绩。当确认最后一名运动员通过终点后，才能退出计时状态。

（3）负责记录分道跑项目的名次顺序，记录不分道跑和部分不分道跑项目运动员到达的顺序号码与脱圈运动员的情况，以便及时准确的拍摄到达终点运动员的图像并迅速判读。

（4）判读裁判员在主裁判的监督和采集裁判员的监看下，分别在主、副机上负责判读每组运动员的名次、道次和成绩。经主裁判确认后，将成绩传至终端。

（5）判读裁判员在分道跑或部分不分道跑项目判定结束后，应负责与终点计圈组联系，核对名次。

3. 终端操作及终点录像操作员

（1）负责安装调试计算机终端设备、录像设备。

（2）负责提取将要比赛项目的运动员检录表。

（3）每组比赛后，将从计时器上接受的比赛名次和成绩信息传至竞赛秘书组。

（4）配合采集、判读裁判员在长距离比赛中记圈工作，判定长距离项目比赛名次。

（5）有必要的情况下，负责终点录像的调用（可调用仲裁录像），与主裁判一起，核实名次。

4. 终点显示屏操作员与电视信号操作员

（1）负责安装、调试光电设备与分段显示牌等设备。

（2）负责光电拦截器和终点显示器的操作，准确的显示第一名运动员的参考成绩，并根据判读裁判员的判定，在终点显示器上迅速输入第一名运动员的道次号码和运动员号码。

（3）长距离比赛中，保证光电设备正常运转，给运动员提供分段参考成绩，应保证位于终点和200米起点处的光电显示牌同步工作。

（4）分工负责与终点摄影、起点工作人员的联系。

（5）负责运动员破纪录的核对和提示。

（6）负责与电视台转播人员的协调，根据要求，传送即时计时信号和终点判读图像。

5. 摄影计时器厂家技术员

（1）确保器材性能稳定、准确，在整个比赛过程中正常运行。

（2）在主裁判的监督下负责安装、调试摄影计时装置，在每一单元比赛开始前，会同终点摄影主裁判，和发令组配合，对该装置计时精度进行测试，确保发令枪或发令装置能自动启动该计时装置，并匹配无误。

（3）与终点摄影组、起点工作人员和发令组裁判一起，保证每单元和每次换项后发令枪、发令器传感器、设备运转良好和传输线路畅通。

6. 起点工作人员

（1）负责核查每单元和每次换项后发令枪或发令装置能自动启动终点计时系统并匹配无误。

（2）如有破纪录时，通知发令人员打印出该组运动员的起跑反应时数据交竞赛秘书组。

三、工作方法

（一）赛前

（1）学习规则、规程和竞赛须知，明确分工和职责。

（2）安装终点摄像设备、分段计时光电设备、成绩显示屏、计算机终端机、起跑犯规监测仪及各路电缆等设备，并进行检验、调试。

（3）布置检查终点线上的黑色标志块和内侧终点延长线的白色背景带。

（4）熟悉比赛日程和项目，将确认后的相关信息输入计算机及相关系统。

（5）对整个系统反复进行试运转，确保系统运转正常。

（6）布置工作场所，准备相关器材及用品。

（7）确定与相关裁判组的联络信号和协作配合的方法。

（8）参加赛前实习和联调。

（二）赛中

（1）按赛前规定时间到达工作岗位，检查并调试仪器设备，并向主裁判报告检查情况。

（2）主裁判检查终点摄像计时装置的运行情况。

（3）每单元比赛前，主裁判与径赛裁判长、采集判读裁判员、厂家技术人员对终点摄像计时装置进行精度测试并打印保留测试结果。

（4）起点工作人员检查起跑犯规监测仪与起跑器的连接并测试运行情况。

（5）起点工作人员检查发令传感器，保证线路的通畅。

（6）起点工作人员检查通信设备是否畅通，每组发令前必须向主裁判报告。

（7）当起点位置转移时，起点工作人员重新进行检查和测试，确保起跑犯规监测器及发令传感器的工作正常。

（8）与电视转播工作人员联系，保证信号传输通畅。

（9）赛前 5 分钟，提取将要比赛项目的运动员检录表，并报告主裁判本组参赛人数及缺席情况。

（10）赛前 3 分钟，光电拦截器、显示屏准备就绪，显示屏归零。

（11）指挥中心发出比赛信号后，主裁判、采集判读裁判员再次检查计时系统是否处于待命状态并核对本组组别、赛次和组数。

（12）当发令员鸣枪后，注意观察计时装置的启动情况，工作正常时，报告起点一切正常。如出现不正常情况，立即使用备用计时系统记取名次和成绩。同时主裁判会同厂家技术人员立即排除故障，保证比赛顺利进行。

（13）当运动员到达距终点 10 米处，采集判读裁判员启动拍摄装置，拍摄运动员抵达终点时的连续图像。

（14）在主裁判的监督下，判读裁判员即刻进行判读，要求迅速准确。判读的标准按规则要求，以运动员躯干抵达终点线后沿垂直面瞬间为准。

（15）采集判读裁判员判读出运动员的名次、成绩后，主裁判核对两机的结果，无误后即刻传送给终端和竞赛秘书组。

（16）如遇破纪录是，主裁判应严格核对运动员的图像和成绩，打印出附有时标的照片并签字送竞赛秘书组。同时通知径赛裁判长、赛后控制中心，通知起点工作人员打印出该组运动员的起跑反应时数据交竞赛秘书组。

（17）长距离项目比赛时，一名主裁判和一名采集判读裁判员分别独立进行记圈工作，并随时进行核对；当运动员到达终点前 50 米，通知采集判读裁判员准备进行拍摄。比赛结束后，主裁判应与终点主裁判联系，以获取终点记圈组的最终名次并与判读结果进行核对。

（18）成绩传送后，可以进行下一组或项目的比赛。

（19）配合电视转播的工作任务。

（三）赛后

（1）保存各单元的比赛成绩、图像、精度测试图。

（2）保管好相关设备、仪器，加强防雨等安全措施。

（3）必要时，将比赛中出现问题的设备进行必要的维修和维护。

（4）进行小组总结。

（5）归还器材和用品。

四、重点与难点

（1）确保仪器设备正常工作。

（2）迅速准确的采集并判读运动员的名次和成绩。

（3）长距离比赛时运动员的记圈工作。

（4）长距离比赛时，脱圈运动员与达到终点运动员的判别。

五、与其他裁判组的协调配合

（一）与检录裁判组的配合

提醒检录裁判组给运动员佩戴侧号码时要牢固，防止中途脱落。

（二）与发令裁判组的配合

赛前：进行仪器设备的调试。

赛中：进行精度测试；确认发令前设备处于等待状态；更换起点位置时计时进行设备感应测试。

（三）与终点裁判组的配合

分道跑项目：当运动员出现侧号码脱落、串道等情况时及时告知采集判读裁判员。

部分分道跑和不分道跑项目：及时告知采集判读裁判员中退运动员的信息，运动员通过终点后及时核对运动员的名次。

4×400 米项目三、四棒运动员完成传接后，迅速引导运动员离开终点区域。

（四）与检查裁判组的配合

在检查裁判员的负责区域出现运动员的号码脱落和中退运动员时，迅速告知采集判读裁判员。

（五）与竞赛秘书组的配合

及时获取各径赛项目的检录单，随时确认成绩传输通道是否畅通。

（六）与径赛裁判长的配合

在径赛裁判长的领导下工作，遇突发情况不能决定时应立即请示径赛裁判长。

六、所需器材

（1）摄影计时全套设备：3 套。

（2）有录像功能的终点摄像监视系统：2 套。

（3）成绩显示屏：2 套。

（4）对讲机：4 部。

（5）望远镜：2 台。

（6）电话：1 部。

（7）板夹：3 块。

（8）铅笔：10 支。

（9）铅笔刀：1 把。

（10）签字笔：3 支。

（11）长距离记圈表：30 张。

（12）有线对讲机电池：若干。

（13）防雨设备：4 套。

（14）传感器系统电池（5 号）：6 节（每天）。

七、应急预案

（1）赛前裁判员认真学习有关文件，工作中精力集中，大家团结一致，相互配合，在各自的岗位上做好本职工作。

（2）比赛中不做与本比赛无关的事情，密切关注摄影器材的运行情况。

（3）赛前对各项器材应认真检查，各项指标必须达到有关规则的要求。备好各种应急设施。

（4）比赛中发令枪响后密切关注终点摄影计时系统工作情况，如发现意外立即采取有效措施，（如运动员出发，立即通知发令员召回运动员、或强制启动计时器等等）并保留好有关原始资料，事后应立即向有关裁判长汇报。

（5）发生问题、遇特殊情况及时请示、汇报，不擅自做主。

（6）情况瞬息万变，裁判员要时刻警惕，确保比赛万无一失。

第五节　终点记圈裁判工作

一、任务

迅速准确的完成中、长距离跑比赛的记圈工作及运动员到达终点的名次判定。

二、人员设置与职责

（一）人员设置

主裁判：3 人。

记圈组：3 人。

脱圈组：2 人。

圈数显示组：1 人。

志愿者：2 人。

（二）职责

1. 主裁判

（1）在径赛裁判长的领导下进行工作，负责终点裁判员的分工，明确每个裁判员的职责。

（2）组织裁判员判定运动员到达终点的名次。遇到名次判定不一致时交径赛裁判长裁决。

（3）负责与其他裁判组进行联系，检查场地器材和用具。

（4）组织裁判员完成中、长距离跑比赛的记圈工作。

（5）每组比赛结束后，收名次报告表、记圈表，核实签字，交终点记录员。

（6）每单元比赛结束后进行总结。

2. 裁判员

（1）按照分工准确地判定运动员到达终点的名次。

（2）担任中、长距离跑比赛的记圈、脱圈和圈数显示工作。

（3）填写名次报告单。

三、工作方法

（一）赛前

（1）组织裁判员学习竞赛规则、规程、相关竞赛文件和裁判法。

（2）做好裁判员分工，定岗位、定职责、定方法。

（3）检查场地、器材，熟悉设备性能，领取所需用品和表格。

（4）在径赛裁判长领导下，搞好现场实习联调。

（5）熟练掌握不同径赛项目运动员到达终点名次的判定方法。

（二）赛中

中长距离跑的记圈工作具体可分为以下几条。

1. 终点主裁判

（1）领导终点裁判员按时到位，根据该项目（组）参赛人数、水平，布置有关工作。

（2）比赛开始后，核对参赛人数，随时了解裁判员工作情况。

（3）主裁判 A 负责本组的全面工作；主裁判 B 负责对外协调工作，向终点摄影计时主裁判通报脱圈或中途退场运动员的号码、报告即将到达终点运动员的特征、号码；主裁判 C 掌握芯片记圈及各组工作情况，及时协调解决比赛中的有关问题。

（4）随时掌握前 8 名运动员跑进顺序，当运动员还剩最后一圈时，由终点主裁判通知圈数显示裁判员摇铃。运动员最后一圈进入终点直道时，及时向终点摄影计时主裁判通报运动员到达终点的顺序。最后根据总记圈组的记录，再次核实运动员到达终点的顺序。

（5）每组比赛结束后，将记圈组记录的表格和总名次表交竞赛秘书组。

2. 记圈组（A、B、C 三名裁判员）

（1）根据比赛项目，确定使用相应的表格，了解参赛人数和运动员水平。

（2）比赛开始，核对参赛人数并记入表内，每次运动员距离终点约 50 米处，由 A 报号，B 依次在总记圈表上记录（当运动员脱圈时，及时标出脱圈符号），C 监看记录。

3. 脱圈组（D、E 二名裁判员）

（1）根据比赛项目，确定使用相应的表格，了解实际参赛人数。

（2）每圈领先运动员通过终点时，由 D 报号，E 在脱圈表上记录。

（3）注意观察领先运动员与落后运动员之间的距离变化。当出现脱圈时，E 及时将脱圈运动员号码记入跑圈数格内，并在号码右下角记录位置，记录空闲时间 E 及时核查记录，D 观察场上运动员情况。

（4）脱圈运动员距终点 10～15 米处，根据 D 的口头呼报，由 E 举牌或口头通知运动员剩余圈数。

4. 圈数显示组（F 一名裁判员）

（1）根据比赛项目，确定使用相应的表格。

（2）赛前检查电源和显示仪器的性能，并进行试操作。

（3）圈数显示牌放置终点附近。在进行 800 米、1 500 米、3 000 米、3 000 米障碍、5 000 米比赛时，可先分别显示“2”“3”“7”“7”“12”的字样。待运动员进入终点直道时，分别显示“1”“2”“6”“6”“11”。10 000 米比赛时，先显示“25”，待运动员进入终点直道时显示“24”。以后每当领先运动员进入终点直道时，显示剩余圈数。

（4）比赛开始，F 按下列程序工作：当领先运动员进入终点直道时① 按下显示器变换圈数的电钮。② 划掉记录表中前一个余圈数。③ 记录领先的 1～3 名运动员号码。④ 观察领先几名运动员跑进情况，注意他们的位置变化。以后每圈均照“按钮—划圈—记录—观察”八字工作，当每名运动员还剩最后一圈时摇铃。

（5）800 米和 1 500 米比赛时，内场只留一名摇铃（翻牌）裁判员，两名终点主裁判在外场计取所有运动员抵达终点的名次。

（三）赛后

（1）每天比赛结束后进行小结，总结经验教训，提出次日工作要点。

（2）全部比赛结束后，收齐比赛用品上交。

（3）写出书面总结材料，报送径赛裁判长。

四、工作重难点与解决方法

（一）工作重点

（1）迅速准确地记取中长距离跑运动员所跑的圈数，确保运动员到达终点时所跑的圈数准确无误。

（2）及时与检录处联系，每项比赛检录后，了解实际参赛人数，运动员佩戴小号码情况。

（3）及时同起点取得联系，了解运动员出发情况。

（4）及时同检查组联系，了解中途退场运动员的号码。

（5）及时同终点摄影计时组联系，随时将运动员脱圈情况、运动员到达终点的号码顺序、特征通知终点摄影计时主裁判。

（6）及时与竞赛秘书组、场地器材组联系，准备好比赛所需物品。

（二）工作难点及解决方法

（1）在进行长距离跑比赛中，如参赛运动员人数较多、运动员的水平差异大的情况下，脱圈情况复杂，如何准确及时地记取运动员每圈通过终点的顺序及领先运动员与脱圈运动员的情况是最大的难点。解决方法：记圈组报号裁判员报号快速、准确、清楚、并有节奏，提醒记圈裁判员是领先运动员或脱圈运动员，确保记圈裁判员准确记录运动员每圈通过终点的顺序准确无误；记圈裁判员根据报号裁判员的呼报，快速准确记录运动员每圈通过终点的顺序，随时检查核对记录情况，发现问题及时解决；监看裁判员要听呼报裁判员的报号和记录裁判员记录的圈数是否正确，发现问题及时提醒记圈裁判员改正，确保运动员通过终点的顺序准确无误。

（2）在长距离跑比赛中，如遇到雨天运动员右侧小号码辨认不清的情况下，容易造成工作障碍。解决方法：事先了解比赛运动员的大号码和小号码，比赛中牢记其特征。

（3）在长距离跑比赛中，容易出现不同组别裁判员记录运动员通过终点的顺序不一致的情况。解决方法：主裁判 C 在记录空闲时间及时核对芯片记圈和人工记圈的情况，发现问题及时解决。

五、应急预案

表 3-1　应急预案

序号	内容	解决方法	预防措施	涉及部门
1	长距离项目比赛中，记圈员在记圈过程中发生少记或多记的现象	在比赛过程中，一名主裁判根据记圈员记录的时间及时进行核查，发现问题，及时纠正	赛前明确分工，记圈员配备一块秒表，记录每圈运动员大致时间，以便核对，并做好实习，确保比赛时万无一失	终点裁判组
2	长距离项目比赛中报圈失误	主裁判根据记录情况，及时与记圈牌核对，发现问题，及时纠正	赛前认真组织实习，熟悉器械性能	终点裁判组

六、所需物品

（一）提前设置

（1）椅子：14 把。

（2）桌子：6 张。

（3）铃：1 个。

（4）报圈器：2 套。

（5）号码牌（2～15）：2 套。

（6）挡雨设备（大雨伞）：2 套。

（二）赛前领取

（1）秒表：2 块。

（2）夹板：4 块。

（3）对讲机：4 部。

（4）铅笔：14 支。

（5）签字笔：14 支。

（6）总记圈表：若干。

（7）报圈记录表：若干。

（8）望远镜：2 个。

（9）复读机：1 个。

（10）档案袋：若干。

第六节　检查裁判工作

一、任务

检查裁判组在检查主裁判领导下开展工作，检查工作直接涉及运动员的录取资格，关系重大；又因塑胶跑道上运动员犯规不留痕迹，检查工作难度大，对检查员的裁判水平要求极高。因此，检查员必须全面学习掌握和理解田径规则，准确把握判罚尺度，不徇私情、一丝不苟地进行工作。

比赛中的工作任务具体可分为以下几个方面。

（1）检查径赛运动员有关犯规情况。

（2）在跨栏跑和障碍跑项目比赛前要检查栏数、栏位、栏高、配重是否符合规则要求。

（3）长距离比赛人数过多分两组起跑、障碍跑等的跑道标志和 800 米抢道标志（小旗或锥形物体）是否摆放到位。

（4）在 4×100 米接力比赛时，检查员要对二、三、四棒运动员进行管理和组织上道。

（5）在非直道径赛项目（200 米以上）与跳高、标枪比赛同时进行时，检查员应与该项管理裁判员配合管理好田赛运动员，确保比赛安全、顺畅。

如发现径赛运动员比赛中犯规，检查员应按工作程序将该运动员的犯规情况准确记录下来，并及时报告检查主裁判，为主裁判提出判罚建议和径赛裁判长的判罚决定提供准确的材料和证据。

二、检查员的分工及其职责

（一）编制及分工

（1）检查主裁判：3 人。

（2）检查裁判员：24 人。

（二）职责

1. 主裁判

（1）赛前

① 组织全体检查员学习竞赛规则、比赛规程、技术手册和裁判工作手册，统一认识和判罚尺度。

② 负责对检查员的分组，指派组长，分配各组负责的区域和每个检查员的工作位置。

③ 制定检查工作细则，组织对细则的学习、讨论和修订。

④ 在场地器材组的协助下，带领检查员对跑道的接力区预跑线、抢道线标志物及栏点的位置进行确认，熟悉栏架高度升降、配重调整方法。

⑤ 制定各项径赛检查组出场计划及出场、换项的路线和联络方法。

⑥ 与场地器材组联系，落实检查组所需器材。

⑦ 与终点主裁判商定赛中的联络方法。

⑧ 在明确分组分工（任务）、上岗位置和学习细则的基础上，组织从实战出发的现场实习。通过实习发现问题及时调整和完善细则，改进工作。

（2）赛中

① 主裁判分工：主裁判 A：负责全面工作，每单元开赛前 1 小时召开例会，根据每日秩序册核对本单元各小组的出场安排；在终点处理比赛中出现的问题，与有关裁判组协调配合联系工作；主裁判 B：负责途中检查工作，及时到现场处理问题。

② 处理犯规：主裁判 B 看到信号及时到达犯规现场（终点附近出现问题则由主裁判 A 去处理）了解、察看犯规情况，处理问题，在检查报告单上签署意见，（同时与主裁判 A 保持联系，使主裁判 A 了解全局情况，以

便掌握比赛进程)。立即报送径赛裁判长（必要时请径赛裁判长到现场处理问题）。

③ 观看比赛：主裁判必须认真观察各项径赛的全过程，掌握运动员犯规的第一手材料，使判罚准确，尽量减少失误。

（3）赛后

① 进行单元工作小结，提出新要求。

② 比赛全部结束后，组织评选和总结工作。

2. 检查员

（1）明确自己的工作任务，清楚进、出场，换位路线及工作位置。

（2）熟悉旗示、用具的运用方法、器材规格及检查报告单的填写方法。

（3）清楚各个接力区、预跑线、抢道线的准确位置，及栏架的升降和摆放方法，适时放置抢道线上的锥形物。

（4）在主裁判领导下进行现场实习，落实细则。统一裁判方法及判罚原则，即区分运动员犯规是主动还是被动、有意还是无意、有利还是无利、是否影响他人。

（5）填写检查报告单，内容包括：组别、项目、赛次、组次、道次、号码、情况简述。

（三）联络方式

（1）检查主裁判与检查员之间的联络：只有在出现情况的时候，包括犯规及其他问题时，检查员将黄旗上举头上左右摆动，其余任何时间均不使用旗帜。

（2）检查主裁判与径赛裁判长的联络。

① 检查主裁判接到检查员的信号后，立即用步话机或类似器材向径赛裁判长报告，提示该组成绩缓报（径赛裁判长应马上通知现场指挥），并主动参与问题处理（尽量缩短处理时间），处理完后及时向径赛裁判长报告情况。

② 在每组比赛前，一旦准备就绪，检查主裁判应立即通知径赛裁判长，使现场指挥能按时发出比赛信号。

三、检查员的工作方法

（一）场地方位及技术用语

（1）基准点：A为第一直曲段分界线（同时也是终点线）与内突沿的交点，按逆时针方向依次为交点 B、C、D。

（2）终点直道（西跑道），非终点直道（东跑道）。

（3）弯道：第一弯道（南弯道）、第二弯道（北弯道），按跑进方向分上弯道处、弯道顶、下弯道或由直道进入弯道、由弯道进入直道。

（4）踏（踩）上左（右）侧分道线或跑入其他分道或内外突沿，约多少米或多少厘米，几道串入几道，直至通过终点或离终点何处返回原道通过终点。

（5）自愿退出比赛：起跑后多少米处，第几圈某处，跑至距终点多少米处自愿退出比赛。

（6）接力：第几区前（后）沿内、外，预跑线里、外，几号传几号的过程中，未进接力区或出区多少米；几道第二棒几号运动员提前多少米未越过抢道线切入里道等。

（7）几号运动员在何位置冲撞或阻挡几号运动员，造成什么情况。

（8）准备判罚术语的中、英文对照单，供裁判员在填写检查单时参考。

（二）工作方法

（1）每天第一单元赛前领取已确认的当日分秩序册。

（2）每单元赛前40分钟领取器材和用品。

（3）每单元按照工作流程表全组在饭店停车场集合，统一坐班车前往比赛场地。到场地后按照工作流程表，再次明确本单元的项目、组次、时间和各小组的任务、工作位置、换项及进、出场路线。

（4）每单元提前10分钟（接力、跨栏15分钟）进场，到位后再对照秩序册熟悉自己的分工任务，换项、换组根据工作细则进行。

（5）跨栏比赛前，迅速、准确检查核实栏位、栏高、栏数、配重及每个栏板两端与邻道栏板要有缝隙，以避免倒栏时的连锁反应；检查无误后，即刻坐回自己的位置不再移动。

（6）4×100 米接力，各接力区由外语裁判组织运动员上道，检查员及时核对组别、组次、道次、号码、单位，一切就绪马上向组长举旗示意；待全组工作就绪，组长再向主裁判举旗示意。

（7）比赛时，400 米及 400 米以下的项目，听到“各就位”口令，检查员根据实际需要获得最佳观察位置，对运动员目接目送，认真观察，每组最后一名运动员过跑出自己视线后自动坐下；800 米及 800 米以上的项目，检查员站坐结合，以看清、看准运动员跑进情况为准。在运动员成集团跑在弯道上、下弯道、互相超越及终点前的冲刺时，更要集中精力仔细观察。

（8）检查员判定运动员犯规后的工作程序分为以下几方面：

① 窜道犯规：认准道次（看清号码）—做好标记—举旗示意—填写表格。

② 阻挡或冲撞等犯规：看清号码（影响和被影响）—做好标记—举旗示意—填写表格。

即：看准犯规运动员及被影响人所跑的道次；记住犯规运动员的号码及受影响运动员的号码；迅速用图钉或橡皮膏标出犯规位置；立刻举旗向主裁判示意；主裁判回旗后，马上填写检查报告单；向主裁判和径赛裁判长表述犯规过程；待裁判长处理完毕后，及时清理图钉或橡皮膏。

（9）比赛中有运动员中退，就近的检查员及时举起示意和主裁判联系，填写表格交主裁判。

（10）裁判员姿态分为以下几个方面。

① 坐位要求：内突沿内侧裁判要求将椅子放在草地上，脚尖靠下水道线为准；跑道外裁判要求坐在距离跑道最外侧分道线 1 米处。

② 坐姿要求：1 500 米以下（含）项目比赛，在听到运动员介绍开始直到该组最后一名运动员经过终点，坐时要求两膝盖并拢，尽可能做到二个直角，即小腿和大腿、大腿和躯干，躯干、小腿与地面保持垂直；1 500 米以上项目比赛时，尽可能保持小腿和大腿形成直角，躯干放松但要保持与地面垂直；两手握旗帜平放在膝盖上。量栏架尺子统一竖放在座椅左侧地面并紧靠座椅，与分道线垂直。每小组间歇可以稍作放松，但不得离开座位。

（11）裁判员进场、换项和退场。

① 每单元第一项比赛前，首先上场的裁判组组长根据工作流程表和路线，组织安排该组裁判员进场。

② 裁判员到达位置以后，立即开始准备，准备工作完成后，裁判员应立即就位坐下，当主裁判观察到所有裁判员就位坐下后，即可向径赛裁判长报告准备工作就绪。除非出现问题，所有场上裁判员在每一小组比赛最后一名运动员通过终点后必须立即回到自己的位置坐好，等待下一组比赛开始。

③ 接力比赛时，各接力区指定一名小组长与主裁判 A 联络。其中主裁判 B 负责第一接力区的准备情况，主裁判 C 负责第二、三接力区准备情况，各区准备完成后，直接向主裁判 A 汇报准备就绪，各区准备就绪后，主裁判 A 立即向径赛裁判长通报准备就绪。

④ 根据工作流程表，到换项比赛最后一组的最后一名运动员经过终点后，所有裁判开始自动换位，以最快速度达到该项目指定位置，做好准备工作后立即坐好等待比赛开始。

⑤ 根据工作流程表，到指定换组项目最后一组的最后一名运动员经过终点后，如果无问题，场上所有裁判员及时观察主裁判动作，以主裁判起立为信号，所有裁判全体起立，主裁判转身向场外走时，裁判员开始按指定顺序、指定路线退场换组。

⑥ 当场上裁判组退场后，另一组组长根据工作流程表组织该组裁判员列队入场就位，开始工作，以此循环往复。

（12）未在场上工作的裁判组，统一在起点附近就座，注意整齐。

（13）检查员应及时填写检查员记录表，以备随时查询。

四、检查工作的重点与难点

（一）分道（部分分道）跑项目

（1）直道部分：运动员跑出自己跑道后是否影响他人。

（2）弯道部分：跑入内道和踩踏左侧分道线，跑入外道和踩踏右侧分道线看是否影响他人，是否返回本道。

（二）不分道跑项目

运动员水平接近，成团跑进或终点冲刺、互相超越时易发生推、拉、踩、踢、绊、挡等犯规及离开跑道等现象，要认真观察记清号码，重点看身体接触的犯规现象。

（三）跨栏、障碍跑项目

过栏时运动员的腿或脚低于栏板上沿水平面，栏侧过或摆过（注意判断是否低于栏板上沿水平面）、有意踹倒栏、推栏、绕栏跑过，摔出跑道影响他人，重点看过栏的瞬间；是否跨越他人栏架；弯道栏项目注意兼看运动员是否有踩线或窜道犯规。

（四）接力跑项目

1. 4×100 米接力

看准交、接棒运动员的接力棒是否在接力区内，有无扔棒，是否掉棒，运动员拾棒；交接完毕后，交棒运动员有无跑入他人跑道，是否影响他人；接棒运动员有无借助外力跑步；是否持棒跑完全程；重点为完成交接的全过程接力棒是否处接力区内（后沿至前沿）。

2. 4×400 米接力

看清第二棒运动员过抢道线时是否犯规；三、四棒运动员接力区内由里向外站位排序是否正确；接力棒有无出区交接现象；交棒后有无故意阻挡他人现象；超越时有无推、挤、切现象。重点是三、四棒运动员公共接力区的排序。

（五）抢道线检查员的站位与小锥形体的使用方法

（1）在 800 米运动员和 4×400 米接力第二棒运动员分别跑完一个弯道要进入直道时，抢道线检查员的站位应在抢道线的内外两端各站一名裁判员，运动员越过抢道线前不得踩内侧分道线或直接切入里道，否则视为犯规。

（2）运动员跑过抢道线后，检查员应及时收起二、三、四道的锥形体，待下一组比赛前再摆放到位。

五、所需物品

（1）绿旗：2 面。

（2）黄旗：31 面。

（3）折椅：33 把。

（4）夹板：33 块。

（5）铅笔：33 支。

（6）转笔刀：3 个。

（7）橡皮膏：31 卷。

（8）栏架量尺：10 把。

（9）钢卷尺（20 米）：1 个。

（10）检查报告单：若干。

（11）步话机：8 部。

六、应急预案

表 3-2　应急预案

序号	场景描述	发生时间	解决办法	预防措施	涉及业务口
1	跑道项目与田赛项目发生冲突，如 800m 与跳高、标枪同时进行		与田赛管理裁判员约定联络方式，如当径赛运动员跑进到什么距离时通知田赛管理裁判员停止跳高运动员试跳	熟悉田赛管理裁判员，固定联络方式。检查裁判员定位，由固定的检查员与田赛管理裁判员的联络 在整个比赛中检查员应与管理裁判员保持眼神上的交流	田赛管理裁判员
2	裁判员因天气原因出现异常，如中暑、休克等	主要在上午单元	用本组裁判员替换	换项目时更换裁判员，减少裁判员的高温作业时间 年轻裁判员作好替换准备。充分休息好，保持良好的状态	本组
3	赛中天气突然恶劣，如下雨、大风等	可能在比赛中的任何时间	原地等待径赛裁判长的指示，如果停赛，则按规定路线退场；如果不停赛，则使用雨具	提前准备雨具，必要时使用观查天气情况，如果预报有雨，则提前带入	场地器材组
4	对讲机发生频道拥堵	比赛中，尤其是在接力项目与颁奖重合时	改用旗语，由组长负责与主裁判联络	事先规定旗语，如上举摆动表示有犯规等；上举不动表示准备就绪；上举划圈表示换项等。 与径赛裁判长的联络：由就近主裁判负责	本组
5	检查员人数不够	尤其是接力项目	使用后援团队。径赛＋记圈员共计 8 人	当接力项目和外场项目比赛时，需要的检查员人数巨大，必须将此“后援”团队纳入检查员编制	径赛＋记圈员组
6	运动员受伤	比赛单元	与就近的医务人员联系，请他们上场处理	熟悉医务人员所处位置，便于立即通知	医务站点

七、检查组工作流程

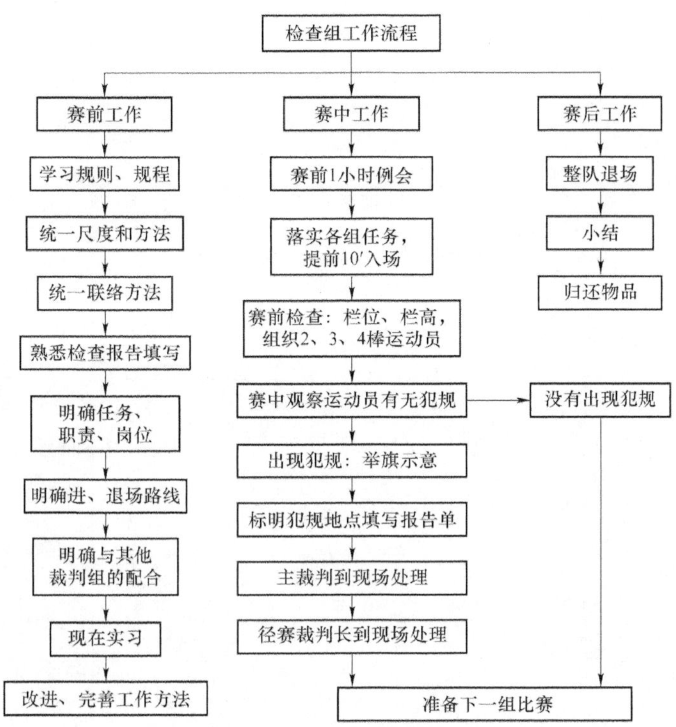

图 3-1　检查员位置分布

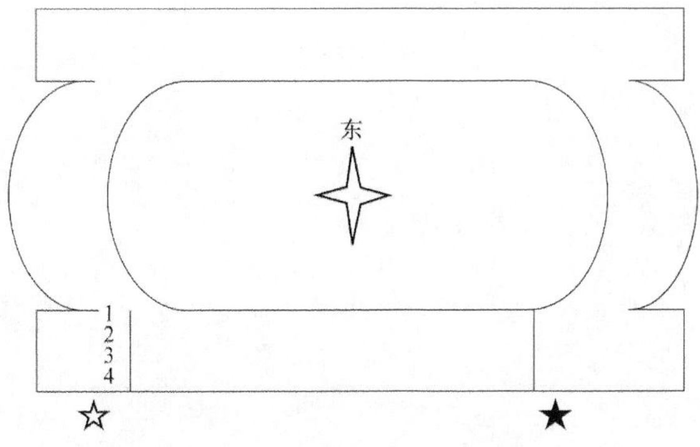

图 3-2　100 米检查员位置图

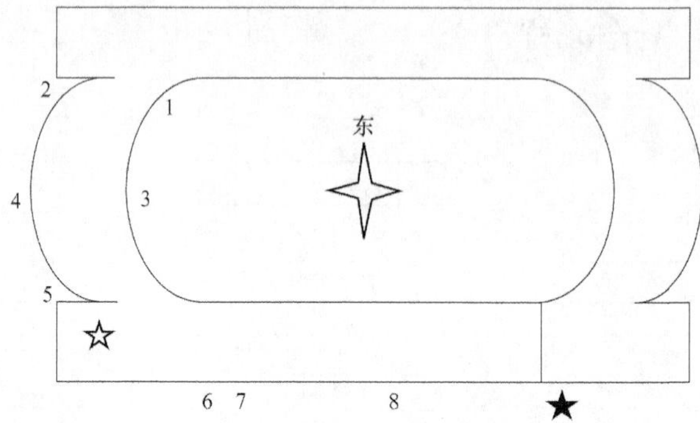

图 3-3　200 米检查员位置图

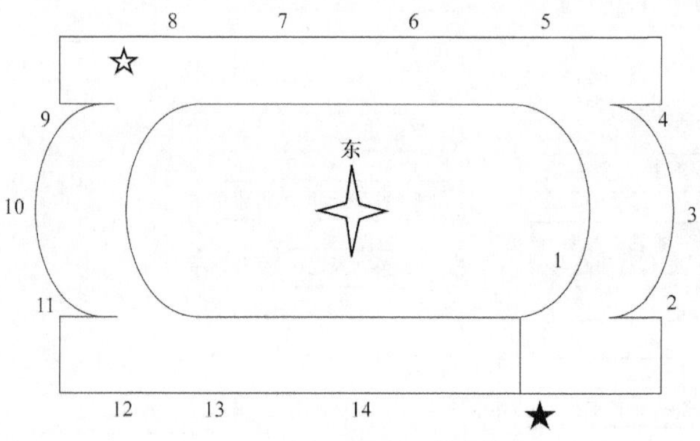

图 3-4　400 米检查员位置图

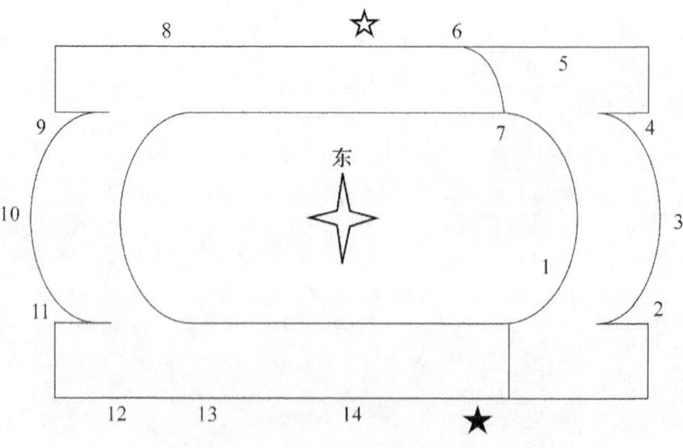

图 3-5　800 米检查员位置图

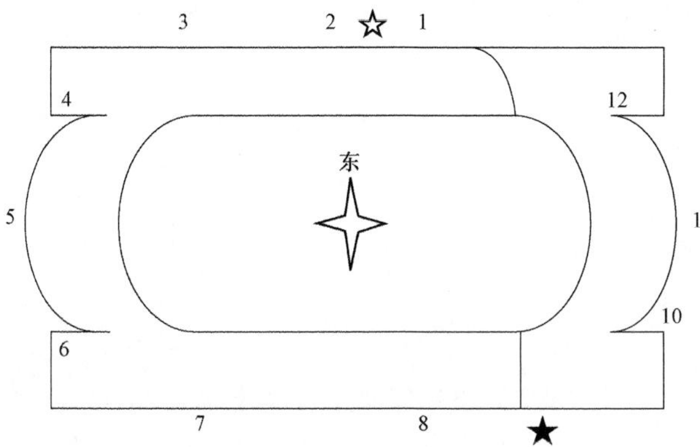

图 3-6　1 500 米检查员位置图

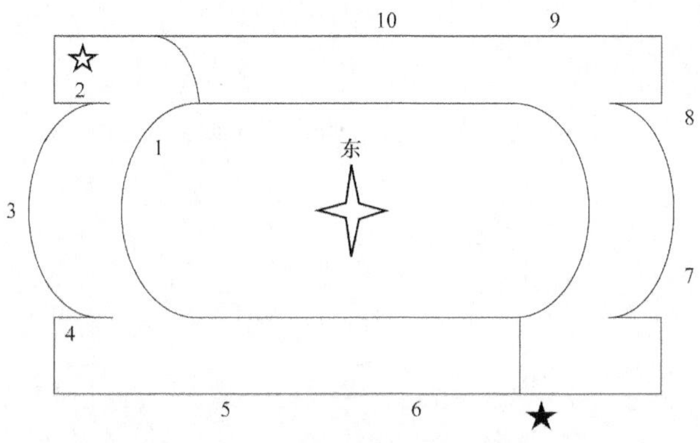

图 3-7　5 000 米检查员位置图

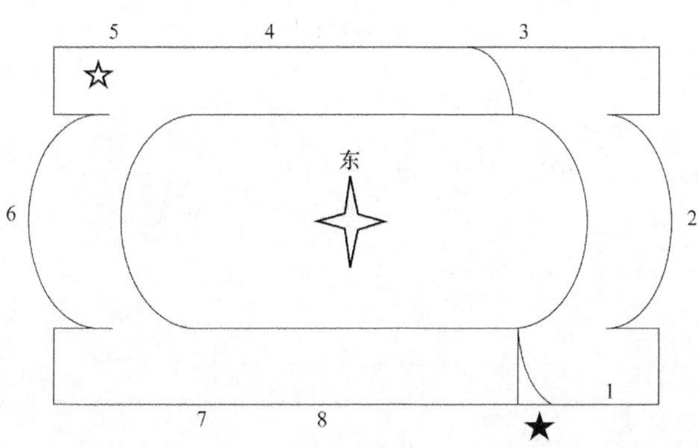

图 3-8　10 000 米跑检查员位置图

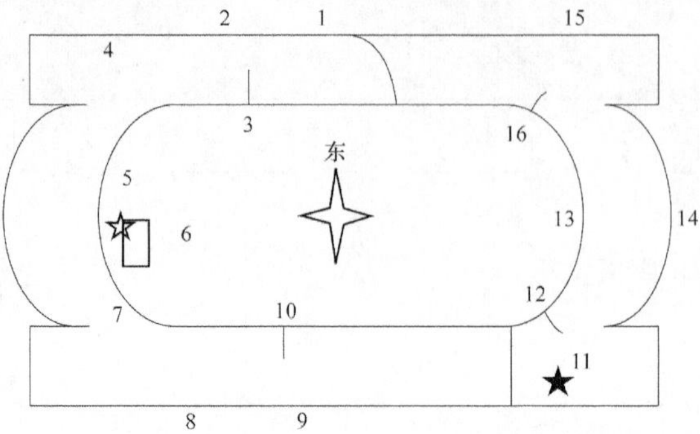

图 3-9　3 000 米障碍检查员位置图

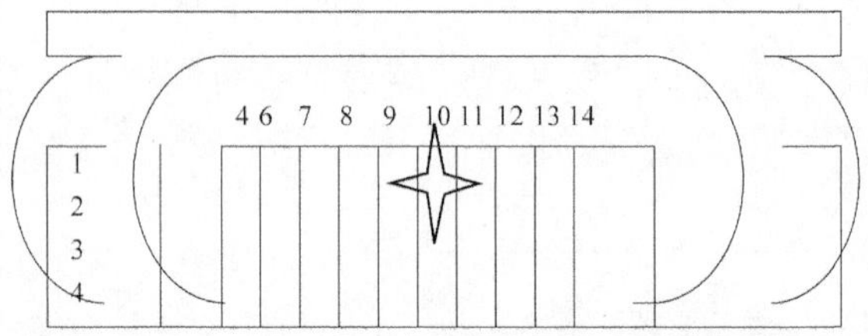

图 3-10　100 米栏、110 米栏检查员位置图

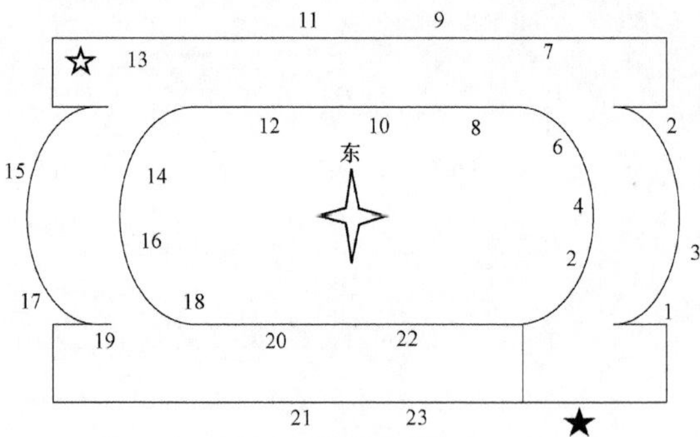

图 3-11　400 米栏检查员位置图

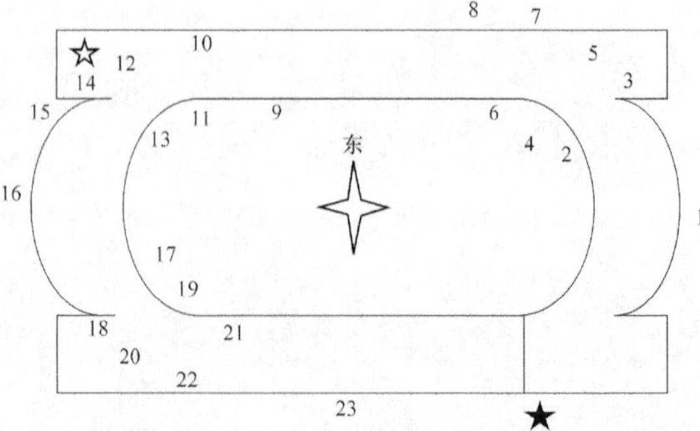

图 3-12　4×100 米接力检查员位置图

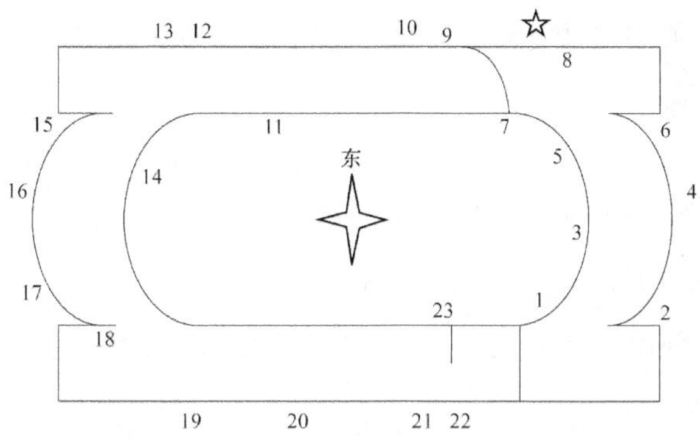

图 3-13　4×400 米接力检查员位置图

第七节　风速测量裁判工作

一、任务

在径赛和田赛裁判长的领导下，保证按规则规定，及时准确地测定有关项目的跑向风速，并及时向相关裁判传输风速、屏幕显示公告和记录测量结果。

二、人员设置与职责

（一）人员设置

风速测量设置裁判员 2 人。

（二）职责

（1）安装、调试风速仪、风向标、显示仪及其设备。

（2）按规则规定及时测定 100 米栏、110 米栏、100 米、200 米、跳远、三级跳远（包括全能）比赛中的风速，并准确地记录、公告和传输。

三、工作方法

（一）赛前

（1）认真学习田径规则、竞赛规程及大会有关文件。

（2）了解有关项目的竞赛日程及参赛的具体情况，进行人员分工，制订风速测量的工作细则。

（3）领取风速仪、计算机、风速显示仪、风向标、风速记录表及文具等，并熟悉性能、连接、调试以及排除故障的方法。

（4）做好与相关裁判组的联系、协调工作。

（5）做好赛前的现场实习工作，并将实习情况报告有关裁判长。

（二）赛中

（1）按大会规定的时间到达比赛场地，领取风速仪、计算机、风速显示仪、风向标、风速记录表和所需的文具用品，并按规定安装、连接、调试风速仪、计算机、显示仪和风向标，确定无误后离开场地，到规定的地点和有关裁判员一起入场，各就各位，准备比赛。

（2）按规则规定设置好准备测试项目的风速测试时间，比赛开始，按要求测试记录风速。

（3）每次测定后及时准确填写风速记录表，通过风速显示仪将测试结果告知运动员和观众，并通过计算机传输到需要风速测试结果的终端。裁判长、竞赛秘书组可通过计算机终端及时了解各项比赛的风速情况。

（4）风速记录表比赛结束后存档，以便查询。

（5）比赛结束后拆卸仪器，送交器材室。

（6）竞赛项目测量风速时，风速仪置于直道一侧，靠近第一分道，距终点线 50 米。风速仪的高度为 1.22 米，离跑道边沿的距离不超过 2 米。100 米、100 米栏、110 米栏比赛从发令开始测量，200 米应从第一名运动员进入直道时开始测量，200 米比赛时派服务员到运动员进入直道处做相应指示开始测量。测量时间：100 米 10 秒、100 米栏和 110 米栏 13 秒、200 米 10 秒。将每次测量的结果传输给电动计时裁判和竞赛秘书组。

（7）跳远、三级跳远比赛的风速测量从运动员经过助跑道旁的标记时开始，测定时间为 5 秒。跳远、三级跳远比赛的风速测量标记分别放置在距离起跳板 40 米和 35 米处，如运动员助跑距离不足以上标准时，则从其开始助跑时测量风速。风速仪距离起跳板 20 米，高 1.22 米，距离助跑道不超过 2 米。每次试跳的风速及时传输给记录员。风速记录表在比赛结束立即交跳远或三级跳远主裁判（附成绩表后），备查。

（三）赛后

（1）每单元比赛结束进行小结，及时找出工作中的问题，以便及时更正。

（2）全部比赛结束后进行总结，并报告裁判长。

四、所需物品

（1）风速仪和三脚架：3 套。

（2）30 米钢尺：2 个。

（3）记录桌：6 张。

（4）折叠椅：6 把。

（5）计算机：3 台。

（6）风速显示仪：3 套。

（7）指示旗：1 面。

（8）风向标：2 个。

（9）夹板：2 块。

（10）铅笔刀、铅笔、橡皮：2 套。

（11）圆珠笔：4 支。

（12）文件袋：2 个。

（13）风速记录报告表：若干。

（14）遮阳及防雨设备：2 套。

第八节　赛后控制中心工作

一、工作任务

（1）及时引导比赛完运动员离开比赛场地，进入赛后控制中心，确保赛场的良好秩序。

（2）接收和归还运动员衣物、身份卡及个人物品。

（3）管理获奖运动员并送到颁奖室。

（4）协助兴奋剂检查站、新闻中心做好相关运动员的管理工作。

二、分工及职责

（一）分工

（1）主裁判 2 人。

（2）终点管理组 1 人，志愿者 4 人。

（3）物品归还组 2 人，志愿者 16 人。

（4）协调组 1 人，志愿者 4 人。

（5）衣物运送组 2 人，志愿者 64 人。

（6）服务管理组 2 人、志愿者 4 人。

（二）职责

（1）主裁判 2 人。

主裁判 A 负责赛后控制中心的全面工作。赛前妥善安排各项工作，落实裁判员的分工、检查设施及所需要的有关器材和物品，维持好赛后控制中心的工作秩序，及时解决有关问题，不准无关人员进入。并负责物品归还组、衣物送还组、服务管理组的工作。

主裁判 B 负责与有关方面的联系、协调工作，并负责终点管理组、协调组的工作。

（2）终点管理组 1 人、志愿者 4 人。

召集和引导比赛完毕的径赛运动员离开终点区域，进入赛后控制中心。

（3）物品归还组 2 人、志愿者 16 人。

接收由检录处和径赛起点送来的运动员物品（物品交接时要履行交接手续）、衣物及参赛卡，并于赛后归还。应当注意：衣物筐按道次号或顺序号依次摆放好，交接服装、参赛卡时要核对人数（确定卡放在某固定筐内）。

（4）协调组 1 人、志愿者 4 人。

① 接收和控制田赛管理组裁判员送来的结束比赛的前 8 名运动员，并核

实成绩单。

② 召集和控制参加颁奖及需要接受兴奋剂检查的运动员，并在规定时间把前 3 名运动员送至颁奖室，将需要接受兴奋剂检查的运动员带到兴奋剂检查中心。

③ 根据新闻中心的要求，把参加新闻发布会的运动员交给新闻中心的工作人员。

④ 疏导无关运动员及时离开赛后控制中心。

（5）衣物运送组 2 人，志愿者 64 人。

负责从径赛起点把运动员的衣物及参赛卡运送到赛后控制中心，交给物品归还组，并履行交接手续。

（6）服务管理组 2 人、志愿者 4 人。

负责准备器材、整理场地，提取饮料和饮水，负责中心的秩序和卫生。

三、工作方法

（一）赛前

（1）主裁判组织学习竞赛规则和规程，了解并掌握竞赛日程情况。根据日程及各项参赛人数估计各项比赛结束时间能同时进入赛后控制中心的运动员人数，以便制定疏导运动员的合理方案。并根据各位裁判员的经验和能力进行分工，明确各自的职责和任务，做到定岗定位，责任到人，提出可能发生的突发事件预案及处理方法，指出工作重点，同时对志愿者进行分组和培训。

（2）主裁判 A 和主裁判 B 带领各自所负责裁判组的裁判员和志愿者，了解竞赛日程和各项参赛运动员的情况，制定出各组工作细则，并按细则分组学习，落实本组间的协调配合以及与其他组间的联系，进行分组实习。

（3）每单元比赛前，由主裁判 A 带领服务管理组检查落实赛后控制中心所需场地设施、器材用品，如运动员休息的椅子、饮用水，并具备较好的通风条件；裁判员工作用的桌子、扩音器、文具用品等，并与大会有关部门联系解决饮料和饮用水的供应和提取方法。

（4）由主裁判 A 带领服务管理组在赛后控制中心附近张贴必要的标记，

如（入口、出口）、物品归还处、男/女运动会员休息室、饮水处、座位上贴道次号或顺序号等标志。

（5）由主裁判 B 负责带领协调裁判组了解熟悉比赛现场指挥中心、检录处、竞赛秘书组、发奖组、兴奋剂检查站、新闻中心、医务站等所在的位置，便于联系工作。

（6）与各有关裁判组研究相互协调、配合的方法：

① 与检录处、发令组联系，落实运动员物品、服装的交接方法。

② 与全能裁判组和田赛各裁判组联系，确定运动员退场的交接方法。

③ 与竞赛秘书组联系，落实发奖公告单的传送方法。

④ 与发奖组联系，确定参加发奖运动员的交接方法。

⑤ 与兴奋剂检查站联系，落实需要接受兴奋剂检查的运动员的交接方法。

⑥ 与大会新闻中心联系，协商运动员接受采访问题。

⑦ 与医务站联系，商定在赛后控制中心的运动员出现伤病时的处理方法。

⑧ 与大会有关部门联系，解决器材、饮料或饮用水的供应和提取方法。

（二）赛中

1. 主裁判

领导全体工作人员在每个单元比赛开始前，按大会规定时间准时到达赛后控制中心，整理场地，进行工作准备。

2. 终点管理组

（1）终点管理组应等待在终点前外侧，当径赛运动员到达终点的时候，迅速有礼貌、有秩序的将运动员带入赛后控制中心；当优胜运动员绕场一周时，应留一位裁判员等候，并观察其行动，待其归来后，马上引导至赛后控制中心。

（2）长距离比赛，可让运动员在赛后控制中心外侧一带休息，带运动员基本调整呼吸后再引导至赛后控制中心。

（3）4×100 米接力赛时，应派三名裁判分别到第一接力区、第二接力区、第三接力区，将前三棒次的运动员引导成一路纵队带回赛后控制中心，第四棒次的运动员到达终点后，立即召集运动员进入赛后控制中心。

3. 物品归还组

（1）在比赛开始后接收检录处送来的运动员物品，并履行交接手续。

（2）接收志愿者从起点送来的运动员物品，并与秩序册核对，如无误即可让志愿者离开，如发现问题要及时处理。径赛运动员按道次或顺序号将运动员个人物品放好。

（3）当运动员结束比赛进入赛后控制中心，径赛运动员凭道次号或顺序号码布，领取个人物品和服装等，田赛运动员按项目和号码布领取个人物品和服装等。

（4）非决赛赛次的运动员领取个人物品和服装后，裁判员要及时引导他们离开赛后控制中心，决赛的运动员领取个人物品和服装后，等待正式公布成绩。

4. 协调组

（1）引领发奖。每个项目决赛运动员回来后，注意控制前三名运动员或队，待公布成绩后，依据成绩公告表，控制需参加颁奖、兴奋剂检查和新闻发布会的运动员，并办理交接手续。

（2）兴奋剂检查。如果有运动员需要兴奋剂检查，裁判员应与兴奋剂检查人员配合，待运动员签字后，把身份卡交给检查人员，由其把运动员带走。

（3）新闻发布会。裁判员按时间要求，把参加新闻发布会的运动员交给新闻中心的工作人员。

（4）将接受新闻采访结束后的运动员，及时疏散出赛后控制中心。

5. 服务组

（1）督促比赛完毕的运动员离开赛后控制中心。

（2）及时整理场地，补充饮料、饮水，维持赛后控制中心的秩序。

6. 衣物运送组

（1）取筐、贴标签

每天到器材组指定位置取衣物筐，检查衣物筐是否有破损，及时更换。到赛后控制中心按竞赛日程表，贴好当日比赛项目及号码标签。

（2）入场

a. 小组长组织好本组的志愿者，按次序领筐，列队到即将比赛的入口处等待入场。在场内裁判员示意的情况下入场，要求在口令指挥下步调一致整齐进场（可能需要与引导员配合）。

b. 按标准站姿按道次站好，等待运动员把衣物装入筐内，按场内裁判员示意或引导员的带领下按离开路线撤出场地。

（3）离场

离场后按路线把衣物筐放到赛后控制中心。衣物筐按运动员的道次或号码从小到大依次摆放在衣筐架上。

（4）衣物运送组工作程

a. 分道跑项目，每组比赛前适当时机，助理发令员示意该组志愿者入场并将衣物筐整齐放在道次牌的后面。

b. 4×100 米接力比赛时，每个接力区的每条跑道后面都要有志愿者，待运动员把衣物放到筐里后，在组长的统一带领下，把衣物送回赛后控制中心。

c. 4×100 米接力比赛时，衣筐应在终点线西南侧靠近看台的位置 1～8 道由北向南依次摆放。

d. 1 500 米比赛时，衣筐应摆放在起点线外侧方。

e. 3 000 米障碍比赛时，衣筐应摆放在起点线后外侧方。

f. 5 000 米和 3 000 米比赛时，衣筐应摆放在起点线外侧方。

g. 10 000 米比赛时，衣筐摆放位置与 4×100 米接力比赛相同。

7. 赛后控制中心裁判组

田赛项目比赛结束后，接收有关田赛项目管理裁判员带至赛后控制中心的运动员，工作方法同径赛。

（三）赛后

（1）整理赛后控制中心的工作场地，清点物品，如发现有运动员遗留物品，立即送交大会有关部门。

（2）每单元结束后，应认真小结，并研究落实下一单元的工作任务。

（3）全部比赛结束后，由主裁判 A 写出工作总结交给赛事主管。

（4）由主裁判 B 负责，清点归还所借用物品及器材。

四、应急预案

表 3-3 应急预案

序号	场景描述	发生时间	解决办法	预防措施	涉及业务口
1	某一参加接力或中长跑等径赛项目决赛的运动员由于出现运动员犯规进行处理比赛成绩，迟迟不能公布。与此同时，又有几个田赛项目决赛运动员源源不断地送到赛后等待发奖。赛后控制中心在短时间内无法容纳如此多的运动员	径赛和田赛决赛比较集中的单元	1. 最大限度的科学合理利用赛后控制中心的空间，必要时可以使用临时座椅妥善安排运动员 2. 与礼仪颁奖处联系争取能够及时将有关参加颁奖仪式的运动员提前送达颁奖处，减少赛后的压力	1. 赛后控制中心派一名裁判员专门处理此类突发事件 2. 赛前与径赛和田赛裁判长取得联系，商定出现此类突发事件的处理方法。礼仪颁奖处在确定颁奖时间时应考虑此类突发情况的安排时间预案	1. 径赛或田赛裁判长 2. 礼仪颁奖处
2	运动员比赛中发生运动损伤	冲过终点	1. 迅速通知大会医生到场处理 2. 护送至阴凉安静处休息	1. 赛前与医务中心联系，协商好遇运动员伤病通知和处理办法 2. 准备好担架等必要急救器械 3. 建议安排医学院校的志愿者	医务中心
3	某运动员比赛获胜需要参加颁奖仪式但该运动员马上又要参加下一项目的比赛，颁奖与参赛发生冲突	某运动员需要连续参加比赛	1. 及时联系颁奖处，建议适时调整颁奖仪式的举行时间，以保证运动员能够按时参赛 2. 及时报告赛事主管建议颁奖后能否使用最快捷的通道去检录处检录，保证运动员能够按时参加比赛	1. 赛前与颁奖处和赛事主管等有关方面联系，商定出现此类突发事件的处理方案 2. 建议颁奖处提前考虑此类情况可能出现，做好相应的预案 3. 建议建立颁奖处与检录处的快捷通道，以备急用。	1. 礼仪颁奖处 2. 赛事主管 3. 检录处
4	运动员参赛卡丢失	归还参赛卡和服装时	1. 与端衣物筐的志愿者联系 2. 与检录处联系查找 3. 确实找不着，向赛事主管报告	1. 接收参赛卡时，一定要细心核对做到人、卡相符 2. 按道次号（顺序号）由上到下放好，并用皮筋扎好、记录各组送来的参赛卡数量，发便核对	1. 检录处 2. 志愿者 3. 赛事主管
5	某长距离径赛项目决赛结束与参加颁奖时间间隔短，很难按时间要求送至颁奖，而大会要求严格执行颁奖时间	某长距离决赛项目结束需颁奖	1. 终点管理组在不影响终点裁判员工作的情况记取并引领前三名运动员提前进入赛后，准确归还服装、物品等等待成绩公布 2. 与竞赛秘书组联系确保成绩快速准确公布	1. 赛前各裁判员做好此种情况的应急预练 2. 与竞赛秘书组联系，协商出现此类事件的联系、处理方法	1. 颁奖处 2. 竞赛秘书组

续表

序号	场景描述	发生时间	解决办法	预防措施	涉及业务口
6	运动员突然出现晕厥现象	进入赛后控制中心	1. 迅速通知大会医生到场处理 2. 掐按人中穴位，使其苏醒	1. 赛前与医务中心联系，协商好出现此类突发事件的通知和处理方法 2. 保持好室内空气的清新和流通 3. 根据医务中心的建议，准备好担架等必要的的器材 4. 建议安排一名医科院校具有相应急处理能力的人员担任志愿者	医务中心

五、所需设备与物品

（1）裁判桌：8 张。

（2）椅子：30 把。

（3）长条凳：32 条。

（4）对讲机：4 部。

（5）手提喇叭：2 个。

（6）折叠床：2～3 张。

（7）体操垫：20 个。

（8）废物篓：4 个。

（9）塑料袋：50 个。

（10）贵重物品保存柜：2 个。

（11）计算机终端：1 台。

（12）衣物筐（规格长 45 厘米 × 宽 35 厘米 × 高 35 厘米）：80 个。

（13）瓶装水、饮料：50 箱。

（14）各种表格交接单：若干。

（15）不干胶小号码 1～8 号 15 套，1～40 号 5 套。

（16）屏风 4 个。

第四章
田赛裁判工作

第一节　跳远、三级跳远裁判工作

一、任务

在田赛裁判长领导下，以高度的责任感，严格遵守大会纪律和作息时间，根据田径竞赛规则、规程等相关竞赛文件的规定，按照比赛日程规定的时间，遵守严肃、认真、公正、准确的工作原则，准确无误地完成跳远、三级跳远裁判工作，确保比赛的顺利进行。

二、人员设置与职责

（一）人员设置

（1）主裁判：2 人。
（2）记录裁判员：1 人。
（3）检查记录员：1 人。
（4）显示屏操作员：1 人。
（5）时限裁判员：1 人。
（6）计算机终端操作员：1 人。
（7）落点裁判员：1 人。
（8）测距仪钢钎放置裁判员：1 人。

（9）测距仪操作员：1 人。

（10）橡皮泥修复裁判员：1 人。

（11）管理裁判员：2 人。

（12）风速测量裁判员：1 人。

（13）沙坑整理裁判员：2 人。

（14）志愿者：4 人。

（二）职责

1. 主裁判

（1）全面负责全组工作。领导全组裁判员，确保竞赛规则和竞赛规程有关条款的切实执行，顺利完成跳远、三级跳远比赛的裁判任务。

（2）比赛前，组织学习竞赛规则和竞赛规程。制定裁判工作细则，安排本组裁判的工作分工，统一裁判工作方法及流程；向场地器材组提交所需物品清单；带领全组裁判检查场地器材及仪器设备，进行裁判实习和联调，熟悉和掌握有关器材、设备的性能及使用方法。

（3）比赛中确保本组人员准时到岗做好各项准备工作，并负责向田赛裁判长、技术官员介绍本组竞赛裁判的准备情况；负责接收运动员和组织运动员进行赛前准备和练习试跳；掌握比赛进程，控制好比赛节奏。

（4）如遇运动员请假或比赛中发生异议等，协助田赛裁判长处理有关事项。

（5）审核前三轮成绩及新排定的试跳顺序并向运动员宣布。审核最终成绩名次并请田赛裁判长和技术官员确认签名。

（6）做好本组裁判员进退场的组织工作。比赛结束后及时组织全组进行总结，并向田赛裁判长汇报。

（7）判定运动员试跳的成功与失败。

（8）监督成绩的测量，遇破纪录时及时报请田赛裁判长和技术官员审核。运动员起跳犯规时应注意保留运动员的试跳失败痕迹，并在运动员确认犯规后再示意平整沙坑。

（9）比赛中，当成绩显示牌显示运动员的号码时，负责拿离“STOP”墩。

（10）比赛前、赛后负责与田赛裁判长、影像测距仪操作员，落点裁判员一起对影像测距仪的测量精度进行检查，赛前负责准备有关场地器材，包括起

跳板、橡皮泥板、助跑道、“STOP”墩、起跳点标志牌、红白旗等。

2. 记录员

记录员在充分了解电脑工作流程和原理的基础上，负责协调主裁判指挥、管理电脑操作员的操作（当遇意外事件而采用人工测量时，负责成绩、免跳等信息的录入和检查）。

（1）赛前准备工作中，注意与测距仪操作员、时限员和风速测量员间的配合，完成电脑与影像测距仪、成绩显示牌、风速测量仪、时限钟等设备的联网调试，确保比赛中的记录无误和比赛顺畅。

（2）运动员入场后，核对检录处带入的最终检录结果与原始记录单，掌握运动员参赛的最终情况，并向主裁判及时汇报运动员参赛情况。赛前 5 分钟与电脑操作员最后确认名单。

（3）准确在记录单记录运动员的试跳结果，包括成绩、犯规、免跳、风速、破纪录等。

（4）协助主裁判，在确定比赛时间到沙坑准备完毕时指挥电脑操作员在大屏幕显示试跳运动员的号码，确保比赛准时开始和前后跳次比赛连接的流畅。

（5）第三轮结束后，排定运动员比赛名次，与电脑排定的试名次进行复核，经主裁判核对无误后，通知管理裁判员、风速测量员记录有关顺序。全赛结束，检查无误后签字请主裁判、田赛裁判长、技术官员审核后签字，将记录单和风速记录单一起送交竞赛秘书处。

3. 检查记录员

（1）检查记录员的记录及计算机终端操作员的录入是否正确。

（2）检查显示屏操作员的显示操作是否正确。

4. 显示屏操作员

（1）运动员试跳前，显示将要试跳运动员的号码、轮次。

（2）运动员试跳完毕，显示运动员的成绩或失败的符号。

5. 时限裁判员

（1）负责准确记取运动员的试跳时限。从起跳点裁判员撤离“STOP”停赛标志开始计时，时限尚余 15 秒时，举黄旗向运动员示意并提示起跳点主裁判注意。时限到时，黄旗落下，由起跳点裁判员做判定。

（2）赛前负责摆放时限钟，应使时限显示钟首先放置在便于运动员观察的位置，可能条件下也应考虑便于起跳点裁判员和观众观察。

6. 计算机终端操作员

（1）录入运动员每次试跳的成绩或符号。

（2）比赛结束后与记录员核对成绩，经主裁判、田赛裁判长、技术官员确认后传送至竞赛秘书组。

7. 落点裁判员

（1）负责准确判定运动员的落点和负责落点的丈量，在运动员落地最近点精确放置测距仪钢钎，由测距仪测定判读，检查监督影像测距仪的测量精度。

（2）协助判断运动员的落地是否犯规，如落地出现犯规应及时向起跳点裁判示意，由起跳点裁判判定是否犯规。

（3）指挥平沙器操作，确保沙面平整并与起跳板齐平。

（4）赛前、赛后与主裁判、田赛裁判长、测距员一起完成测距仪的检测。

8. 橡皮泥显示板管理员

（1）负责橡皮泥显示板的准备和出现犯规时更换和修补橡皮泥显示板。

（2）注意操作方法，使橡皮泥始终保持合适的软硬程度，为确保起跳点的判定，应保证显示板表面的光滑平整度。

9. 管理裁判员

（1）负责场内运动员的管理，维持赛场秩序。包括助跑标志的发放、检查助跑标志的摆放、协助主裁判组织赛前练习、监督运动员不得离开比赛场地和接受帮助、陪同请假运动员离场等，比赛中如发现运动员擅自离开比赛场地及时制止，确保比赛中运动员的行为符合竞赛规则的有关规定。

（2）在第三轮结束后，及时从记录员处登记有关运动员后续试跳顺序。遇运动员请假时，应通知运动员到记录台裁判长或主裁判处请假，并由裁判长或主裁判通知记录员、风速测量员和管理裁判员。

（3）及时组织已结束比赛的运动员退场，将运动员带入赛后控制中心。

（4）赛前准备工作中，负责运动员助跑用皮尺的放置、运动员席整理和准备各相关物品（助跑标记、记录单、记录笔等）。

（5）维持内场秩序，避免与其他比赛项目在场地上发生冲突，保证比赛的安全。

10. 平沙裁判员

（1）每次试跳测量完毕，在落点裁判员的指挥下迅速将沙面平整。

（2）协助落点裁判员准确判定运动员的落地最近点。

（3）如遇平沙器故障，则负责沙坑的整理工作，确保沙坑柔软、平整。

三、工作方法

（一）赛前

（1）主裁判领导全组裁判员学习竞赛规则和竞赛规程、竞赛须知等其它补充文件的有关内容，统一对规则有关条款精神的理解，了解每单元比赛项目和比赛时间。

（2）明确裁判员的分工与职责，详细研究裁判方法，并制订裁判工作细则。

（3）根据大会统一规定，与场地器材组配合，按规则要求检查场地和器材设施。发现问题要及时向田赛裁判长反映。

（4）进行裁判现场实习，进一步明确各岗位裁判员工作任务、工作位置、操作方法与步骤以及相互配合的要求、统一裁判工作尺度，熟悉器材性能和使用方法，并明确裁判员、运动员的进、退场路线。

（5）准备裁判工作所需用品，写出详细清单，拟定天气变化的应急措施。

（二）赛中

（1）按大会规定时间整队入场，按各自分工认真对场地器材、仪器设备进行检查、准备和调试。

（2）记录员由终端电脑提取本场成绩单一式五份（技术官员、记录员、两名管理裁判员、风速测量员各1份）。

（3）主裁判组织本组裁判，按大会规定的时间、路线列队进场。各就位作好赛前准备。

（4）管理裁判员接收检录处或全能裁判组交来的参赛运动员，由主裁判向运动员宣布比赛注意事项。

（5）运动员赛前练习，管理裁判员分发助跑标志，监控运动员有秩序地进行练习。赛前按规定时间主裁判组织运动员按比赛顺序每人练习试跳1～2次。

（6）赛前 5 分钟，运动员停止练习，管理裁判员组织运动员面向主席台列队由大会进行运动员介绍。其他裁判员迅速整理比赛场地（如平整沙坑、安放橡皮泥显示板等）。介绍结束，管理裁判员督促并请运动员回到休息地点准备比赛。

（7）比赛开始。显示屏操作员显示第一轮第一名试跳运动员号码，一切准备就绪，主裁判移开停赛标志，时限员启动计时器，比赛正式开始。

（8）运动员每次试跳结束，主裁判判定成功或失败。成功上举白旗，失败上举红旗，旗示停留约 2～3 秒以使运动员、裁判员以及观众明确可见。随后移放停赛标志到起跳板后。

（9）如试跳成功，落点裁判员将反射镜准确插在运动员落地的最近点，测距员测定成绩发送至计算机终端，显示屏操作员确认后发送至成绩显示屏。如试跳失败则向成绩显示屏发送“×”符号。同时记录员记下成绩或符号。检查记录员监督记录员、计算机操作员和显示屏操作员的记录和操作。

注意事项：

① 如风速数据不能自动传送至电脑终端，电脑记录员则应人工输入风速数据。

② 运动员起跳犯规特别是橡皮泥显示板上仅有少量痕迹时，橡皮泥显示板管理员应稍候，待运动员自行观察犯规情况后再更换（或修补）橡皮泥显示板。

（10）成绩测量完毕且无破纪录情况，平沙裁判员迅速平整沙面。当运动员成绩超过纪录，主裁判应首先确认风速，如符合规则规定，即请田赛裁判长和技术官员对成绩进行审核。

（11）按以上 7～10 运作顺序和要求继续进行比赛。

（12）前三轮试跳结束，记录员将后三轮试跳运动员名单顺序与计算机操作员核对后交主裁判再次审核，管理裁判员向运动员宣布新的试跳顺序。被淘汰运动员由管理裁判带到赛后控制中心（及格赛要求在每一轮试跳后将已及格运动员及时带送赛后控制中心）并与之妥善交接运动员参赛证件。

（13）第六轮试跳结束，记录员迅速整理好成绩、名次，与计算机操作员核对无误后签字并交主裁判。经主裁判、田赛裁判长和技术官员审核签字后和风速记录单一起送交竞赛秘书组。管理裁判员将运动员带至赛后控制中心。

（14）比赛结束尽快整理场地器材，列队退场。

（三）赛后

（1）每场比赛结束，进行工作小结，明确安排下一场的裁判工作，主裁判及时向田赛裁判长汇报工作情况。

（2）全赛结束，主裁判写出书面总结，交田赛裁判长。

四、重点与难点

（1）电子测距仪的准确与否直接关系裁判工作的成败，电子测距员既要有高度的责任心，亦要有有效的措施确保仪器的准确测定。测距仪一经安装并校准，测距员即不能离开测距仪器，一旦因故离开，必须对测距仪进行重新核准。要求测距员在每轮试跳结束后均对预置的固定测试点核验仪器。

（2）跳远场地多位于两直道外侧。管理裁判在有效控制运动员的试跳顺序外，还应特别注意赛场随时变化的情况，如器材进出、记者、径赛服务员队伍，以及非试跳运动员的穿行，以确保比赛的顺利和安全。

五、跳远、三级跳远赛场位置分布图

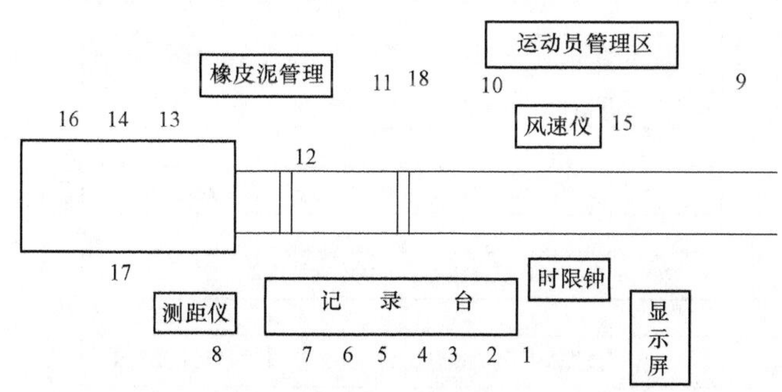

图 4-1　赛场位置分布图

1—田赛裁判长；2—技术官员；3—电子显示屏操作员；4—记录员；5—检查记录员；6—计算机终端操作员；7—时限员；8—测距仪操作员；9、10—管理裁判员；11—橡皮泥显示板管理员；12—主裁判；13—落点裁判员；14—测距仪钢钎放置员；15—风速裁判员；16、17—平沙器操作员；18—风标

六、工作流程

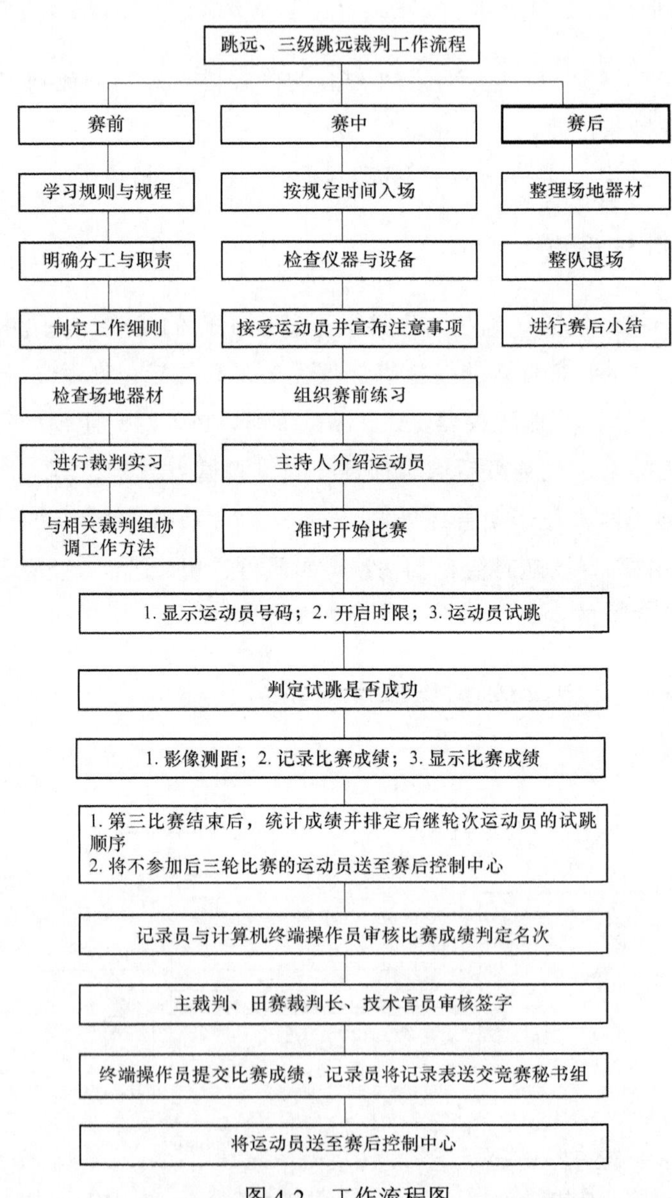

图 4-2　工作流程图

七、应急预案

表 4-1　应急预案

序号	场景描述	发生时间	解决办法	预防措施	涉及业务口
1	比赛过程中运动员要求上厕所	运动员进场后至离开比赛场地	由管理裁判员向主裁判和田赛裁判长报告，经批准后由一名管理裁判员陪同前往	1. 管理裁判员、志愿者赛前确认卫生间的位置 2. 主裁判临时协助管理裁判员做好相关管理工作	田赛裁判长 主裁判 管理裁判员
2	赛中运动员受伤	运动员进场后至离开比赛场地	1. 主裁判及时了解运动员的伤情，并征求运动员的意见是否需要医务帮助，如需要，则主裁判用对讲机通知医务人员到场 2. 如发生在比赛中，在保证运动员的权利的基础上，及时处理，以保证比赛的顺利进行（如运动员落入沙坑时受伤，应在不违反规则的前提下和保证运动员安全的前提下采取措施，进行帮助	1. 赛前了解医务人员的工作岗位和联络方式，可采用对讲机联络或者裁判员、志愿者跑步前去联系的方式 2. 注意加强对比赛场上有关裁判员、新闻工作人员和技术人员的管理，保证场地的整洁、安全、有序 3. 赛前丈量步点的练习过程中，注意运动员练习秩序的控制，防止发生相互冲撞事件	管理裁判员 主裁判 落点裁判员 助理裁判员 医务工作人员
3	比赛中天气突然恶劣	比赛进行中	根据规则的规定进行，如确遇天气条件不适合继续比赛时，等候来自大会技术代表意见决定的意见（该决定，田赛裁判长会及时告诉工作组）	比赛前一天注意听天气预报，做好相关的防护工作，如艳阳高照天气，应准备遮阳伞；下雨天应准备防雨棚、吸水器或吸水海绵、抹布或毛巾等）	田赛裁判长 主裁判 场地器材组 各位裁判员
4	赛中运动员对判罚有疑义	比赛进行中	由主裁判根据规则有理有据地、耐心地对运动员进行解释，必要时请田赛裁判长、技术官员在场一起处理。例如：运动员对起跳犯规判罚有疑义，可让他（她）观察留有痕迹的橡皮泥显示板	1. 各位裁判员应熟练掌握各项技术规则的条例 2. 有关主裁判应准备竞赛规则和竞赛规程 3. 橡皮泥显示板要做的非常标准	各位裁判员 田赛裁判长 技术官员
5	平沙器出现故障	比赛中	1. 技术人员及时维修 2. 准备 2 把沙耙	1. 要求技术人员赛前反复调试、试用、检查和维修 2. 赛中来不及维修时，报告裁判长，经同意启用人工平沙，继续比赛	田赛裁判长 主裁判

续表

序号	场景描述	发生时间	解决办法	预防措施	涉及业务口
6	电子仪器、设备出现问题	1. 比赛中电源断电 2. 比赛中仪器本身出现问题（移动或者发生故障） 3. 网络连接不上，信息上不了屏	1. 及时判断原因，排除故障（赛前要确保仪器设备完全充满电）；如遇总体停电，根据田赛长的决定，是否采用人工裁判方法保障比赛继续进行 2. 取得技术人员的帮助，及时修复。如不能及时修复，则根据田赛长的决定，是否采用人工裁判方法保障比赛继续进行 3. 起用预备的比赛场地器材和设备：如人工录入等	1. 赛前合理放置电源线、网络线，并做好防护措施（建议采用电源线保护盒盖：雨天还可给插座防水） 2. 赛前检查仪器设备，了解可能产生的问题、产生的原因和解决方法。确保比赛期间技术保障人员的在场和联络通畅 3. 建议最好准备一套备用的电子设备 4. 如在停电状态下，继续比赛，可采用大会准备的人工裁判用具，如：用电池的风速仪、电子秒表	田赛裁判长 主裁判 相关裁判员 技术保障人员
7	起跳板不够水平或者松动	比赛开始前或雨天的比赛进程中	1. 更换质量完好的起跳板 2. 及时重新调整和安装起跳板	1. 器材供应商要多准备几块备用起跳板 2. 准备好备用工具和小备用件，及时调整时用（如：扳手、小硬的木片、塑胶皮等）	裁判长 主裁判 场地器材组

八、所需物品

（1）红、白、黄旗：各 1 面。

（2）风标：1 个。

（3）橡皮泥显示板和支架：3～6 块+1 个。

（4）橡皮泥刮刀：2 把。

（5）30 米钢尺、50 米皮尺（公尺、英制公尺）：各 1 把+2 把。

（6）停赛标志物（“STOP”墩）：1 个。

（7）沙耙、铁铲、扫帚：各 2 把。

（8）钢签：1 个。

（9）不同颜色的纪录旗：1 面。

（10）电脑、成绩显示屏、风速/风速显示屏：各 1 套。

（11）时限钟：1 个。

（12）激光测距仪：1 套。

（13）书写夹板、铅笔、签字笔：6 块+5 支+10 支。

（14）运动员休息席与遮阳篷：3～4 个。

（15）助跑标记：30 对。

（16）裁判桌、椅子：4 张＋20 把。

（17）秒表：1 块。

（18）手套、毛巾：4 副＋4 条。

（19）沙坑边远度显示牌（跳远、三级跳远）：1 套。

（注：男 6～9 米，女 5～8 米，三级跳远男：15～18 米，女：12～15 米）

（20）平口螺丝刀、锤子、扳手：各 1 把。

（21）图钉、别针、胶带：1 盒、1 盒、1 卷。

第二节　跳高裁判工作

一、任务

在田赛裁判长领导下根据田径竞赛规则和竞赛规程的相关规定，按照比赛日程规定的时间，遵守严肃、认真、公正、准确的工作原则，准确无误地完成跳高裁判工作。确保比赛的顺利进行。

二、人员设置与职责

（一）人员设置

（1）主裁判：2 人。

（2）起跳点裁判员（主裁判兼）。

（3）记录员：1 人。

（4）计算机终端操作员：1 人。

（5）时限员：1 人。

（6）横杆放置裁判员：2 人。

（7）测距仪操作员：1 人。

（8）管理裁判员：2 人。

（二）职责

1. 主裁判

（1）领导裁判组的工作，分配裁判员的岗位及任务，制定裁判工作细则。

（2）组织裁判员学习竞赛规则相关内容及竞赛规程等文件。

（3）了解参赛运动员的人数、项目的单元安排、各单元的比赛时间、运动员的报名成绩、本项目的纪录等。

（4）带领裁判员检查比赛场地、器材和仪器设备等，领取裁判用具。

（5）赛前组织培训裁判员，统一裁判工作方法，提出工作要求。

（6）组织裁判员按比赛分工及裁判工作流程进行实习，熟悉裁判工作期间各环节的衔接与配合，提出预案和解决问题的方法。

（7）组织联调工作，协调与检录处、赛后控制中心，竞赛秘书组、场地器材组、现场指挥等裁判组的工作配合方法。

（8）听取技术官员、田赛裁判长的建议、意见，及时改进裁判工作。

（9）赛前、赛后校对激光测距仪。

（10）接受运动员并提出比赛的有关要求，宣布起跳高度、升高计划。

（11）判定运动员的试跳是否有效。

（12）掌控比赛进程，协调全组裁判工作，及时处理比赛中有争议的问题。运动员创纪录时请田赛裁判长、技术官员审核试跳高度。

（13）比赛结束时审核运动员的成绩与名次，与计算机终端操作员校对确认录入的成绩与名次。

（14）组织本组裁判员的进退场。

2. 起跳点裁判员

（1）判定试跳成功与失败（用白旗、红旗表示）。

（2）兼顾高度测量。

（3）管理停赛标志。

（4）指挥志愿者整理海绵包。

（5）与记录员、管理裁判员共同组织赛前运动员的试跳练习。

3. 记录员

（1）登记起跳、免跳高度，与起跳点裁判、管理裁判组织运动员进行赛前练习。

（2）准确迅速记录运动员每次试跳的情况，成功、失败。

（3）告知显示屏操作员下一试跳运动员的号码、跳次。

（4）比赛结束后统计排定运动员的成绩与名次，签字后交主裁判审核签字。然后请田赛裁判长、技术官员签字，并把记录表送交竞赛秘书组。

4. 计算机终端操作员

（1）运动员试跳前，显示将要试跳运动员的号码、高度和跳次。

（2）录入和显示运动员完成每次试跳成功或失败的符号。

（3）比赛结束后与记录员核对成绩，经主裁判、田赛裁判长、技术官员确认后传送至竞赛秘书处。

5. 时限员

（1）计取每名运动员每次试跳的时限，准确开启计时器。

（2）当试跳时限剩下 15 秒时举黄旗示意，时限到时放下黄旗。

6. 横杆放置裁判员

（1）准确迅速地升、降横杆，并协助丈量高度。

（2）负责放置横杆。

（3）协助起跳点裁判员判定试跳是否犯规。

7. 测距仪操作员

（1）赛前与赛后校对激光测距仪。

（2）操作测距仪，测定横杆高度。

8. 管理裁判员

（1）接收运动员，对运动员进行管理，协助主裁判组织运动员进行赛前练习。

（2）比赛开始前配合现场指挥介绍运动员。

（3）管理裁判员根据比赛顺序，提醒运动员做好试跳前的准备工作，监督运动员在比赛中是否有违反规则的行为。

（4）陪同请假运动员离开比赛场地并将其带回。

（5）带领完成比赛任务的运动员到赛后控制中心。

（6）维持内场秩序，避免与其他比赛项目在场地上发生冲突，保证比赛的安全。

三、工作方法

（一）赛前

（1）主裁判带领全体裁判员学习竞赛规则、规程的相关条款，了解各项比赛的检录时间、运动员带入场地时间、开赛时间和参赛运动员的人数。

（2）明确裁判员的分工与职责，详细研究裁判方法，并制定裁判工作细则，包括突发事件的应急预案。落实确定本组与检录处、赛后控制中心、场地器材组、全能裁判组、竞赛秘书组、现场指挥之间的工作配合方法。

（3）检查场地、器材、设备，发现问题及时向田赛裁判长反映。对激光测距仪和计算机终端机进行现场调试。

（4）根据统一安排。在主裁判的带领下，做好联调工作。进一步明确各岗位裁判员工作任务、工作位置、操作方法与步骤以及相互配合的要求，统一裁判工作尺度，熟悉器材性能和使用方法，与其他相关裁判组协调配合。联调后，对发现的问题及时解决。

（5）明确裁判员、运动员的进、退场路线。

（6）准备裁判工作所需用品，写出详细清单，拟定天气变化的应急措施。

（二）赛中

（1）根据大会规定的时间、地点、路线全组裁判员集体入场，入场后根据各自分工检查场地、器材，激光测距、计算机终端进行赛前校对等准备工作。

（2）根据运动员到达场地的时间，管理裁判员及时接收由检录处或全能裁判组送到达场地的运动员。核对参赛卡与运动员，检查无误后将运动员交主裁判。

（3）主裁判向运动员宣布起跳高度和升高计划以及注意事项和要求。

（4）由主裁判、管理员组织好运动员进行步点丈量。

（5）由起跳点裁判员、记录员和管理裁判员协助主裁判组织运动员按比赛顺序进行练习试跳 3 次。

（6）开赛前 5 分钟，运动员停止练习，主裁判及时与现场指挥联系，按现场指挥的要求，由管理裁判员组织运动员面向主席台站立，大会宣告员介绍运动员。

（7）主裁判监督激光测距仪操作员丈量第一个试跳高度。记录员登记运动员起跳与免跳高度，管理裁判员通知运动员做好准备。

（8）比赛开始，计算机终端操作员将第一位试跳运动员的号码、跳次显示在屏幕上。待一切准备就绪，主裁判将停放在助跑到中间的停赛标志移开，计时器开始启动，运动员试跳开始。

（9）时限员在时限剩余 15 秒时，举黄旗向运动员和起跳点裁判员示意，到规定时限，落下黄旗。

（10）在起跳点裁判员根据规则判定运动员试跳成功与失败。成功上举白旗，失败上举红旗。同时记录员、计算机终端操作员分别在成绩记录表上记录和在屏幕上显示。

（11）试跳高度超过纪录时，主裁判应请田赛裁判长和技术官员对横杆高度进行审核，如运动员跳过破纪录高度，田赛裁判长、技术官员应该在成绩登记表上签字确认。

（12）比赛中管理裁判员应维持好赛场秩序，加强安全意识，妥善处理运动员之间的相互干扰。已被淘汰的运动员由管理裁判员分批带到赛后控制中心，最后 8 名运动员在比赛全部结束后一起带至赛后控制中心。

（13）比赛结束后，记录员整理好所记录的成绩、排名名次，检查结束后与计算机终端复核，无误后交主裁判审核签字，请田赛裁判长、技术官员审核签字。

（14）计算机终端操作员必须请田赛裁判长、技术官员签名确认后方可将比赛成绩提交。最后由记录员将成绩记录表送交大会竞赛秘书处。

（15）整理比赛场地和器材后，裁判员整队退场。

（三）赛后

（1）每场比赛后，主裁判组织裁判员进行小结，发现问题及时研究解决，并向田赛裁判长汇报。

（2）主裁判安排下一场裁判员的分工及集合时间。

（3）大会结束后，主裁判组织裁判员进行总结，并写成书面材料交田赛裁判长。

（4）清理归还所借物品，做好离会前善后工作。

四、重点与难点

（1）准确计取试跳的时限。

时限：3 人以上为 1 分钟；2～3 人为 1.5 分钟；3 人时；单项为 3 分钟，全能为 2 分钟；连续试跳为 2 分钟。

（2）保证运动员按规定的顺序进行试跳。准确记录每名运动员的试跳高度以及免跳高度。

（3）保证比赛试跳时，横杆托不会下滑。在比赛前要认真仔细地检查器材。

（4）保证在有风的天气下准确判断。主裁判为主，横杆放置裁判员为辅相互协作，互相配合。

（5）掌握恰当的举旗时机。没有任何问题越过横杆以及失败的旗示可以快举，触及横杆等可能造成失败的旗示则要慢举。

五、裁判位置与场地位置

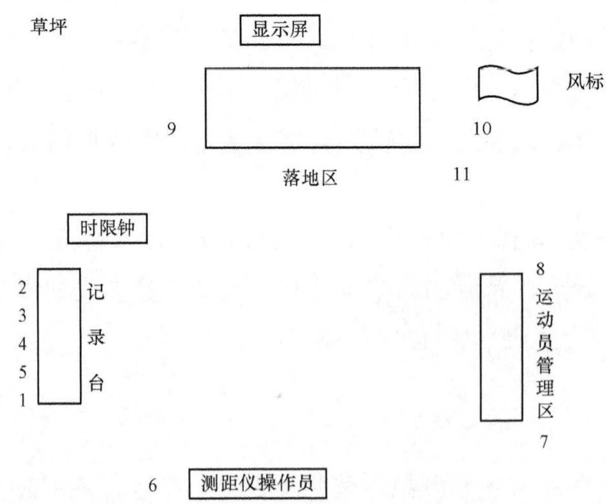

图 4-3　裁判与场地位置

1—田赛裁判长；2—技术官员；3—记录员；4—计算机终端操作员；5—时限员；6—测距仪操作员；7、8—管理裁判员；9、10—横杆放置裁判员；11—主裁判

六、应急预案

跳高裁判的应急预案见撑竿跳高应急预案。

七、工作流程

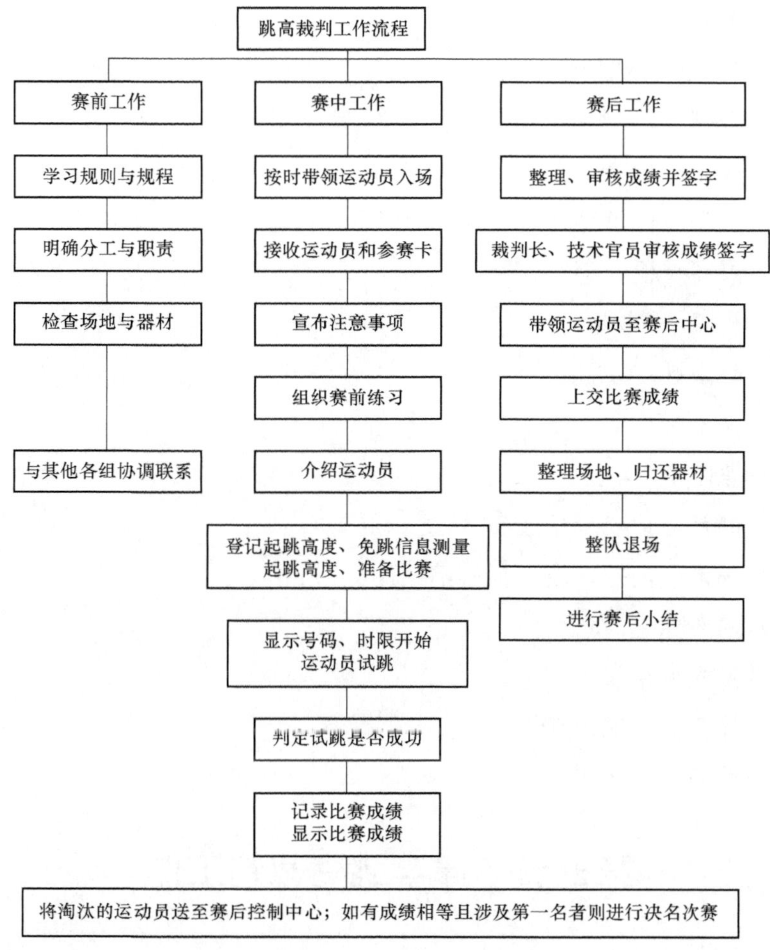

图 4-4　工作流程

八、所需器材物品

（1）跳高海绵包、罩：1 套。

（2）跳高架：1 副。

（3）横杆：6 根。

（4）横杆搁架：1 个。

（5）丈量直尺：1 把。

（6）风标：1 套。

（7）电子显示屏：1 台。

（8）30 米钢尺：1 个。

（9）白、红、黄旗：各 1 面。

（10）裁判桌：4 张。

（11）椅子：17 把。

（12）运动员休息凳：若干。

（13）书写夹板、笔：2 套。

（14）秒表：1 块。

（15）时限钟：1 个。

（16）梯子：1 架。

（17）遮阳伞：4 把。

（18）助跑标记（彩色胶布）：各一卷。

（19）扫帚、拖把、垃圾桶等清洁用具：1 套。

（20）停赛标志：1 个。

（21）激光测距仪：1 套。

（22）计算机终端：1 台。

（23）剪刀：2 把。

第三节　撑竿跳高裁判工作

一、任务

在田赛裁判长领导下，根据田径竞赛规则和竞赛规程的相关规定，按照比赛日程规定的时间，遵守严肃、认真、公正、准确的工作原则，准确无误地完成撑竿跳高裁判工作，确保比赛的顺利进行。

二、人员设置与职责

（一）人员设置

（1）主裁判：2 人。

（2）起跳点裁判员（主裁判兼）。

（3）记录员：1 人。

（4）计算机终端操作员：1 人。

（5）时限员：1 人。

（6）升降高度和架距移动裁判员：2 人。

（7）横杆放置和撑竿接护裁判员：1 人。

（8）测距仪操作员：1 人。

（9）管理裁判员：2 人。

（二）职责

1. 主裁判

（1）领导裁判组的工作，分配裁判员的岗位及任务，制定裁判工作细则。

（2）组织裁判员学习竞赛规则相关内容及竞赛规程，竞赛须知等文件。

（3）了解参赛运动员的人数、项目的单元安排、各单元的比赛时间、运动员的报名成绩、本项目的纪录等。

（4）带领裁判员检查比赛场地、器材和仪器设备等，领取裁判用具。

（5）赛前组织培训裁判员，统一裁判员工作方法，提出工作要求。

（6）组织裁判员按比赛分工及裁判工作流程进行实习，熟悉裁判工作期间各环节的衔接与配合，提出预案和解决问题的方法。

（7）组织联调工作，协调与检录处、赛后控制中心、竞赛秘书组、场地器材组、现场指挥等裁判组的工作配合方法。

（8）听取技术官员、田赛裁判长的建议、意见，及时改进裁判工作。

（9）赛前、赛后校队激光测距仪。

（10）接收运动员并提出比赛的有关要求，宣布起跳高度，升高计划。

（11）判定运动员的试跳是否有效。

（12）掌控比赛进程，协调全组裁判工作，及时处理比赛中有争议的问题。运动员创纪录时请田赛裁判长、技术官员审核试跳高度。

（13）比赛结束时审核运动员的成绩与名次，与计算机终端操作员校对确认录入的成绩与名次。

（14）组织本组裁判员的进退场。

2. 起跳点裁判员

（1）判定试跳成功与失败（用白旗、红旗准备）。

（2）监督高度测量。

（3）管理停赛标志。

（4）指挥志愿者整理海绵包。

3. 记录员

（1）登记起跳、免跳高度和架距，与起跳点裁判、管理裁判组织运动员进行赛前练习。

（2）准确迅速记录运动员每次试跳的情况，成功、失败或免跳等。

（3）告知显示屏操作员下一试跳运动员的号码、跳次。

（4）比赛结束后统计排定运动员的成绩和名次，签字后交主裁判审核签字。然后请田赛裁判长、技术官员签字，并把记录表送交竞赛秘书组。

4. 计算机终端操作员

（1）运动员试跳前，显示将要试跳的运动员的号码、高度和跳次。

（2）录入和显示运动员完成每次试跳的符号。

（3）比赛结束后与记录员核对成绩，经主裁判、田赛裁判长、技术官员确认后传送至竞赛秘书处。

5. 时限员

（1）记取运动员每次试跳的时限，准时开启计时器。

（2）当试跳时限剩下 15 秒时举黄旗示意，时限到时放下黄旗。

6. 横杆升降高度和移动架距裁判员

（1）比赛时负责准确升降横杆的高度。

（2）负责移动运动员所登记的架距（立柱）位置。

7. 横杆放置和撑竿接护裁判员

（1）负责横杆放置和恰当接护试跳运动员的撑竿。

（2）协助主裁判判定运动员试跳是否犯规。运动员在越过横杆之前，身体任部分或所用的器械任何部位触及插斗前壁上沿垂直面以外的地面或落地区时，应主动报告主裁判。

8. 测距仪操作员

（1）赛前与赛后校对激光测距仪。

（2）操作测距仪，测定横杆高度。

9. 管理裁判员

（1）接收运动员，对运动员进行管理，协助主裁判组织运动员进行赛前练习。

（2）比赛开始前配合现场指挥介绍运动员、

（3）管理裁判员根据比赛顺序，提醒运动员做好试跳前的准备工作，监督运动员在比赛中是否有违反规则的行为。

（4）陪同请假运动员离开比赛场地并将其带回。

（5）带领完成比赛任务的运动员到赛后控制中心。

（6）维持内场秩序，避免与其他比赛项目在场地上发生冲突，保证比赛的安全。

三、工作方法

（一）赛前

（1）主裁判带领全体裁判员学习竞赛规则、规程的相关条款，了解各项比赛的检录时间、开赛时间和参赛运动员人数。

（2）明确裁判员的分工与职责，详细研究裁判方法，并制定裁判工作细则，包括突发事件的应急预案。落实确定本组与检录处、赛后控制中心、场地器材组、全能裁判组、现场指挥之间的工作配合方法。

（3）检查场地、器材、设备，发现问题及时向田赛裁判长反映。对激光测距仪和计算机终端进行现场调试。

（4）根据统一安排，在主裁判的带领下，做好联调工作。进一步明确各岗位裁判员工作任务、工作位置、操作方法与步骤以及相互配合的要求，统一裁判工作尺度，熟悉器材性能和使用方法，与其他相关裁判组协调配合。联调后，对发现的问题及时解决。

（5）明确裁判员、运动员的进、退场路线。

（6）准备裁判工作所需用品，写出详细清单，拟定天气变化的应急措施。

（二）赛中

（1）根据大会规定的时间、地点、路线，全组裁判员集体入场，入场后根据各自分工检查场地、器材，激光测距、计算机终端进行赛前校对等准备工作。

（2）根据运动员到达场地的时间，管理裁判员及时接收由检录处或全能裁判组送达场地的运动员。核对参赛卡与运动员，检查无误后将运动员交主裁判。

（3）主裁判向运动员宣布起跳高度和升降计划以及注意事项和要求。

（4）由主裁判、管理裁判组织好运动员进行步点丈量。

（5）由起跳点裁判员、记录员和管理裁判员协助主裁判组织运动员按比赛顺序进行练习试跳 2 次。

（6）开赛前 5 分钟，运动员停止练习，管理裁判员组织运动员面向主席台站立，大会宣告员介绍运动员。

（7）主裁判监督激光测距仪操作员丈量第一个试跳高度。记录员登记运动员起跳、免跳高度和架距，管理裁判员通知运动员做好准备。

（8）比赛开始，计算机终端操作员将第一位试跳运动员的号码、跳次显示在屏幕上。架距移动裁判员根据运动员登记的架距移动到位。待一切准备就绪，主裁判将停放在助跑道中间的停赛标志移开，计时器开始启动，运动员试跳开始。

（9）时限员在时限剩余 15 秒时，举黄旗向运动员和起跳点裁判员示意，到规定时限，落下黄旗。

（10）起跳点裁判根据规则判定运动员试跳成功或失败。成功上举白旗，失败上举红旗。同时记录员、计算机终端操作员分别在成绩记录表上记录和在屏幕上显示。

（11）试跳高度超过纪录时，主裁判应请田赛裁判长和技术官员对横杆高度进行审核，如运动员跳过破纪录高度，田赛裁判长、技术官员应该在成绩登记表上签字确认。

（12）比赛中管理裁判员应维持好赛场秩序，加强安全意识，妥善处理运动员之间的互相干扰。已被淘汰的运动员应由管理裁判分批带到赛后控制中心，最后八名运动员在比赛全部结束后一齐带到赛后控制中心。

（13）比赛结束后，记录员整理好所记录的成绩、排列名次，检查无误后与计算机终端复核，无误后交主裁判审核签字，请田赛裁判长、技术官员审核签字。

（14）计算机终端操作员必须请田赛裁判长、技术官员签名确认后方可将比赛成绩提交。最后由记录员将成绩记录表送交大会竞赛秘书组。

（15）整理比赛场地和器材后，裁判员整队退场。

（三）赛后

（1）每场比赛后，主裁判组织裁判员进行小结，发现问题及时研究解决，并向田赛裁判长汇报。

（2）主裁判安排下一场裁判员的分工及集合时间。

（3）大会结束后，主裁判组织裁判员进行总结，并写成书面材料交田赛裁判长。

（4）清理归还所借物品，做好离会前善后工作。

四、重点与难点

（1）精确记取试跳的时限，注意单项和全能比赛的区别。

（2）排定比赛的名次，决定名次赛的按规则要求执行。

（3）保证比赛试跳时，横杆托不会下滑。在比赛前要认真仔细的检查器材。

（4）保证在有风、雨的天气下准确判断。主裁判为主。

（5）掌握恰当的举旗时机。没有任何问题越过横杆以及失败的旗示可以快举，触及横杆等可能造成失败的旗示则要慢举。

（6）保证自动升降器的使用，发生故障后立即按应急预案操作。

五、裁判位置与场地布置

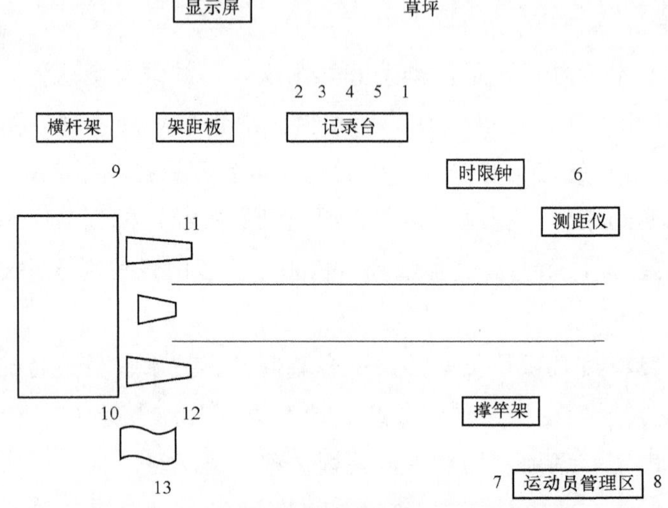

图 4-5　裁判与场地位置

1—田径裁判长；2—技术官员；3—记录员；4—计算机终端操作员；5—限时员；6—测距仪操作员；7、8—管理裁判员；9、10—升降高度和架距移动裁判员；11—横杆放置和撑杆接护裁判员；12—主裁判；13—风标

六、所需器材物品

（1）撑竿跳高海绵包、罩：1 套。

（2）撑竿跳高架：1 副。

（3）横杆：6 根。

（4）横杆搁架：1 个。

（5）横杆托举叉：1 个。

（6）丈量直尺：1 个。

（7）风标：1 个。

（8）电子显示屏：1 个。

（9）50 米皮尺：1 个。

（10）白、红、黄旗：各一面。

（11）裁判桌：4 张。

（12）椅子：16 把。

（13）运动员休息凳：若干。

（14）书写夹板、笔：2 套。

（15）停赛标志：1 个。

（16）秒表：1 个。

（17）时限钟：1 个。

（18）镁粉、防雨镁粉盒：1 个。

（19）遮阳伞：4 个。

（20）助跑标记：40 个。

（21）扫帚、拖把、垃圾桶等清洁用具：1 套。

（22）架距显示板：1 个。

（23）激光测距仪：1 个。

（24）计算机终端：1 套。

（25）图钉：2 盒。

七、撑竿跳高比赛应急预案

表 4-2　应急预案

序号	场景描述	发生时间	解决办法	预防措施	执行人
1	比赛中运动员要求去洗手间	运动员进场后至离开比赛场地	按照田径竞赛规则的要求，首先运动员向管理裁判员请假，经主裁判批准后，由一名管理裁判员陪同请假运动员，按事先规定的路线离开比赛场地，并尽快返回	比赛前该项目管理裁判员应了解比赛场地各洗手间的位置、设施、行走路线和时间，检查洗手间应具备的物品是否齐全，并应选择距离比赛场地最佳路线的洗手间	主裁判 管理裁判员
2	比赛中运动员受伤	运动员进场后至离开比赛场地	比赛中运动员受伤时，裁判员应根据现场情况及时予以处理。当受伤运动员意识清醒时，主裁判应征求受伤运动员意见，再进行处理。可及时用对讲机或派一名裁判员联系大会医生进场处理 同时要保护现场并维持现场秩序 如果受伤运动员处于昏迷或不能自理时，由主裁判决定处理办法。如需要离开比赛场地救治，管理裁判员应将该运动员的证件和有关物品送交赛后控制中心。其他裁判员要坚守工作岗位，保证比赛顺利进行	比赛前主裁判带领全体裁判组了解距比赛场地最近的医疗站的所在位置，并与医疗站负责人确定发生运动员受伤时的联系方法。 应根据运动员受伤的严重程度，将运动员抬扶到预先选好的不影响比赛的位置，及时安抚运动员并马上通知医生到场 受伤运动员离开场地后，主裁判应及时与田赛裁判长和技术官员沟通，并使比赛马上恢复进行 赛前认真检查场地、器材设备	主裁判 管理裁判员 医务人员

续表

序号	场景描述	发生时间	解决办法	预防措施	执行人
3	赛中天气突变	比赛进行中	如比赛过程中遇到突然的恶劣天气（大风或大雨），裁判组要首先确保安全的前提下进行比赛。并及时请示田赛裁判长或技术官员是否继续比赛，如同意可暂停比赛，待雨或风小时再继续比赛。暂停比赛时要对运动员做好组织和安抚工作。 特别是雨天比赛，更应注意保证所有运动员公平。并确保运动员比赛的安全 雨后继续比赛应提醒所有人员注意安全，保护好设备及原始记录单，并及时发放和穿戴雨具，保证比赛有序、安全进行。 雨天或风天比赛，裁判员更要认真、仔细地做好执裁工作	赛前应充分准备好雨天吸水的海绵和抹布 事先应准备好裁判员使用的雨衣、雨鞋、和遮挡记录台、计算机、激光测距仪的雨具	田赛裁判长 主裁判 场地器材组 全体裁判员
4	赛中运动员对判罚有疑义，向裁判提出抗议	比赛进行中	当一名运动员在比赛中被判为犯规，且该运动员对判罚提出口头抗议时，主裁判应立即向田赛裁判长汇报。由田赛裁判长决定处理方案。如果运动员就此提出书面上诉，为保证比赛正常进行，可让该运动员在抗议下进行比赛，直到仲裁结果到达为止	比赛前裁判组应反复研究判罚尺度，确保判罚符合规程，裁判员的判罚应做到准确、公正、果断 及时与裁判长和技术官员沟通，得到他们的支持与帮助	全体裁判员 田赛裁判长 技术官员 仲裁官员
5	对讲机发生频道拥堵	比赛开始前介绍运动员时赛中意外事件发生时	1. 当比赛前介绍运动员时出现对讲机发生频道拥堵时，主裁判可派一名裁判员或志愿者与现场指挥亲自联系，以防耽误比赛进程 2. 田赛裁判长应不间断与现场指挥保持联系，以便插空联系 3. 快速找人修理或置换。	赛前应协商好备用频道已备应急，事先裁判组应让有关裁判员了解现场指挥的具体位置，可事先与现场指挥确定几个简单的手势或动作（例如旗语等），以确保不耽误比赛进程	田赛裁判长 主裁判
6	观众冲入赛场或出现骚动	比赛中	1. 及时通知大会现场指挥 2. 组织裁判员进行阻挡或疏导 3. 尽可能保证比赛顺利进行	1. 比赛中裁判员以规则为依据，做到公平、公正、准确的执法 2. 了解大会保安的联络方法和工作位置	全体裁判员 管理裁判员
7	赛场出现横幅活标语等	比赛中	1. 根据奥林匹克宪章 51 条警告并没收 2. 不服从警告和劝阻者取消比赛资格并通知保安人员强行离开	1. 时时认真检查 2. 及早发现并果断处理	全体裁判员 管理裁判员

八、工作流程

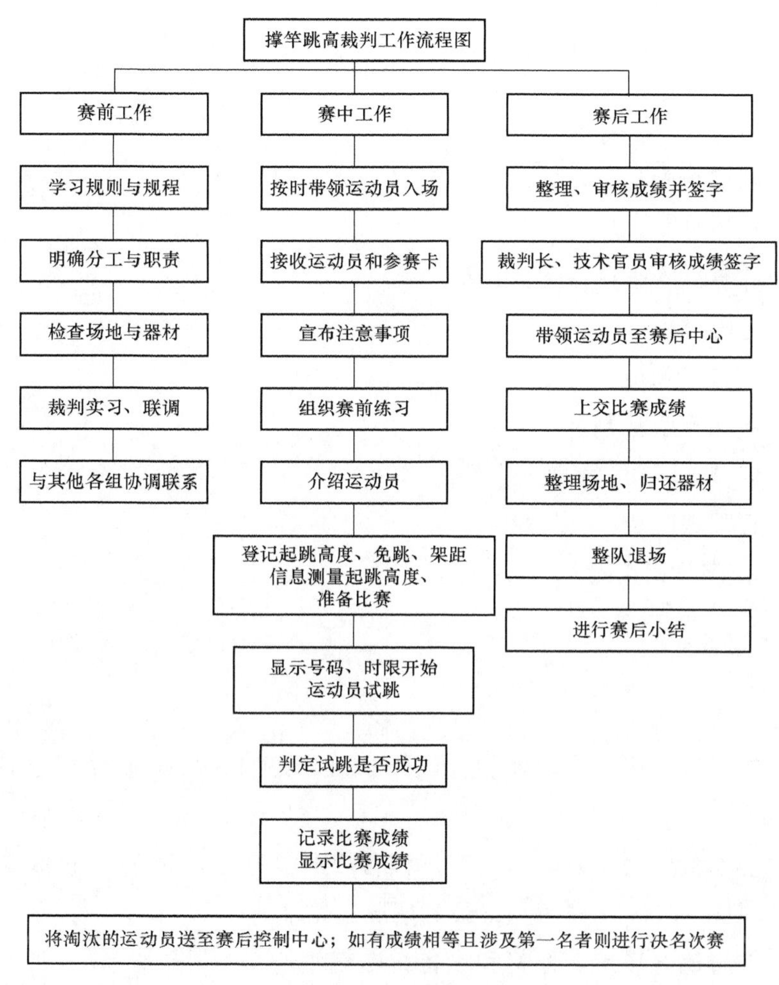

图 4-6　工作流程

第四节　铅球裁判工作

一、任务

在田赛裁判长的领导下。根据竞赛规则和规程的有关条款之规定，本着严肃认真、公正准确的工作准则，保证运动员在公平、公正、公开的环境下比赛。

二、人员设置与职责

（一）人员设置

（1）主裁判：2 人。

（2）助理裁判员：1 人。

（3）记录员：1 人。

（4）计算机终端操作员：1 人。

（5）时限员：1 人。

（6）落点裁判员：1 人。

（7）激光测距裁判员：1 人。

（8）器械管理员：1 人。

（9）管理裁判员：1 人。

（10）志愿者：4 人。

（二）职责

1. 主裁判

（1）领导裁判组工作，确定本组裁判员的分工和职责，研究制定工作方法和细则。

（2）组织裁判员认真学习竞赛规程和规则中的有关章节，了解参赛运动员的人数、项目、时间、成绩、纪录等情况。

（3）检查比赛场地、器材和设备。提交裁判工作用品清单。

（4）组织赛前裁判培训，统一裁判工作方法，提出工作要求。组织裁判员按裁判分工及裁判工作流程进行实习，与激光测距员、计算机终端操作员一起共同进行现场实习，熟练掌握裁判方法，发现问题及时总结和汇报，提出解决方法并落实到位。

（5）征求田赛裁判长、技术官员的意见，及时改进工作。

（6）赛前校对激光测距仪。安排志愿者工作。

（7）组织联调工作，协调与检录处、赛后控制中心、竞赛秘书组、全能组、场地器材组、现场指挥等裁判组的工作配合方法。

（8）制定比赛安全与处理突发事件预案。

（9）赛中负责接收运动员并提出安全与维护秩序要求。组织运动员至少试掷两次。与现场指挥及时联络确定介绍参赛（决赛）运动员的时间，准时开始比赛。

（10）判定运动员的试掷是否有效，与技术官员密切配合，对其提出的合理建议应及时改进，及时处理比赛中有争议的问题。

（11）审核前三轮比赛成绩及重新排定后三轮试掷顺序。

（12）审核比赛成绩、名次，并请田赛裁判长、技术官员签字。

（13）核准激光测距仪并请田赛裁判长、技术官员审核签字。器械使用统计表签字后交由记录员和成绩记录单交竞赛秘书组。

（14）整理器材、清洁环境。与现场指挥联系同意后，整队集合列队退场。

（15）组织全组进行工作小结，并安排下一单元的工作任务。

2. 助理裁判员

（1）赛前及最后一名运动员比赛结束后与有关裁判员用经过校对的钢尺对电子测量仪的准确度进行复核校对，误差<1 厘米。

（2）赛中内场放置、撤离暂停标志，协助主裁判判定运动员动作是否符合规则规定。遇有犯规情况及时通知主裁判。

（3）赛中负责核对比赛运动员号码，必须与大屏幕显示一致。

（4）赛中负责对比赛投掷圈清扫。

（5）协助主裁判判定运动员动作是否符合规则规定，赛后收拾器材排队退场。

（6）与主裁判协调配合，保证判罚准确无误。

3. 记录员

（1）入场检查所需物品，终端联结是否正常，记录台布置是否符合要求等。负责到竞赛秘书组领取确认参赛的运动员成绩记录单一式五份。

（2）按位置图示坐在终端操作员与时限裁判员之间。将成绩记录单分发给技术官员一份，记录员一份，管理裁判两份，自留一份。

（3）运动员入场后，按检录处最后确认的参赛运动员检录单，核实参赛运动员人数、号码、比赛顺序和及格标准等。在主裁判的控制下协助管理裁判员，组织运动员练习。

（4）赛前5分钟，确认计算机终端开启后，大屏显示正常，并检查运动员试掷顺序显示，时限显示仪器是否正常，及时报告主裁判。

（5）赛前1分钟，及时与主裁判联系，待所有裁判员进入各自岗位后，等待主裁判的指令，准备比赛。

（6）比赛开始后，协助主裁判检查每一名准备试掷运动员的号码，并检查计算机终端操作员显示的信息是否正确。每名运动员的成绩显示（或犯规）控制在15秒左右，特殊情况下，听从主裁判的指示。

（7）准确记录每名参赛运动员的每次试掷的成绩或犯规符号等信息。每轮比赛用时及全赛所需要时间。

（8）第三轮结束后，（及格赛除外），统计成绩并排定后继轮次运动员的试掷顺序，经主裁判确认后通知相关人员。

（9）比赛结束后，按规则规定对所有参赛运动员的最优有效成绩，进行排名，并与计算机终端核对无误后，在记录单上签字。（注明该项比赛开始、结束时间）然后请主裁判、田赛裁判长、国际技术官员审核并签字。所有经签字的比赛成绩单，赛后及时送交竞赛秘书组。

4. 时限员

（1）赛前检查计时器运转是否正常，熟悉计时器操作程序，试运行计时器，确认计时器的各种计时状态能正常运行。整理桌椅器材，将黄旗及计时器操作柄放在便于操作的位置，并将备用秒表设置于1分钟倒计时状态。

（2）赛中负责准时开启计时器，计取运动员每次试掷的时限，从内场主裁判撤离暂停标志瞬间开始启动计时器，开启计时器后，立刻注视计时器是否运行，确认开启后，观察运动员的动作，同时观察计时器的时间运行，当还剩15秒时，上举黄旗，提示主裁判，时间到时，放下黄旗，并通知主裁判，待运动员器械出手后，停止计时器。

（3）记录下每名运动员试掷所用的时间，待内场助理在赛场上放置暂停标志时，将计时器回到1分钟显示状态，等待下一次试掷开始。

（4）赛后关闭计时器电源，整理线路，整齐放好，将黄旗、秒表、铅笔等放入器材箱内，并收拾整理其他器材，清洁环境，听从主裁判指挥，统一整队退场。

5. 落点裁判员

（1）与有关裁判员一起用钢尺对场地组布置的米线、世界纪录及及格标准的标志线核对。单元比赛前和比赛后分别对激光测距仪的精度进行复核校对，误差＜1 厘米。

（2）运动员练习前 1 分钟排队入场，并按事先安排好的位置各就各位等待运动员练习开始。运动员开始练习后注意观察每名运动员的投掷特点、方向、距离等情况，并将器械安全收回。

（3）按事先了解的运动员成绩及位置安排，选择好自己的站位（一般情况下应站在器械落地相对集中的区域）并注视运动员的动作。

（4）当器械出手后做到快速奔跑、器落人到、准确判定铅球是否完全落在角度线内沿以内及铅球首次触地位置，并监督检查其插反光镜的位置是否正确。

（5）观察内场成绩显示屏所显示成绩与器械实际落地点是否相符，若有差异，迅速通知主裁判，以便进一步核实，经核实无误后，待大屏幕显示下一位运动员号码后，回到相应的位置，准备下一次测量工作。

（6）如遇破纪录，保存破纪录的器械首次触地痕迹与器械以便裁判长核对。

（7）将铅球安全送回内场。

（8）比赛结束后，对测距仪的精确度进一步核实，与有关裁判员一起用钢尺对电子测量仪的准确度进行复核校对，误差＜1 厘米。无误后，整队退场。

6. 激光测距员

（1）赛前熟悉投掷场地和位置，了解本组承担裁判工作的项目和时间，与有关裁判员一起对本比赛所使用的测距仪器进行调试，并尽快熟悉外场测距仪器的操作方法。

（2）对赛场和落地区进行检查，查验落地区角度线是否平直，角度线的内沿是否通过圆心，整米显示线与显示牌是否吻合，经过赛会检验合格的刚尺对有关标志线进行校对，（及格线、显示线、记录线），使各标志线的后沿与显示的米数相符合。

（3）赛前 40 分钟与激光测距员进行校验，对一组电子测量成绩进行检测，

以确定这两种测量结果相符。误差<1 厘米。所有准备工作完成后，到场内等待比赛。

（4）运动员开始练习时，整队进入工作岗位，协助将投掷器械移出落地区，同时注意观察运动员的技术特征，投掷方向和落地位置等，运动员练习结束，整队离开工作岗位到内场等候。

（5）正式比赛开始前 1 分钟，整队进入工作岗位，面向投掷圈进入工作状态，密切关注运动员的比赛。

（6）运动员器械出手后，判断器械的飞行方向和距离，并迅速移动（尽量从侧面接近和观察器械和落点），做到器械落地人到落点，协助外场落点判定器械落地首次触地痕迹。

（7）对每次有效的试掷进行外场测距和操作。垂直将测距反射镜插入器械落地最近点并扶稳，使反光镜对准内场测距仪。

（8）观察内场成绩显示屏所显示成绩与器械实际落地点是否相符，若有差异，迅速通知主裁判。以便进一步核实。

（9）经核实无误后，待大屏幕显示下一位运动员号码后，拔下测距仪，适当整理落点，回到相应的位置，准备下一次测量工作。

（10）如遇破纪录，保存破纪录的器械首次触地痕迹与器械以便裁判长核对。

赛后：比赛结束后，对测距仪的精确度进一步核实，与有关裁判员一起用钢尺对电子测量仪的准确度进行复核校对，误差<1 厘米。无误后，整队退场。

7. 器械管理员

（1）协助主裁判检查比赛器械是否符合比赛要求，并负责登记不同型号器械使用次数的志愿者进行培训，以及负责回送器械志愿者的工作技巧。

（2）比赛中全程实施对器械的管理工作。当运动员进入比赛场地后，与运动员管理裁判员相互配合，组织好运动员活动，协助维持内场秩序，保证比赛中的安全。

（3）严格对比赛器械的控制，按主裁判开始练习的指令后，按练习顺序依次将器械发放给运动员进行练习。练习过程中应注意器械回收的速度，尽可能地为运动员使用熟悉的器械带来方便。

（4）练习结束后，整理好全部器械放在指定的器械架子上。指挥志愿者回收送至内场的器械，并整理好放在指定的（不同厂家生产的器材）器械架位置上。

（5）比赛开始后，按比赛顺序将器械发放给运动员，控制好后续运动员取器械的节奏，赛场上除正在试掷的运动员外，只能有一名运动员手持器械在预备试掷状态。

（6）按照大会要求监督志愿者记录每名运动员每次试掷使用不同型号器械的情况，统计不同型号器械的使用次数，比赛后将记录表交主裁判签字后随成绩记录单送至竞赛秘书组。

（7）整个比赛过程做到有序快捷、准确、节时、安全。

（8）比赛结束后迅速整理好全部器械于指定器械架上。清理比赛场地卫生并及时退场。

8. 管理裁判员

（1）了解参赛运动员状况、比赛区域内厕所、医疗站、供水点和混合区入口及赛后控制中心的位置等。

（2）接收运动员，核对检录运动员情况；向运动员宣布现在时间、比赛时间、试掷顺序、练习试掷次数和注意事项。

（3）组织运动员赛前练习试掷，赛前5分钟，提醒主裁判与现场指挥联系，根据安排停止练习。

（4）组织赛前集合运动员，准备入场介绍运动员，根据主裁判指令带领运动员进场，按检录顺序到排序成一路横队面向主席台，开始介绍运动员。

（5）比赛开始后，根据比赛顺序，提醒运动员做好试掷前准备工作。监督运动员在比赛中是否有违反规则的行为。组织运动员比赛，待前一个运动员暂停标志撤离，下一个运动员进场准备，检查运动员号码、服装，保证运动员安全。

（6）前三次试掷结束后，到记录台统计进入决赛的运动员号码，比赛顺序，宣布前八名运动员和未进入前八名的运动员，组织下一轮次比赛；带领未进入前八名的运动员整队带到混合区，参赛卡送到赛后控制中心。

（7）陪同请假运动员离开比赛场地并将其带回。

（8）带领完成比赛任务的运动员到赛后控制中心。

三、工作方法

（一）赛前

（1）主裁判组织本组全体裁判员在赛前认真学习竞赛规则、规程的有关条款，了解比赛日程、时间、参赛运动员的人数和成绩情况。

（2）主裁判根据比赛的规程和赛会的要求，确定本组裁判员的工作分工和职责，研究制定工作方法和工作细则。落实本组与检录处、赛后控制中心、场地器材组、全能裁判组、竞赛秘书之间的工作配合方法。

（3）检查比赛场地、器材和设备。比赛前，主裁判应带领全组对比赛场地、器材进行严格检查，发现问题或有不符合比赛规则情况时，应及时向上级报告。对于符合比赛规则的铅球、要做标记。其主要检查内容如下：投掷圈内地面是否呈水平，地面是否过滑或过涩。抵趾板的安放是否牢固，其内沿是否与铁圈内沿重合。落地区标志线的宽度和夹角是否准确。落地区的地面是否符合比赛规则的要求，在铅球落地时，能否留下痕迹。供比赛使用的铅球的重心位置、重量和直径是否符合比赛规则。

（4）加强岗前培训、加强安全意识。在主裁判的领导下进行全组裁判实习。实习时，应按比赛的程序进行，实习的重点是全组裁判员之间的工作配合以及与其他有关裁判组（如场地器材组、检录处、赛后控制中心、全能裁判组、现场指挥等）之间的协调。加强安全意识，实习中发现问题应及时纠正，提出解决方法并落实到位。实习后，应及时进行总结，以确保裁判工作顺利进行。

（5）检查每一单元比赛的准备工作和裁判所需的用具和物品。

（二）赛中

（1）每一个比赛单元前，主裁判带领全组裁判员应按大会规定的时间、路线准时整队入场，入场后认真检查比赛场地、器材等的准备工作。提前领取田赛远度项目成绩记录表。

（2）管理裁判员接收检录处或全能裁判组交来的参赛运动员，由主裁判向运动员宣布比赛的注意事项和要求，然后组织运动员按比赛顺序在裁判员的监督下进行练习试掷。练习试掷应符合比赛规则的要求，注意安全。在比赛前 5

分钟停止一切练习，整理比赛场地和器材，所有裁判人员应做好各自准备，以便开始比赛。

（3）赛前 5 分钟，运动员停止练习，管理裁判员组织运动员成一例横队面向主席台、观众，由赛场主持人介绍运动员等情况。

（4）准时比赛，比赛开始前，主裁判站在投掷圈前中央，举手向场地内外的裁判员示意，当确认一切准备就绪时，主裁判退至投掷圈外的适宜位置，撤离暂停标志，并从这一瞬间开始计算运动员该次试掷的时限，启动计时器。

（5）运动员开始试掷后，内场主裁判和助理裁判员应注视运动员试掷动作的全过程，认真观察运动员是否有犯规情况，直至其在圈内完成试掷，离开投掷圈时，首先触及的铁圈上沿或圈外地面应完全在圈外白线的后面。

（6）运动员掷出铅球后，外场主裁判应密切注视铅球的着地点是否完全落在落地区标志线内沿以内。准确、快速地判断铅球落地是否有效，当铅球落地出现失败无效时，外场主裁判应立即举手示意器械出界。

（7）落点裁判员应密切注视铅球的飞行方向，当运动员的器械出手后应迅速移动自己的位置，在器械落地后尽快赶到落地点，以便尽快准确、快速地判断器械落点的位置。

（8）运动员试掷结束，内场主裁判立即走进投掷区，将旗直臂上举约 3 秒钟示意，以便使观众或运动员都了解试掷是否成功有效。

（9）试掷成功，内、外场成绩测量员应立即进行成绩测量。在主裁判的监察下经复核检查无误后唱报成绩；记录员记录成绩。如遇破纪录应立刻控制住器械，并报告田赛裁判长和技术官员，经审核校对确认后，再显示下一试掷运动员的号码，比赛继续进行。测量成绩时，内场裁判员应在投掷圈放上暂停标志，以示目前裁判员正在工作，运动员尚不能进行试掷，测量成绩完毕时，内场裁判员撤掉暂停标志，如一轮结束有创新纪录时，主裁判应示意外场主裁判插上新一轮纪录，主裁判等一切就绪退至原来的位置，通知下一个运动员开始试掷。

（10）记录员应认真观察内、外场裁判员的判决，准确做好记录。当测量裁判员判读成绩时，记录员应立即做好记录并复述一遍，以保证成绩记录准确无误。检查记录员应对记录员进行监看，以免发生记录或显示错误。

（11）比赛中，主裁判及有关裁判员应注意观察运动员是否有违反规则的情况（如接受帮助，擅自离开比赛场地，有不道德的言行等）。如有此类情况发生，应及时报告田赛裁判长予以警告或处罚。

（12）在比赛中运动员超纪录时，应及时通知田赛裁判长及技术官员，保留超纪录的现场，以便进行核查。

（13）在比赛中如遇运动员请假或兼项请假，应按规则的规定执行。

（14）当所有参赛运动员完成前 3 次试掷后，由记录员对所有运动员在前 3 次试掷中有效试掷成绩进行排序，对比赛成绩最好的前 8 名运动员进行排序，经主裁判认可后对前 8 名运动员进行重新排序后进行后三轮试掷。

（15）在前 3 次试掷中未进入前 8 名的运动员，由管理裁判员将其带至赛后控制中心。

（16）如运动员有兼项比赛，主裁判每次可允许该运动员在某一轮的比赛中，以不同于赛前抽签排定的顺序进行试掷。如果该运动员后来轮到他试掷时未到，一旦该次试掷时限已过，则应视其该次试掷为免掷。

（17）在比赛中主裁判与管理裁判员看到时限员上举黄旗时，及时提醒运动员注意时限。当时限到黄旗落下，主裁判立即上举红旗，并放置暂停标志，判该运动员该次试掷失败。记录员记下失败符号，成绩显示屏显示该运动员的试掷失败符号。如果到时限时，运动员已开始了试掷，应允许其进行该次的试掷。

（18）比赛中，如果某运动员对试掷失败的判罚立即作出口头抗议时，该项目的裁判长可以在其权限内下令测量并记录该次试掷的成绩，以便保留所有有关的权利。（登记在备注栏内）。

（19）比赛结束后，记录员迅速对运动员的比赛成绩进行认真检查与排序，并与终端操作员核对无误后交主裁判，主裁判应对该项目的成绩和名次进行认真核对签名、请田赛裁判长、技术官员审核签名后，终端操作员方可通知主裁判将决赛成绩向赛会终端确认。最后由记录员将记录成绩单送交竞赛秘书处。

（20）管理裁判员将前 8 名运动员送至赛后混合区，并将运动员 ID 卡送至赛后控制中心。

（21）内外场裁判员分别用钢尺丈量 2 个不同远度的成绩与内场激光测距进行误差校对。

（三）赛后

（1）整理比赛场地和器材，裁判员整队退场。
（2）进行工作小结，准备布置下一单元的比赛工作。

四、重点与难点

（一）准确判定内场成功与失败

强调内场与外场主裁判判罚旗示的协调配合，内场犯规，外场器械落地没有犯规时，外场落点裁判员应观察内场判罚旗示，经核实无误后拔下反光镜准备下一次工作。

（二）准确判定器械的首次触及地面的最近点

正确的站位和跑动切入方向，是准确判断落点的关键。铅球项目可设外场落点裁判 1 名，1 名外场测距仪操作员，与落点裁判站在外场中间。

（三）检测激光测距仪的准确性

外场主裁判密切关注田赛显示屏幕，显示的该次试掷是否与外场成绩相符合。在比赛中，当主裁判判定运动员的试掷失败时，如果该运动员立即提出口头抗议，该项目的裁判长可以在其权限内测量并记录该次试掷的成绩，以便保留所有有关的权利。

（四）加强裁判员与其他组的配合协作与安全意识

赛前了解赛场医疗地点，出现伤害事故，第一时间快速救治，维持场内正常比赛秩序。此外，及时提醒摄影记者注意安全，在不违反规则和不影响运动员比赛以及不妨碍裁判执的前提条件下，应尽量给予方便。

五、所需物品

（1）红旗 2 面，白旗 1 面，黄旗 1 面，纪录旗 3 面。
（2）30 米钢尺 2 个。

（3）手套 8 副，扫把、拖把、抹布、水桶、棕垫、木犀等。

（4）钢钎 3 根。

（5）记录桌 3～4 张，椅子若干把、席卡若干。

（6）运动员休息用长凳若干个，太阳伞若干把。

（7）手提扩音器 1 个（备用）。

（8）记录用笔、纸、刀、尺、防雨罩。

（9）符合规则的至少 2 个不同品牌、不同规格的比赛铅球，数量充足。

（10）比赛用镁粉盒和镁粉。

（11）放置器械的架子 1 个。

（12）秒表 1 个（备用）。

（13）计时器 1 台。

（14）电动显示牌 1 台。

（15）暂停标志 1 个。

（16）铅球回收轨道一套。

（17）激光测距仪一套。

（18）对讲机一部。

六、场地示意图

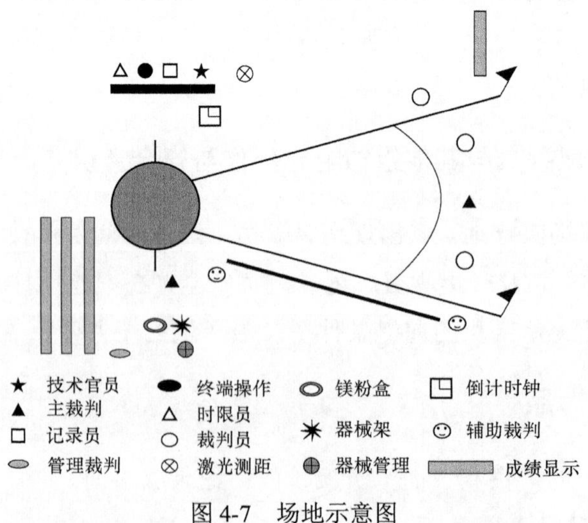

图 4-7　场地示意图

七、应急预案

铅球裁判工作的应急预案参照链球应急预案。

八、工作流程

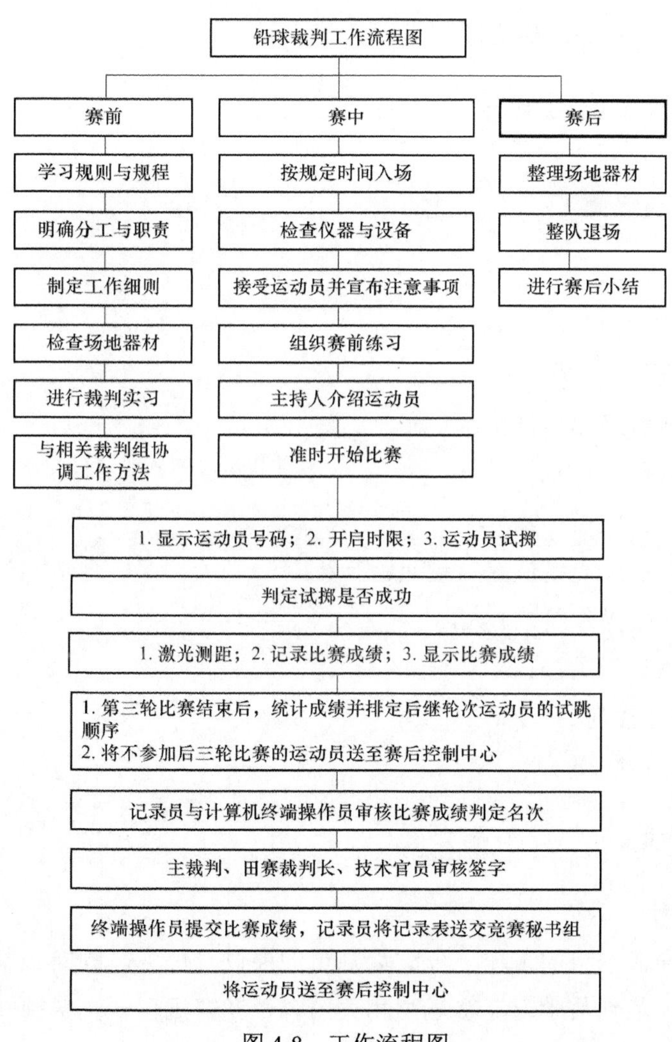

图 4-8　工作流程图

第五节　标枪裁判工作

一、任务

在田赛裁判长领导下，根据竞赛规则、规程的有关条款之规定，按照比赛日程规定的时间，遵守严肃、认真、公正、准确的工作原则，准确无误地完成标枪裁判工作，确保比赛的顺利进行。

二、人员设置与职责

（一）人员设置

（1）主裁判：2 人。

（2）助理裁判员：1 人。

（3）记录员：1 人。

（4）计算机终端操作员：1 人。

（5）时限员：1 人。

（6）落点裁判员：2 人。

（7）测距仪反光镜放置裁判员：1 人。

（8）测距仪操作员：1 人。

（9）器械管理员：1 人。

（10）管理裁判员：2 人。

（11）志愿者：3 人。

（二）职责

1. 主裁判

（1）领导裁判组的工作，分配裁判员的岗位及任务，制定裁判工作细则。

（2）组织裁判员学习竞赛规则相关内容及竞赛规程、竞赛须知等文件。

（3）了解参赛运动员的人数、项目的单元安排、各单元的比赛时间、运动员的报名成绩、本项目的纪录等。

（4）带领裁判员检查比赛场地、器材和仪器设备等，领取裁判用具。

（5）赛前组织培训裁判员，统一裁判工作方法，提出工作要求。

（6）组织裁判员按比赛分工及裁判工作流程进行实习，熟悉裁判工作期间各环节的衔接与配合，提出预案和解决问题的方法。

（7）组织联调工作，协调与检录处、赛后控制中心、竞赛秘书组、检查组、场地器材组、现场指挥等裁判组的工作配合方法。

（8）听取技术官员、田赛裁判长的建议、意见，及时改进裁判工作。

（9）赛前、赛后校对激光测距仪。

（10）接收运动员并提出比赛的有关要求。

（11）判定运动员的试掷是否有效。

（12）掌控比赛进程，协调全组裁判工作，及时处理比赛中有争议的问题。运动员创纪录时请田赛裁判长、技术官员审核场地器材和成绩。

（13）审核前三轮成绩及重新排定的试掷顺序。

（14）比赛结束时审核运动员的成绩与名次，与计算机终端操作员校对确认录入的成绩与名次。

（15）组织本组裁判员的进退场。

2. 记录员

（1）准确记录运动员每次试掷的成绩或犯规符号等。

（2）告知计算机操作员下一试掷运动员的号码。

（3）第三轮比赛结束后，统计成绩并排定后继轮次运动员的试掷顺序，经主裁判确认后通知相关人员。

（4）比赛结束后统计排定运动员的成绩与名次，签字后交主裁判审核签字。然后请田赛裁判长、技术官员签字，并把记录表、激光测距校对表、器材使用表送交竞赛秘书组。

3. 计算机终端操作员

（1）运动员试掷前，显示将要试掷运动员的号码、轮次。

（2）运动员试掷完毕，录入并显示运动员的成绩或失败的符号。

（3）比赛结束后与记录员核对成绩，经主裁判、田赛裁判长、技术官员确认后传送至竞赛秘书组。

4. 时限员

（1）准确计取运动员每次试掷的时限，准时开启计时器。

（2）当试掷时限剩下 15 秒时举黄旗示意，时限到时放下黄旗。

5. 落点裁判员

（1）判定标枪的准确落点位置。

（2）放置运动员的最好成绩标志牌。

（3）把器材放置回收车。

6. 测距仪反光镜放置裁判员

（1）赛前、赛后协助校对激光测距仪。

（2）根据落点裁判员判定的准确落点位置，按要求插好反光镜。

7. 测距仪操作员

（1）赛前与赛后校对激光测距仪。

（2）操作测距仪，测定试掷成绩，并通知记录员。

8. 器械管理员

（1）管理比赛器械，并发放给试掷运动员。

（2）回收运送到内场的器械，清洁后放置器械架上。

（3）记录每名运动员每次试掷使用不同型号器械的情况，统计不同型号器械的使用次数，比赛后将记录表交主裁判签字后上交竞赛秘书组。

（4）维持内场秩序，保证比赛的安全。

9. 管理裁判员

（1）接收运动员，对运动员进行管理，协助主裁判组织运动员进行赛前练习。

（2）比赛开始前配合现场指挥介绍运动员。

（3）管理裁判员根据比赛顺序，提醒运动员做好试掷前的准备工作，监督运动员在比赛中是否有违反规则的行为。

（4）陪同请假运动员离开比赛场地并将其带回。

（5）带领完成比赛任务的运动员到赛后控制中心。

（6）维持内场秩序，避免与其他比赛项目在场地上发生冲突，保证比赛的安全。

三、工作方法

（一）赛前

（1）主裁判带领全体裁判员学习竞赛规则、规程及相关文件，了解各项比赛的检录时间、开赛时间和参赛运动员的人数。

（2）实行岗位责任制，根据分工，每名裁判员制定各自岗位工作细则，包括突发事件的应急预案。落实确定本组与检录处、赛后控制中心、场地器材组、全能裁判组、竞赛秘书组、现场指挥之间的工作配合方法。

（3）检查场地、器材、设备。检查落地区角度线等是否符合规则要求，对检查后符合标准的标枪做好标记，对激光测距仪进行 3 点测距校对和计算机终端机进行现场调试。

（4）根据统一安排，在主裁判的带领下，做好联调工作。熟练本组裁判员之间的配合和对各项仪器的操作，以及与其他相关裁判组之间的协调配合。联调后，对发现的问题及时解决。

（5）检查比赛所需的用具和物品。如：阳伞、雨具等。

（二）赛中

（1）根据大会规定的时间、地点、路线全组裁判员集体入场，入场后根据各自分工检查场地、器材，激光测距、计算机终端进行赛前校对等准备工作。

（2）管理裁判员接收检录处或全能裁判交来的参赛运动员，由主裁判向运动员宣布比赛注意事项。

（3）主裁判与记录员、管理裁判员共同组织运动员按比赛顺序进行赛前练习试掷至少 2 次。

（4）开赛前 5 分钟，运动员停止练习，管理裁判员组织运动员到指定地点、现场展示介绍运动员。

（5）外场裁判员一路纵队由标枪投掷区的左侧进入场地，到达各自指定的岗位。

（6）准时开始比赛，主裁判向外场示意比赛开始，电动显示牌显示试掷运动员的号码、姓名和轮次，撤离停赛标志，时限员开始计时。

（7）试掷成功，内场主裁判上举白旗，失败则举红旗。主裁判在助跑道内摆放停赛标志。

（8）当标枪出手后落点裁判员迅速判断标枪飞行的方位，找准落点，如试掷成功，立正面向内场，如试掷出界，外场主裁判上举红旗然后指向出界的方向。

（9）试掷成功时，外场测量员迅速插好反光镜，内场测量员测定成绩后通知记录员，同时显示屏操作员将成绩显示在成绩显示屏上，如试投失败，则记录和显示失败符号。待显示屏旋转回位后，显示下一名运动员的号码。主裁判撤离停赛标志，继续进行后续比赛。

（10）运动员完成前 3 次试掷后，对比赛成绩最好的前 8 名运动员进行重新排序。

（11）管理裁判员在运动员完成第三轮试掷后，将没有后继比赛任务的运动员带到赛后控制中心。

（12）主裁判及有关裁判员应注意观察运动员是否有违反规则的情况（如接受帮助，擅自离开比赛场地，有不道德的言行等）。如有此类情况发生，应及时报告田赛裁判长予以警告或处罚。

（13）运动员超纪录时，应及时通知田赛裁判长及技术官员，保留超纪录的器材、现场，以便进行核查。

（14）如遇运动员请假或兼项请假，则按规则的规定执行。

（15）比赛中，如果某运动员对试掷失败的判罚立即做出口头抗议时，该项目的裁判长可以在其权限内测量并记录该次试掷的成绩，以便保留所有有关的权利。

（16）比赛结束后，统计排定运动员的成绩与名次，并与计算机终端操作员核对无误后签字，经主裁判、田赛裁判长、技术官员审核签字后，计算机终端操作员方可提交成绩，记录员将成绩单送交竞赛秘书组。

（17）管理裁判员在比赛结束后将所有运动员带到赛后控制中心。

（三）赛后

（1）激光测距校对 2 点，整理比赛场地和器材，裁判员整队退场。

（2）进行工作小结，准备下一比赛单元的工作。

（3）大会结束后，主裁判组织裁判员进行总结，并写成书面材料交田赛裁判长。

（4）清理归还所借物品，做好离会前善后工作。

四、重点与难点

（1）赛前计算机终端和激光测距仪的调试工作，各项仪器的联网运转情况，各项仪器的熟练操作训练等。

（2）规则规定，标枪在落地时枪尖应先于标枪的其他部位触地，成绩方为有效。因此，外场主裁判应快速、准确地判断出标枪落地是否有效。

（3）运动员在做标枪出手后的缓冲动作时，易发生脚触及投掷弧的犯规现象，内场主裁判在运动员进行试掷时，应自始至终注视运动员的双脚，不得观看标枪的飞行，以免发生错判。

（4）主裁判在比赛开始前向运动员讲解有关安全的注意事项。在比赛中维持比赛场地的良好秩序。外场主裁判要加强服务员的安全意识。

（5）比赛时，外场落点裁判员应根据运动员的水平和每次出手后标枪的飞行方向，及时移动自己的位置，做到枪落人到。

（6）主裁判应在比赛开始前向运动员讲解有关安全的注意事项。在比赛中维持比赛场地的良好秩序。内外场裁判员还要加强服务员的安全意识。

五、工作位置及场地布置示意图

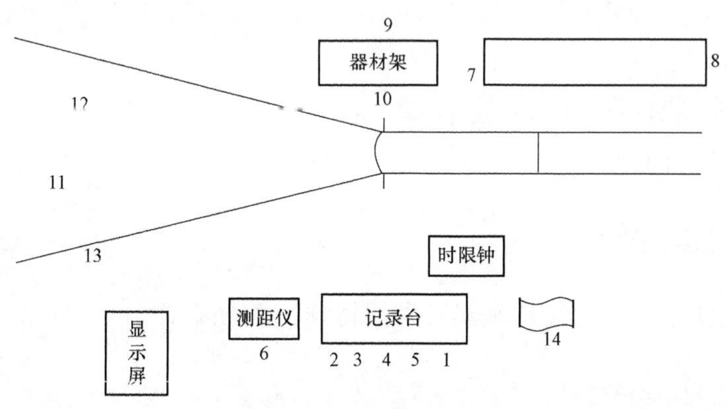

图 4-9　工作及场地布置

1—田赛裁判长；2—技术官员；3—计算机终端操作员；4—记录员；5—时限员；6—测距仪操作员；7、8—管理裁判员；9—器材管理员；10—内场主裁判；11—落点裁判员；12—测距仪反光镜放置员；13—外场主裁判；14—风标

六、所需物品

（1）裁判桌。

（2）椅子。

（3）运动员休息椅。

（4）风标。

（5）清洁工具（扫帚、拖把、抹布、水桶、手套）。

（6）遥控运送器材车。

（7）标枪。

（8）投掷器材架。

（9）镁粉盒及镁粉。

（10）停赛标志物。

（11）记录标志旗。

（12）计算机终端机。

（13）激光测距仪。

（14）电子显示屏。

（15）时限显示屏。

（16）红、白、黄旗。

（17）钢尺、钢钎。

（18）秒表。

（19）运动员成绩标志牌及书写笔。

（20）垃圾桶。

七、应急预案

掷标枪裁判工作的应急预案可参照链球应急预案。

八、工作流程

掷标枪裁判工作流程可参照铅球工作流程。

第六节　铁饼裁判工作

一、掷铁饼裁判的设置

（1）主裁判：2 人。

（2）时限兼成绩显示屏操作员：1 人。

（3）记录员：1 人。

（4）检查记录员：1 人。

（5）计算机终端操作员：1 人。

（6）管理员：2 人。

（7）内场测距仪操作员：1 人。

（8）内场助理裁判员：1 人。

（9）落点裁判员：2 人。

（10）外场测距仪操作员：1 人。

（11）志愿者：2 人。

二、掷铁饼裁判的任务

在田赛裁判长的领导下，根据《田径竞赛规则》和竞赛规程的有关条款的规定，本着严肃认真、公正、准确的工作原则，保证铁饼参赛者在公平、公正、公开的环境下比赛。

三、掷铁饼裁判的分工与职责

（一）主裁判

（1）组织全组裁判员认真学习竞赛规程和规则中的有关内容，了解比赛项目、时间、参赛运动员的人数和成绩、纪录等相关信息。

（2）根据竞赛规程和大会要求，确定本组裁判员的分工和职责，研究制订详细的工作方法和工作细则。

（3）加强赛前培训，组织全组裁判员赛前检查比赛场地，器材和设备。

领导全组裁判员与激光测距仪操作员、计算机终端操作员一起进行现场实习。熟练掌握裁判方法，发现问题及时总结和汇报，提出解决方法并落实到位。

（4）落实本组和检录处、赛后控制中心、竞赛秘书处、全能裁判组、场地器材组等裁判组之间的工作联系。

（5）接收运动员，并对他们提出比赛的有关注意事项和安全要求。

在比赛中，主裁判 A 判定运动员的试掷是否有效，掌握比赛情况，控制比赛进程，处理比赛中发生的问题；主裁判 B 负责判定运动员每次试掷时铁饼落地是否有效，兼看铁饼的落点位置，指挥志愿者将铁饼安全运回内场。

（6）主裁判在工作中与技术人员、田赛裁判长密切配合，对其提出的合理建议及时改进，确保下一个单元的工作顺利进行。

（7）赛后审核比赛成绩、名次，并请田赛裁判长和技术人员签字。

（二）时限兼成绩显示屏操作员

（1）根据主裁判的示意，显示试掷运动员的号码、姓名、比赛轮次和成绩。

（2）负责计取运动员每次试掷的时限，准时开启计时器（或秒表），当试掷时限剩下 15 秒时举黄旗向主裁判示意。

（三）记录员

（1）协助检录处裁判员对铁饼运动员的检录。

（2）核实运动员的试掷顺序，协助主裁判监督成绩时限兼成绩显示屏操作员按比赛顺序显示赛前练习试掷的运动员试掷顺序。

（3）记录、复诵运动员的比赛试掷成绩并通知计算机终端操作员。

（4）前三次比赛结束后按规则对有效成绩在前 8 名的运动员进行倒排序，并通知参加后三次比赛的运动员名单及比赛顺序。

（5）比赛结束，排出运动员的最好成绩和名次，并与计算机操作员一起核实无误后在成绩记录表上签字。并负责交给主裁判、田赛裁判长、技术人员签字，把原始成绩记录表送至竞赛秘书处。

（四）检查记录员

赛中坐在记录员和计算机终端操作员中间，负责检查记录员和计算机终端操作员的记录和成绩录入是否有误，并对每名运动员的比赛成绩进行备份。

（五）计算机终端操作员

（1）赛前与全体裁判员对比赛场地的电脑和测距仪进行联网调试，熟悉有关软件的性能和使用方法。

（2）将赛前录入的运动员成绩记录与赛前确认后的检录表核对，打印4份。

（3）录入比赛运动员的试掷成绩及比赛情况符号、核对及传送工作。

（六）管理裁判员（A、B）

1. 管理裁判员 A

（1）与记录员协助检录处裁判员一起完成对铁饼运动员的检录任务；运动员进入比赛场地后，实施对运动员的管理，协助主裁判组织运动员按比赛顺序进行赛前练习；根据比赛顺序，提醒运动员做好试掷前的准备工作，监督运动员在比赛中是否有违反规则的行为。

（2）陪同临时请假运动员离开比赛场地，并将运动员带回继续比赛。护送完成比赛任务的运动员到赛后控制中心，并将录取获奖运动员的成绩名次表交给赛后控制中心主裁判。

（3）比赛开始前5分钟组织运动员站成一列横队面向主席台，由赛场主持人向在场观众介绍运动员的情况等。

2. 管理裁判员 B

（1）管理现场比赛器械铁饼，发放给试掷运动员，指挥服务员收回并送至内场，整理好放在器械架上。

（2）带领前三次比赛淘汰的运动员送至赛后控制中心，负责维持内场秩序，保证比赛的安全。

（七）内场测距仪操作员

（1）在赛前与铁饼组的全体裁判员一起对比赛场地测距仪和电脑进行联网调试，熟悉有关软件的性能和使用方法。

（2）每次比赛前应对测距仪和钢尺复核校对，误差为零，负责测量及判读运动员每次有效试掷后的成绩并唱报成绩。

（八）内场助理裁判员

（1）每次比赛应对测距仪与钢尺进行复核校对，误差为零。

（2）协助主裁判判定运动员动作是否符合规则规定，掌握比赛进程，协助成绩判定。

（3）维持比赛场地的秩序和安全，放置、撤离“STOP”暂停墩。

（九）落点裁判员

（1）每次比赛应对测距仪与钢尺进行复核校对，误差为零。

（2）判定铁饼是否完全落在角度线内沿以内及铁饼首次触地的位置。

（3）在分工负责各自落地区的基础上协助外场主裁判判定铁饼的落点，并协助外场测距仪操作员放置丈量反射标记。

（十）外场测距仪操作员

（1）放置丈量反射标记。

（2）指挥志愿者将铁饼送回内场。

（3）协助外场主裁判放置每名运动员的成绩参考标志牌。

（十一）志愿者

听从主裁判的指挥，做好为运动员服务的工作，在运送铁饼时应注意铁饼的飞行方向，保护自身的安全，负责将铁饼运回投掷器械架。

四、掷铁饼裁判的工作细则

（一）赛前工作

（1）主裁判带领全体裁判员学习竞赛规则的相关条款，了解各比赛单元的时间、参赛运动员的人数以及检录的时间和地点。

（2）实行岗位责任制，根据分工，每名裁判员制订自己岗位的工作细则。包括遇到突发事件的应急预案，落实确定本组与检录处、赛后控制中心、场地器材组、全能裁判组和竞赛秘书处之间的联系方式。

（3）检查场地、器材、设备。检查铁饼投掷圈、护笼、挡网、落地区角度线等是否符合规则要求，对检查过的符合标准的铁饼做好标记，对激光测距仪和终端机进行现场调试。

（4）根据统一安排，在主裁判的带领下，做好联调工作。确保本组裁判员之间的密切配合以及与其他裁判组（如场地组、检录组、赛后控制中心、全能裁判组、现场指挥等）之间的协调配合。联调后，对发现的问题及时解决，落实到位。

（5）检查第一单元比赛所需的用具和物品。

（6）准备遭遇到突发事件时所需的物品，如下雨天时所需的雨具等。

（二）赛中工作

（1）根据大会规定的时间、地点、路线，全组裁判员集体入场，入场后根据各自的分工，布置场地，做好比赛准备。

（2）根据检录时间，管理裁判员到检录处协助检录裁判员进行检录。

（3）按照规定的时间和路线将运动员带到比赛场地。

（4）运动员到达比赛场地后，主裁判向参赛运动员宣布注意事项和要求，组织运动员按比赛顺序进行练习试掷 1～2 次。

（5）赛前 5 分钟，运动员停止练习，介绍运动员。

（6）外场裁判员一路纵队由铁饼投掷区的左侧进入场地，到达指定区域时，外场裁判员走向各自的岗位。

（7）准时比赛，主裁判向外场示意比赛开始，电动显示牌显示试掷运动员的号码、姓名和轮次，撤离停赛标志，时限员开始计时。

（8）运动员进入投掷圈试掷后，内场主裁判和助理裁判员应认真观察运动员试掷动作的全过程是否有犯规现象，如：开始旋转时和铁饼出手时两脚有无触及投掷圈上沿的现象，离开投掷圈时是否在投掷圈外白线后面走出。如果试投成功，内场主裁判直臂上举白旗，失败举红旗（包括铁饼在外场落到角度线上或直接落到落地区外），然后在投掷圈前摆放停赛标志。

（9）当铁饼出手后落点裁判员迅速判断铁饼飞行的方位，找准落点，试掷成功，立正面向内场，铁饼试掷出界，直臂上举红旗然后指向出界的方向。

（10）试投成功，外场测量员迅速插好反光镜，内场测量员测定成绩后将成绩显示在成绩显示牌上，如试投失败，显示失败符号；旋转回位后，显示下一个运动员的号码，主裁判撤离停赛标志，进行后续的试掷。

（11）记录员记录运动员的每次试掷情况，并随时注意观察终端机和成绩显示牌上的成绩是否一致。运动员完成前三次试掷后，对比赛成绩最好的前 8 名运动员进行排序，后三次试投顺序与排名相反。

（12）管理裁判员在运动员完成第三轮试投后，将淘汰的运动员带到赛后控制中心。

（13）比赛中，主裁判及有关裁判员应注意观察运动员是否有违反规则的情况（如接受帮助、擅自离开比赛场地、有不道德的言行等），如有此类情况发生，应及时报告田赛裁判长予以警告或处罚。

（14）在比赛中运动员超纪录时，应及时通知田赛裁判长及技术人员，保留超纪录的现场，以便进行核查。

（15）在比赛中，如遇运动员请假或兼项请假，应按规则的规定办理。

（16）比赛中，如果某运动员对试掷失败的判罚做出口头抗议时，该项目的裁判长可以在其权限内下令测量并记录该次试掷的成绩，以便保留所有有关的权利。

（17）比赛结束后，记录员应对运动员的比赛成绩进行认真检查与排序，并与计算机终端操作员核对无误后，交主裁判、田赛裁判长、技术人员审核签名，签名确认后计算机终端操作员方可将决赛成绩提交。记录员将成绩单送交竞赛秘书处。

（18）管理裁判员在比赛结束后将所有运动员带到赛后控制中心。

（三）赛后工作

（1）整理比赛场地和器材后，裁判员整队退场。

（2）进行工作小结，准备下一比赛单元的工作。

五、掷铁饼裁判工作的重点与难点

（1）赛前应及早对赛场的电脑和测距仪进行调试，检查联网情况和有关软件的功能和可靠性，保证计算机终端、激光测距仪与本组内、外场裁判员在比赛中的协调配合，确保比赛的顺利进行。

（2）在进入旋转式的开始阶段，运动员的脚在摆动或旋转时易触及铁圈上沿。在投掷铁饼的出手阶段，运动员在换腿时也容易触及铁圈上沿，进行裁判工作时，裁判员应采取合适的位置和观察角度，仔细观察运动员两脚的动作，必要时也可以坐在小凳上从较低的角度进行观察，为便于判罚，应将比赛全过程进行摄像。

（3）在掷铁饼的比赛中，如果发生铁饼碰撞挡网后又落在落地区内的情况，由于现行田径竞赛规则中没有规定此种情况属于犯规，当出现此种情况时，如果没有犯规现象，运动员的成绩仍然有效。

（4）主裁判和有关裁判员应在比赛开始前向运动员讲解有关安全的注意事项，在比赛中维持比赛场地的良好秩序，外场主裁判还要反复加强落点裁判员、志愿者的安全意识。

六、所需器材和物品

（1）红旗：2 面。

（2）白旗：1 面。

（3）黄旗：1 面。

（4）记录旗：3 面。

（5）100 米钢尺：1 把。

（6）手套：8 副。

（7）扫把、拖把、抹布、水桶、棕垫、垃圾桶等：若干。

（8）钢钎：3 根。

（9）风标：1 个。

（10）记录桌：3～4 张。

（11）椅子：若干。

（12）席卡：若干。

（13）运动员休息用长凳：若干。

（14）太阳伞：若干。

（15）手提扩音器（备用）：1 个。

（16）记录用笔、纸、刀、尺、防雨罩：若干。

（17）符合规则的至少 2～3 个不同品牌的投掷比赛铁饼：若干。

（18）镁粉盒和镁粉：1 套。

（19）放置器械的架子：1 个。

（20）秒表（备用）：1 个。

（21）计时器：1 台。

（22）电动显示牌：1 台。

（23）激光测距仪：1 套。

（24）电脑、打印机：各 1 台。

（25）“STOP”标志墩：1 个。

第七节　链球裁判工作

一、任务

在田赛裁判长领导下，根据田径竞赛规则和竞赛规程的相关规定，按照比赛日程规定的时间，遵守严肃、认真、公正、准确的工作原则，准确无误地完成裁判工作，确保比赛的顺利进行。

二、人员设置与职责

（一）人员设置

（1）主裁判：2 人。

（2）内场助理裁判：1 人。

（3）记录员：1 人。

（4）落点裁判：2 人。

（5）测距仪反光镜放置裁判员：1 人。

（6）时限员：1 人。

（7）落点裁判员：2 人。

（8）测距仪操作员：1 人。

（9）器械管理裁判员：1 人。

（10）管理裁判员：2 人。

（11）志愿者：4 人。

（二）职责

1. 主裁判

（1）领导裁判组的工作，分配裁判员的岗位及任务，制定裁判工作细则。

（2）组织裁判员学习竞赛规则相关内容及竞赛规程、竞赛须知等文件。

（3）了解参赛运动员的人数、项目的单元安排、各单元的比赛时间、运动员的报名成绩、本项目的纪录等。

（4）带领裁判员检查比赛场地、器材和仪器设备等，领取裁判用具。

（5）赛前组织培训裁判员，统一裁判工作方法，提出工作要求。

（6）组织裁判员按比赛分工及裁判工作流程进行实习，熟悉裁判工作期间各环节的衔接与配合，提出预案和解决问题的方法。

（7）组织联调工作，协调与检录处、赛后控制中心、竞赛秘书组、场地器材组、现场指挥等裁判组的工作配合。

（8）听取技术官员、田赛裁判长的建议、意见，及时改进裁判工作方法。

（9）赛前、赛后校对激光测距仪。

（10）接收运动员并提出比赛的有关要求。

（11）判定运动员的试掷是否有效。

（12）掌握比赛进程，协调全组裁判工作，及时处理比赛中有争议的问题。运动员创纪录时请田赛裁判长、技术官员审核场地和成绩。

（13）审核前三轮成绩及重新排定的试掷顺序。

（14）比赛结束时审核运动员的成绩与名次，与计算机终端操作员校对确认录入的成绩与名次。

（15）组织本组裁判员的进退场。

2. 内场助理裁判员

（1）赛前、赛后协助校对激光测距仪。

（2）协助主裁判判定运动员试掷是否有效。

（3）维持比赛场地的秩序和安全。

3. 记录员

（1）登记每次试掷的成绩或犯规符号。

（2）告知计算机操作员下一试掷运动员的号码。

（3）比赛结束后，统计成绩并排定后继轮次运动员的试掷顺序，经主裁判确认后通知相关人员。

（4）比赛结束后排定运动员的成绩与名次，签字后交主裁判审核签字。然后请田赛裁判长、技术官员签字，并把记录表送交竞赛秘书组。

4. 计算机终端操作员

（1）运动员试掷前，显示将要试掷运动员的号码、轮次。

（2）运动员试掷完毕，录入并显示运动员的成绩或失败的符号。

（3）比赛结束后与记录员核对成绩，经主裁判、田赛裁判长、技术官员确认后送至竞赛秘书组。

5. 时限员

（1）计取运动员每次试掷的时限，准时开启计时器。

（2）当试掷时限剩下 15 秒时举黄旗示意，时限到时放下黄旗。

6. 落点裁判员

（1）判定准确的落点位置。

（2）放置运动员的最好成绩标志牌。

7. 测距仪反光镜放置员

（1）赛前、赛后协助校对激光测距仪。

（2）根据落点裁判员判定的准确落点位置，按要求插好反光镜。

8. 测距仪操作员

（1）赛前与赛后校对激光测距仪。

（2）操作测距仪，测定试掷成绩。

9. 器械管理员

（1）管理比赛器械，并发放给试掷运动员。

（2）回收运送到内场的器械，放置器械架上。

（3）维持内场秩序，保证比赛安全。

（4）登记运动员使用器械情况。

10. 管理裁判员

（1）运动员进入比赛场地后，对运动员进行管理，协助主裁判组织运动员进行赛前练习。

（2）比赛开始前配合现场指挥介绍运动员。

（3）管理裁判员根据比赛顺序，提醒运动员做好试掷前的准备工作，监督运动员在比赛中是否有违反规则的行为。

（4）陪同请假运动员离开比赛场地并将其带回。

（5）带领完成比赛任务的运动员到赛后控制中心。

（6）维持内场秩序，避免与其他比赛项目在场地上发生冲突，保证比赛的安全。

三、工作方法

（一）赛前

（1）主裁判带领全体裁判员学习竞赛规则、规程的相关条款，了解各项比赛的检录时间、开赛时间和参赛的人数。

（2）实行岗位责任制，根据分工，每名裁判员制定各自岗位工作细则，包括突发事件的应急预案。落实确定本组与检录处、赛后控制中心、场地器材组、全能裁判组、竞赛秘书组和现场指挥的工作配合方法。

（3）检查场地、器材、设备。检查投掷圈、护笼、挡网、落地区角度线等是否符合规则要求，对检查后符合标准的器械做好标记，对激光测距仪和计算机终端机进行现场调试。

（4）根据统一安排，在主裁判的带领下，做好联调工作。熟练本组裁判员之间的配合和对各项仪器的操作，以及与其他相关裁判组之间的协调配合。

（5）检查比赛所需的用具和物品。

（二）赛中

（1）根据大会规定的时间、地点、路线全组裁判员集体整队入场，入场后根据各自分工检查场地、器材，激光测距、计算机终端进行赛前校对等准备工作。

（2）管理裁判员接收检录处或全能裁判员交来的参赛运动员，向主裁判报告最终到赛人数，由主裁判向运动员宣布比赛注意事项。

（3）主裁判与记录员、管理裁判员共同组织运动员安比赛顺序进行练习试掷 2 次。

（4）开赛前 5 分钟运动员停止练习，管理裁判员组织运动员面向主席台站立，大会宣告员介绍运动员。

（5）外场裁判员一路纵队由投掷区左侧进入场地，到达各自制定的岗位。

（6）准时开始比赛，主裁判向外场示意比赛开始，电动显示牌显示试掷运动员的号码、姓名和轮次，撤离停赛标志，时限员开始计时。

（7）运动员进入投掷圈后，内场主裁判和助理裁判员认真观察运动员试掷动作的全过程是否有犯规现象（如两脚在移动有无触及投掷圈上沿的现象；离开投掷圈时是否在投掷圈外白线后面走出等）。如果试掷成功，内场主裁判直臂上举白旗，失败则举红旗。主裁判在投掷圈内摆放停赛标志。

（8）当器械出手后落点裁判员迅速判定器械飞行的方位，找准落点，如试掷成功，立正面向场内，如试掷出界，外场主裁判直臂上举然后指向出界的方向。

（9）试掷成功时，外场测量员迅速插好反光镜，内场测量员测定成绩后通知记录员，同时显示屏操作员将成绩显示在成绩显示屏上，如试掷失败，则记录和显示失败符号。待显示屏旋转回位后，显示下一名运动员的号码。主裁判撤离停赛标志，继续进行后续比赛。

（10）运动员完成前三次试掷后，对比赛成绩最好的前八名运动员进行排序，试掷顺序与排名相反。

（11）管理裁判员在运动员完成第三轮试掷后，将没有后继比赛任务的运动员带到赛后控制中心。

（12）主裁判及有关裁判员应注意观察运动员是否有违反规则的情况（如

接受帮助，擅自离开比赛场地，有不道德的言行等）。如有此类情况发生，应及时报告田赛裁判长予以警告或处罚。

（13）运动员超纪录时，应及时通知田赛裁判长及技术官员，保留超记录的现场，以便进行核查。

（14）如遇运动员请假或兼项请假，则按规则的规定执行。

（15）比赛中，如果某运动员对试掷失败的判罚做出口头抗议时，该项目的裁判长可以在其权限内下令测量并记录该次试掷的成绩，以便保留所有有关的权利。

（16）比赛结束后，统计排定运动员的成绩与名次，并与计算机终端操作员核对无误后签字，经主裁判、田赛裁判长、技术官员审核签字后，计算机终端操作员方可提交成绩，记录员将成绩单送交竞赛秘书组。

（17）管理裁判员在比赛结束后将所有运动员带到赛后控制中心并同时送交决赛项目成绩表。

（三）赛后

（1）整理比赛场地和器材后，裁判员整队退场。

（2）进行工作小结，准备下一比赛单元的工作。

（3）大会结束后，主裁判组织裁判员进行总结，清理归还所借物品。

四、重点与难点

（1）赛前计算机终端和激光测距仪的调试工作，各项仪器的联网运转情况，各项仪器的熟练操作训练等。

（3）内场主裁判与助理裁判员应选择合适的位置与角度，仔细观察运动员两脚的动作。

（3）运动员完场试掷退出投掷圈外时，首先触及的铁圈上沿或圈外地面必须完全在圈外白线的后面。

（4）比赛中链球挂在挡网后，要及时安全的摘下链球。

（5）在比赛中，当裁判员判定某运动员的试掷失败时，如果该运动员立即提出口头抗议，主裁判可下令测量并保留该次试掷的成绩，然后报告田赛裁判长处理。如有可能，应对比赛的全程进行摄像，以便提供判罚的依据。

（6）比赛时，外场落点裁判员应根据运动员的水平和每次出手后链球的飞

行方向，计时移动自己的位置，做到球落人到。

（7）主裁判应在比赛开始前向运动员讲解有关安全的注意事项。在比赛中维持比赛场地的良好秩序。内场裁判员还要加强服务员的安全意识

五、工作位置及场地布置示意图

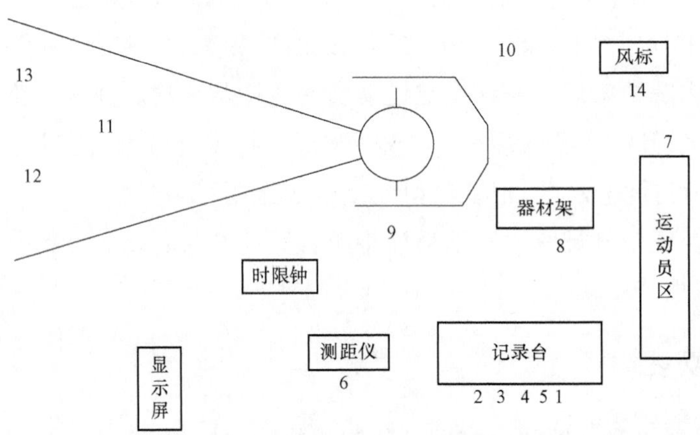

图 4-10　工作及场地布置

1—田赛裁判长；2—技术官员；3—计算机终端操作员；4—记录员；5—时限员；6—测距仪操作员；7—管理裁判员；8—器材管理员；9—内场主裁判；10—内场助理裁判员；11—主裁判；12—落点裁判员；13—测距仪反光镜放置员；14—风标

六、所需物品

（1）裁判桌。

（2）椅子。

（3）运动员休息椅子。

（4）风标。

（5）清洁工具（扫帚、拖把、抹布、水桶、手套、棕垫）。

（6）链球。

（7）投掷器材架。

（8）镁粉盒及镁粉。

（9）停赛标志物。

（10）记录标志旗。

（11）计算机终端机。

（12）激光测距仪。

（13）电子显示屏。

（14）时限显示屏。

（15）红、白、黄旗。

（16）钢尺、钢钎。

（17）秒表。

（18）运动员成绩标志牌及书写。

（19）垃圾桶。

（20）遥控运送器材车。

（21）对讲机。

七、工作流程

掷链球裁判工作的流程可参照铅球工作流程。

八、应急预案

表 4-3　应急预案

序号	场景描述	发生时间	解决办法	预防措施	执行人
1	比赛中运动员受伤	运动员进场后至离开比赛场地	比赛中运动员受伤时，裁判员应根据现场情况及时予以处理。当受伤运动员意识清醒时，主裁判应征求受伤运动员意见，再进行处理。可及时用对讲机或派一名裁判员联系大会医生进场处理。同时要保护现场并维持现场秩序 如果受伤运动员处于昏迷或不能自理时，由主裁判决定处理办法。如需要离开比赛场地救治，管理裁判员应将该运动员的证件和有关物品送交赛后控制中心，其他裁判员要坚守工作岗位，保证比赛顺利进行	比赛前主裁判带领全体裁判组了解距比赛场地最近的医疗站的所在位置，并与医疗站负责人确定发生运动员受伤时的联系方法。应根据运动员受伤的严重程度，将运动员扶到预先选好的不影响比赛的位置，及时安抚运动员并马上通知医生到场 受伤运动员离开场地后，主裁判应及时与田赛裁判长和技术官员沟通，并使比赛马上回复进行。赛前认真检查场地、器材设备	主裁判 管理裁判员 医务人员

续表

序号	场景描述	发生时间	解决办法	预防措施	执行人
2	赛中天气突变	比赛进行中	如比赛过程中遇到突然的恶劣天气（大风或大雨），裁判组要首先在确保安全的前提下进行比赛。并及时请示田赛裁判长或技术官员是否继续进行比赛，如同意可暂停比赛，待风或雨小时再继续比赛。暂停比赛时要对运动员做好组织和安抚工作 特别是雨天比赛，首先要保证器材擦干后再让运动员使用，更应保证所有运动员公平。并确保运动员比赛的安全 雨后继续比赛应提醒所有人员注意安全，保护好设备及原始记录单，并及时发放和穿戴雨具，保证比赛有序、安全进行 雨天或风天比赛，裁判员更要认真、仔细地观察运动员旋转时的动作和准确判断器材的落点	赛前应充分准备好雨天吸水的海绵和抹布 应充分考虑大雨或大风情况下比赛时如何判断器械落地点的方法 事先应准备好裁判员使用的雨衣、雨鞋和遮挡记录台、计算机、激光测距仪的雨具	田赛裁判长 主裁判 场地器材组 全体裁判员
3	赛中运动员对判罚有疑义，向裁判提出抗议	比赛进行中	当一名运动员的一次投掷被判为犯规，且该运动员对判罚提出口头抗议时，主裁判应立即向田赛裁判长汇报。由田赛裁判长决定处理方案。如果运动员就此提出书面上述，为保证比赛正常进行，可让运动员在抗议下进行比赛，若该运动员有效成绩进入前八名，则录取前九名参加决赛，直到仲裁结果到达为止	比赛前裁判组应反复研究判罚尺度，确保判罚符合规程，裁判员的判罚应做到，准确、公正、果断。对特别容易犯规的运动员，在练习时应有所了解及时与裁判长和技术官员沟通，得到他们的支持与帮助	全体裁判员 田赛裁判长 技术官员 仲裁官员
4	对讲机发生频道拥堵	比赛开始前介绍运动员时赛中意外事件发生时	其一，当比赛前介绍运动员时出现对讲机发生频道拥堵时，主裁判可派一名裁判员或志愿者与现场指挥亲自联系，以不耽误比赛进程 其二，田赛裁判长应不间断与现场指挥保持联系，以便插空联系。 其三，快速找人修理或置换	赛前应协商好备用频道以便应急，事先裁判组应让有关裁判员了解现场指挥的具体位置，可事先与现场指挥确定几个简单的手势或动作（例如旗语等），以确保不耽误比赛进程	田赛裁判长 主裁判

续表

序号	场景描述	发生时间	解决办法	预防措施	执行人
5	仪器出现故障	比赛中电源断电 比赛中仪器本身出现故障	及时判断原因，排除故障，如遇总体停电，根据田赛裁判长的决定，是否采用人工裁判 当显示屏上没有显示成绩时，表明数据还未传入电脑，测量还未完成，此时不能拔走反光镜，通常应将反光镜一直留下至下一次试掷开始，当显示屏上显示成绩时，外场裁判员应核对比赛成绩，如有误差，应立即通知内场裁判员 取得技术保障人员帮助，及时修复，如不能及时修复，则根据田赛裁判长决定是否采用人工的方法使比赛继续	赛前合理放置电源线，并做好防护措施（最好使用保护盒）。雨天注意防水 赛前检查器材，了解器材容易产生的故障、产生原因和解决方法。确保比赛期间技术和保障人员的在场和联络畅通 建议最好准备一套备用的电子设备。 如果在停电状态下，希望继续比赛，建议大家准备一套人工裁判工具，如：用电池的风速仪，电子秒表等 加强运动员、裁判员、志愿者协作、发扬团队精神，加强应变能力，要求工作认真、专注	田赛裁判长 主裁判 相关裁判员 技术保障人员
6	观众冲入比赛场地或出现骚动	比赛中	1. 及时通知大会现场指挥 2. 组织裁判员进行阻挡和疏导 3. 尽可能保证比赛顺利进行	比赛中裁判员以规则为依据，做到公平、公正、准确的执法 了解大会保安的联络方法和工作位置	全体裁判员 管理裁判员
7	比赛场地出现横幅或标语等	比赛中	1. 根据奥林匹克宪章 51 条警告并没收 2. 不服从警告和劝阻取消比赛资格并通知保安人员强行离开	1. 时时认真检查 2. 及早发现并果断处理	全体裁判员 管理裁判员

第八节　田赛电子裁判工作

一、任务

在田赛裁判长领导下进行工作，确保田赛各比赛项目的比赛成绩符合田径规则的要求，快速、准确地测量田赛远度项目成绩，显示成绩并传入电脑终端。

二、人员设置与职责

（一）人员设置

（1）测距员（4 人）（其中一人为组长）。

（2）电脑操作员（4 人）。

（二）职责

1. 组长职责

（1）全面负责领导裁判组工作。

（2）负责分配每个裁判员的岗位和任务。

（3）领导全组学习工作方法和操作技能。

（4）检查仪器设备，领取裁判用具。

（5）与其他田赛裁判组协调工作。

2. 测量员职责

（1）领取测量用仪器设备。

（2）将仪器调至水平并进行仪器的设置。

（3）校验仪器性能。

（4）准确地测量成绩 2～3 次。

3. 电脑操作员职责

（1）检查电脑中比赛的运动项目及运动员名单。

（2）大屏幕显示成绩。

（3）将成绩输入电脑终端。

三、工作方法

（一）赛前

（1）全组裁判员认真学习《田径竞赛规则》和竞赛规程、竞赛须知等其他补充文件的有关内容，统一对有关条款精神的理解，了解每单元比赛项目和比赛时间。

（2）明确裁判员的分工与职责，详细研究裁判方法，并制订裁判工作细则。

（3）根据大会统一规定，与场地器材组配合，按规则要求检查场地和器材设施，发现问题要及时向田赛裁判长和有关部门反映，争取尽早解决。

（4）进行裁判现场实习，通过实习，各岗位裁判员要进一步明确工作任务、工作位置、操作方法与步骤以及相互配合的要求，熟悉器材性能和使用方法。

（二）赛中

1. 调试仪器

（1）赛前 60 分钟运送器材到比赛场地，接通电源，并进行仪器调试。

（2）三脚架调水平，将三脚架反复调至水平即可。

（3）仪器调水平，将主机底座转脚按顺时针拉、反时针推的原则，将长水泡调至中间，转 90°，再调节，反复调节至各方向长水泡都在中间为止。

（4）架好测距仪，调整其水平，进行模式设置。

（5）打开电脑，调出比赛项目及运动员名单，打开成绩显示屏。

（6）丈量基准点，发送数据到电脑。

（7）找 3～4 个目标点进行测量，用钢尺进行校对，并记录保存数据以备检查。

2. 与各裁判组密切配合

（1）当主裁判举旗示意运动员成绩有效时，外场落点裁判员将激光反射片插入落地最近点，激光测距员迅速进行测量。

（2）粗瞄。用粗瞄器对准器械落地点后，将水平和垂直旋扭拧紧。

（3）精瞄并测距。通过目镜，调节微调，将目镜内“十字”丝与反射片“十字”丝重合，按 F1 瞄准。在通过目镜微调激光点至反射片“十字”丝中心，按 F1 测量。

（4）传数据。按 F2 将所测数据传入电脑。

（5）测距员测距完成，举手向外场插落点的裁判员示意。

（6）当比赛中出现运动员免跳掷、弃权时，电脑操作人员应与记录员核对运动员的名单，以免造成成绩显示屏信息显示错误。

（7）有运动员成绩超纪录时应及时向主裁判汇报，等待裁判长、技术人员审核。

（8）显示成绩时，转动成绩显示屏。

（三）赛后

（1）关闭测距仪、电脑电源，整理好器械，与裁判组一起退场。

（2）对测距仪电池及时进行充电，器材放到固定地方。

（3）进行小结。

四、重点与难点

（1）与各裁判组协调配合，以最快速度完成测距工作。

（2）快速精确地测量有效成绩。

（3）仪器的保养与维护。

（4）仪器的设置与使用。

五、所需器材和物品

（1）测距仪（3 台）（每台配 2 块电池、备用机载电池 1 个、充电器 1 个、通信电缆 1 根）。

（2）脚架（3 副）。

（3）长插钎（反光片）（2 根）。

（4）短插钎（反光片）（4 根）。

（5）电脑（3 台）。

（6）成绩显示屏（5 块）（每块配有遥控器 1 个，连线 1 根）。

（7）远点基准点丈量尺（2 根）（每根贴有 2 块反光片）。

（8）100 米钢尺（2 个），50 米钢尺（2 个）。

（9）电源插座（接线板）（若干）。

第五章
竞赛秘书与编排工作

第一节 竞赛秘书工作

一、任务

接受审核各代表队报名信息，提供总秩序册的相关内容，准备技术会议相关文件，参加技术会议，收取运动员参赛资格确认表，按照田径竞赛规则和规程要求，进行竞赛分组，编排竞赛日程表，并请技术代表或其指定的代理人抽签，编制秩序分册。接受各项竞赛项目的成绩信息，编制后继赛次信息，制作每日秩序册及成绩册，统计比赛的相关信息。向相关裁判组发布竞赛的有关信息，制作各裁判组使用的相关表格，制作总成绩册。

二、人员设置与职责

（一）人员设置

（1）主裁判 2 人。

（2）裁判员 2 人。

每日秩序册、每日成绩册和总成绩册编辑裁判员 1 人；

竞赛信息分发和档案管理裁判员 1 人。

（3）志愿者 4 人。

（二）工作职责

1. 主裁判

第一主裁判：负责全组的工作安排、人员调配、制定工作流程、审核竞赛日程编排、接受技术代表指令、参加技术会议、审核计算机系统功能、协调有关裁判组工作、向运动队解答规程有关问题、接待记者等。

第二主裁判：协助第一主裁判安排全组的工作、检查比赛期间的各编排裁判员的工作、协助技术代表进行分组分道抽签、审核成绩公告、审核秩序册与成绩册清样、监督计算机系统工作情况、处理突发事件等。

2. 裁判员

（1）每日秩序册、成绩信息和总成绩册编辑裁判员

主要负责每日秩序册、每日成绩册和总成绩册的编辑工作。在每项比赛成绩信息（RESULT）生成的第一时间里，从成绩信息处理中心的端口，提取技术代表确认的每项目各赛次每组的成绩信息（RESULT）的原始数据，并对提取的原始数据进行文档编辑，在每天比赛结束后，将编辑好的每日成绩信息和总成绩册信息分别汇总成电子文档。

（2）竞赛信息分发和档案管理裁判员

主要负责文档的打印、复印和分发竞赛信息的接收及存档工作。在赛前印制分发各裁判组比赛工作用表和有关比赛文档；比赛进行中及时至信息分发（PRD）或成绩信息中心（TIC）提取各项竞赛信息，接收成绩信息处理中心或成绩经理（RM）提供的比赛技术用表（SCORE SHEET），并按各裁判组要求复印，分发给各裁判组以供比赛所需；每项比赛结束后，留存所有比赛信息（原始记录、判罚记录等）和文档。

三、工作方法

（一）赛前

（1）学习竞赛规则和规程。

认真学习竞赛规则和规程的相关条款。重点了解每单元比赛时间、预计人数、组别、项目、赛次、录取办法等有关情况。

（2）检测计算机编排系统的功能和性能，调试网络终端。

按运动会竞赛规程的要求全面详细的调试检测编排系统的各项功能和性能，熟悉了解网络系统工作情况，调试各网络终端。

（3）检查计算机系统的数据。

比赛的前一天，必须与计算机组人员一同，逐项审核第二天比赛的所有数据。如发现错误或遗漏，必须在比赛的前一天完成修改和补充。

（4）与技术代表一起调整确定竞赛日程表，编制发放秩序分册。

（5）打印径赛检录表和田赛成绩记录表。

每单元的分组、分道、排序工作完成后，应立即打印径赛检录表和田径成绩记录表，如计算机联网后可不提供，由各裁判组在检录处计算机终端提取所需文件。

（6）编制比赛所需的其他表格、文件。

为其他各裁判组提供需要的自用表格、文件等。

（7）制作本裁判组工作用表。

印制比赛成绩接受统计表，成绩公告发送统计表，竞赛文档手边记录存查表，接力棒次表接收统计表，运动员成绩证明发放统计表等。

（8）督促计算机人员做好数据备份。

编排好的比赛数据应至少有 2 个备份，竞赛秘书组应保留一份完整的数据备份。

（9）裁判实习。

准备实习用径赛、田赛检录单，提供各裁判组所需比赛用表，与各裁判组保持密切联系，按总体要求完成联调。

（10）制定应急预案。

对比赛中可能出现的问题，要有应急的预案，以便能及时解决问题，使得比赛更加顺畅。对比赛中各单位提出的有关疑问，应有专人在技术代表的参与下进行符合竞赛规则和规程的解释说明。

（11）工作细则调整与完善。

根据实习中出现的情况，结合竞赛秘书的工作，不断调整、完善裁判组工作细则，以使正式比赛工作更加有序、高效、流畅。

（二）赛中

比赛开始后，竞赛秘书组的几项工作同时开始，因此必须分工明确，各司其职，坚守岗位，善始善终。

1. 接收、审核各项比赛成绩

径赛电动计时成绩，经径赛裁判长确认，该组的成绩立即生效，可以发布成绩公告。田赛成绩由该项裁判组在现场完成成绩审核，由田赛裁判长签字后生效，即可公布。裁判员从计算机提取成绩后，必须对成绩进行审核后再发布成绩公告，避免出现漏洞。全能项目成绩到达后，除了审核成绩外，还要与全能裁判组一起核对单项得分和累计得分。

成绩审核的重点分为以下几个方面：

（1）成绩的记录是否有误。

（2）是否有破纪录的成绩。如果发现有破纪录成绩，则立即通知主裁判和记录统计员、团体总分统计员。

（3）没有完成比赛运动员的判罚标志是否齐全。在成绩记录表中，每一个运动员都应该有记录，不能留下空白。

（4）名次排列是否正确，特别是高度项目中，成绩相等的名次排列是否符合规则要求。

（5）短距离项目和田赛远度项目是否填写了风速。远度项目的每一次试跳均应记录风速。

（6）成绩记录员、该项主裁判、分管裁判长和技术官员的签字是否齐全等。

2. 发布成绩公告

成绩审查校对后，立即发布该项比赛成绩公告。有后继比赛的项目，除了每组的成绩外，还应发布该项目的综合成绩公告，综合成绩应按运动员在该项目中的比赛成绩排列，并填写录取的标志，如果有破纪录的成绩还需另发布新纪录公告。

3. 录取后继赛次、分组分道、排序

在某一项目的各组成绩全部到达之后，由指定裁判员按照竞赛规则和规程规定录取后继赛次的运动员，协助技术代表或其指定人员进行分组、分道、排序的抽签工作。然后打印、公布后继赛次的参赛名单和后继赛次的径赛检录表、

田赛记录表。如系本单位和当天进行的后继赛次，要尽可能快地将检录表送到有关裁判组。

4. 编排次日竞赛日程和竞赛分组

每天安排专人接收次日比赛的确认表，统计各项人数，调整赛次，编排次日的竞赛日程，协助技术代表或其指定人进行分组、分道、排序的抽签工作，编制次日的所有项目竞赛分组表。

5. 接收接力项目的棒次表

指定专人在规定时间内收取接力项目的棒次表，并迅速将运动员的情况录入到接力检录表中，打印并分发到各有关裁判组。接力队的队员和各棒顺序，须在每一次第一组的第一次检录前至少 1 小时正式申报，如再次变动，必须经由组委会任命的一名医务官员进行检验，但也只能在该接力队所在组的最后一次检录之前提出。如果违反此次规定，将取消该队比赛资格。

6. 汇编次日秩序册和当日成绩册

按照以下顺序汇编次日秩序册和当日成绩册：次日竞赛日程表、次日竞赛分组表、当日团体总分、奖牌统计、当日成绩的排列顺序，应该按照比赛时间的先后顺序，以方便查询。次日的秩序册，必须在规定时间前送到各队手中，以便各队安排次日的比赛。

7. 统计团体总分和奖牌数

每项决赛成绩公布后，团体总分成绩统计员进行总分和奖牌数的累加统计。统计结果应与计算机系统统计的数据定期进行相互核对，及时纠正误差。

8. 总成绩册汇总

由于成绩册的内容较多，应该及早准备，在比赛期间将陆续汇编有关内容。

9. 出示比赛成绩证明

当运动员要求大会提供比赛成绩证明时，竞赛秘书组应由专人查阅成绩公告后，填写正式的比赛成绩证明表，并待赛事主管和主裁判签字后，加盖大会公章再发给运动员。

（三）赛后

（1）汇编、审核总成绩册并打印清样交技术代表确认。

（2）整理、分装、上交所有比赛期间的原始成绩记录档案。

（3）进行工作小结，清点、归还所借物品。

四、工作的重点和难点

（一）工作重点

（1）竞赛编排必须熟练的掌握竞赛规则中有关原则和运用方法，严格遵守规则条款确认参赛运动员人数，在技术代表或其他人参与下按规定安排赛次，编排日程和时间流程及运动员分组、分道、排序，包括后继赛次的录取办法和原则，具体的时间安排，等等，并尽快形成文件下发各队，以便运动员能了解比赛日程和自己参赛项目的情况及所在组、道、顺序及比赛具体时间。

（2）成绩公告必须在掌握竞赛规则精神、条款的前提下，还必须了解熟悉该次田径比赛规程中有关录取、记分、奖励等具体原则和办法，严格按竞赛规则和规程中有关要求，将每项、每组运动员的比赛成绩信息进行统计，按规定已取得名次和有资格进入下一赛次的运动员名单、分组、分道顺序及比赛时间及时公告，通知到所有有关的运动员、裁判员、官员、以及宣告、兴奋剂检测、新闻中心、颁奖组等有关部门，整个比赛结束应认真准确统计各项成绩、奖牌、超创纪录。运动健将、团体总分等，汇总编制总成绩册，并及时报组委会，以备闭幕式宣布成绩，并尽快将总成绩册印制下发。

（二）工作难点

1. 时间性

田径比赛对时间要求很高，必须快速及时。如确认后应尽快编制分秩序册，以便各队尽快拿到，否则将影响比赛。各项各组比赛结束后应尽快统计公布成绩，录取编制下一赛次的运动员的分组、分道及比赛顺序，并尽快宣告。整个比赛结束后要尽快汇总统计成绩，以利及时宣布团体总分。

2. 准确性

要求各项工作必须按竞赛规则要求准确地统计有关比赛信息，不能有丝毫差错，否则将影响整个比赛。

3. 仔细性

田径比赛工作繁杂、环节多多、信息量大，稍有不慎就会出错，故仔细性亦是首要注意之点，也是比赛安排工作的重点之一。

五、比赛中易出现问题及预案

（一）秩序册有误的应急预案

查验原始报名表，核实后立即纠正，勘误并书面通知有关裁判组。

（二）对成绩判定有疑义的应急预案

与该项目主裁判联系，了解情况，查明原因，落实正误。

（三）成绩录入有误的应急预案

查验原始成绩表，核实后立即纠正并勘误。

（四）沟通渠道不畅的应急预案

及时与有关裁判组联系，确定沟通渠道与联系方式。

（五）统计成绩有误的应急预案

核实每单元成绩与分值，立即纠正，重新统计与公布。

六、所需物品

（1）裁判桌、椅：6 桌 18 椅。
（2）台式和笔记本电脑：6 台、2 本。
（3）UPS 电源：1 个。
（4）激光打印机：8 台。
（5）无线路由器（8 口）：2 个。
（6）网线（5～10 米、根）：10 根。
（7）电源接线板（三相插座 4 口以上）：10 个。
（8）复印机：1 台。
（9）移动硬盘：2 个。
（10）对讲机：2 个。

（11）切纸机：2个。

（12）订书机、订书钉：4个。

（13）铁夹：50个。

（14）美工刀：4个。

（15）双色圆珠笔、签字笔、荧光笔：若干。

（16）档案袋、档案盒：若干。

（17）直尺（30厘米）：2个。

（18）曲别针：6盒。

（19）胶水、双面胶：若干。

（20）电话（须有长途功能）：1部。

第二节　田径比赛编排与记录

一、田径竞赛规则中对竞赛秘书的阐述

竞赛秘书应收集每个项目的全部成绩和详细资料，并立即转交宣告员，有关裁判长、主计时员或终点摄像主裁判和风速测量员应向竞赛秘书提供有关成绩的详细资料，竞赛秘书还应记录比赛的成绩，将成绩记录单递交竞赛主任。

当使用计算机管理系统时，在每个田赛项目比赛场地的计算机录入员应确保将该项目的全部成绩录入计算机系统，录入径赛成绩应在终点摄像主裁判的指挥下进行，宣告员和竞赛主任将能够通过计算机系统查询比赛成绩。

组委会应当为比赛设立一个技术信息中心，建议在其他超过1天的比赛中也设立技术信息中心。技术信息中心的主要功能是确保在每个代表队、组织者、技术代表和竞赛管理部门之间，有关技术和其他涉及比赛信息的顺畅交流。

二、国内田径比赛的分类

田径规则将国内比赛分为六个类别。

（1）全国运动会、全国城市运动会中的田径比赛和中国田径协会主办的国内、国际田径比赛。

（2）全国工人运动会、农民运动会、少数民族运动会、全军运动会、全国

大学生运动会、全国中学生运动会、全国体育院校运动会的田径比赛。

（3）中国田径协会特许或审批的田径比赛。

（4）各省、自治区、直辖市、计划单列城市、各行业体协、直属和共建体育院校举办的田径比赛以及上述各单位举办的田径邀请赛。

（5）地、市级田径比赛。

（6）县（市）级以下的田径比赛。

三、田径运动会的编排、记录和公告工作

竞赛秘书组就好似作战的参谋部，它联结比赛中的各个环节（场地、外场的各裁判组），竞赛的场地器材是依据竞赛日程来布置的，所有的比赛都是依据竞赛秘书组编排的比赛日程来进行的，所有的田赛和径赛的检录表、成绩记录表和卡片都通过竞赛秘书组发出，最后又收回到竞赛秘书组进行详细的记录、整理和公布。另外，对比赛中出现的问题和疑问，了解情况的，或提出疑问的大多数都来竞赛秘书组。因此，竞赛秘书组在保证比赛顺利进行中起着重要的作用。

（一）任务

（1）根据运动会的竞赛规程，编排竞赛日程。

（2）收集有关比赛的信息。如各项纪录、运动员技术等级标准等。

（3）接受报名，审核和整理各参赛队的运动员、工作人员情况统计表，汇编秩序册。

（4）根据最后确认的运动员参赛名单，进行各项目第一个赛次的分组、抽签排定组次、道次或顺序的工作，编制每日秩序册，及时分发到各竞赛部门、人员、裁判组和参赛单位。

（5）准备各种竞赛表格和各比赛单元的检录单、成绩记录单等及时分发到相关的裁判组和检录处，做好各项赛前准备工作。

（6）临场处理各项比赛成绩，完成后继赛次的录取、分组、抽签排定道次或顺序的工作。

（7）发布成绩公告，汇编分场或每日成绩册；全部比赛结束后，汇编总成绩册。

（8）完成创纪录，各队金、银、铜牌，达健将人数和团体总分的统计。

（二）岗位与职责

1. 岗位

国内的大型田径赛竞赛秘书组裁判员的岗位一般设有：竞赛秘书组主裁判，日程编排协调员，秩序册、成绩册汇编员，成绩公告员，纪录、奖牌、达健将人数和团体总分统计员，计算机系统负责人，计算机操作员。

（注：洲际以上的比赛，竞赛秘书的岗位职责不同）

2. 职责

（1）主裁判

一人负责组内的全面工作，和与各有关裁判组紧密联系，做好协调工作；一人负责秩序册、成绩公告、成绩册和计算机系统协调等工作。

（2）日程编排协调员

在编排参赛表工作中，与计算机系统负责人和技术代表协调，确定各项目、各赛次分组、分道或排序名单的参赛表；编排每日的竞赛日程，协调汇编每日秩序册的工作。

（3）秩序册、成绩册汇编员

负责汇编每日秩序册（从第二天起增加前一天的全部比赛成绩）和成绩册。

（4）成绩公告员

负责核对比赛成绩和进行成绩公告，并与日程编排协调员共同处理后继赛次的录取、分组等工作，协助汇编秩序册的工作。

（5）纪录、奖牌、达健将人数、总分统计员

负责核对各项成绩与名次，统计创纪录、金、银、铜牌和各项目达健将人数，统计团体总分等的工作。

（6）计算机系统负责人

负责对参与田径比赛的赛前编排，赛中成绩处理和编排赛后成绩公告的计算机系统的编程、运行、操作、管理工作，保证该系统的正常工作。应对竞赛秘书组主裁判负责。

该系统还应负责输出总秩序册、每日秩序册、成绩快报的清样，并保证在竞赛规定的时限内完成上述工作。

（三）竞赛日程的编排

一切竞赛的工作程序是依据竞赛日程来确定的。竞赛日程编排是否合理，直接影响着整个比赛的进程和运动员技术水平的发挥，因此，必须认真细致地做好这项工作。

第一，编排比赛日程时，要对各项目比赛所需的时间进行估算。估算比赛时间的依据是：

（1）运动会的性质和规模。

（2）裁判员的组织能力和业务水平。如：检录、起点和终点各裁判组和裁判员之间的配合，长距离跑、接力跑的组织工作，以及田赛裁判员之间的配合等。

（3）场地器材条件和场地工作人员业务熟练的程度。如同时比赛能够开设哪些田赛项目，栏架的布置和撤除所需的时间等。

（4）运动员的水平。

（5）田赛项目每次试跳、试掷规则所允许的时间。

第二，竞赛日程的编排原则如下：

（1）在任一赛次的最后一组和后继赛次或决赛的第一组之间，必须留出最短的间隔时间：200 米及以下各项目为 45 分钟；200 米以上至 1 000 米各项目为 90 分钟：1 000 米以上各项目不在同一天进行。

全能比赛在上一项比赛结束之后至下一项比赛开始之前至少应有 30 分钟的休息时间。在第一天的最后一项结束和第二天第一项开始之间至少应有 10 小时休息时间。

（2）按兼项的一般规律，尽量把相关的项目分开编排，以减少兼项冲突。如 100 米和 200 米、200 米和 400 米、400 米和 800 米、800 米和 1 500 米、5 000 米和 10 000 米、100 米和跳远、跳远和三级跳远等。

性质相近的项目要注意先后顺序，一般先 100 米后 200 米，先 5 000 米后 10 000 米，先跳远后三级跳远等。

（3）在时间允许的情况下，尽量照顾到兼项之间的时间间隔。

（4）及格赛后间隔一天再进行决赛。

（5）不同组别的同一径赛项目，最好衔接进行，如男子 100 米和女子 100

米等，200 米及以下（包括直道栏）的短距离径赛项目如果赛次少，最好在一天进行。

（6）跨栏跑的项目一般安排在各比赛单元的第一项或安排在长距离跑或竞走的后面进行（这主要考虑栏架的摆放和调整花的时间较多）。

（7）决赛项目，应分散安排在各比赛单元，使运动场始终保持热烈活跃的气氛。大型比赛时还需留出发奖时间。

（8）同一时间不要排两个田赛长投项目。

（9）在进行竞走和长跑项目时，最好不安排跳高和标枪等助跑道延伸至跑道上的项目，以免相互造成影响。

（10）撑杆跳高的比赛要考虑阳光的照射方向。由于比赛时间较长，最好安排在上午早些时候进行。

（11）接力比赛项目尽量安排在比赛单元的最后进行，以保证兼项运动员能够参赛。

（12）在可能的情况下，把较精彩的决赛项目排在开、闭幕式或节假日里，以满足观众的热情。

（13）3 000 米以上的长距离比赛项目安排时要考虑季节气候，尽量避开高温时段，最好安排在上午早些时候或下午晚些时候进行。

（14）田赛项目应防止场地的一端过分集中，而另一端空场冷落观众。

（15）幕式的场次，项目宜短小精悍或丰富多彩；最后可以考虑安排一项长距离跑的项目，以便进行成绩统计，保证闭幕式的宣布团体总分、名次和进行颁奖。

（16）每个单元的比赛，尽量安排得使径赛和田赛同时结束。

第三，竞赛日程的编排方法如下：

竞赛日程的编排有多种方法，常见的有表格编排法和项目卡片排列法。

大型田径赛随同竞赛规程下发的赛程，多以表格编排的方式下达。它是将每个单元的比赛项目及赛次用列表的方式排列出来，这样便于编排人员一目了然，纵观全局，尤其是对赛次的调整比较方便，对相关项目之间的冲突问题比较容易发现和避免。

编排每个单元的比赛秩序时，首先应估算各单元能用于比赛的时间有多少，再根据各项目的所需时间累加计算单元比赛所需的时间，如果所用的时间

超出预计的范围，应将项目安排做必要的调整。然后，仍然是按先排全能项目，再排径赛项目，最后排田赛项目的方法排出每个单元比赛项目的秩序。有决赛项目的比赛单元，应考虑给颁奖仪式预留出足够的时间。

根据各项目参赛人数确定分组数、赛次和计算每个项目各个赛次所需的时间，准备不同颜色的硬纸卡片，分别填上组别、项目、人数、组数、预计时间，也可以用不同颜色的彩笔写在硬纸卡片上。径赛项目每项每个赛次一张，田赛项目每项一张（如果有及格赛则及格赛和决赛各填一张），全能项目每个单项填一张。然后找来一张大桌子或乒乓球台进行竞赛日程的编排。操作步骤仍然是按先排全能，再排径赛，最后排田赛，全部项目排好后，应仔细检查。方案确定后，及时报送竞赛委员会审查确认。

四、赛中工作

竞赛秘书组可按协调与联系、赛前与赛中编排（包括赛中成绩处理）、竞赛成绩公告、全能成绩记录与统计、奖牌与团体总分记录与统计、秩序册汇编和文件资料整理等进行分工，具体的要按比赛的规模类型部署，工作有简有繁。

主要有以下内容：

（1）及时接收、审核、录入和处理各项比赛成绩和有关的信息（风速、犯规等），排出名次，检查是否破纪录、达等级，并录取参加后继赛次的运动员名单，做好各项目后继赛次的分组、分道和排序工作。

（2）及时公告各项竞赛成绩，名次，入选后继赛次的运动员名单及分组、分道、排序情况，及时公告破纪录，达等级等竞赛的信息。

（3）记录和统计各项创纪录的人数、各代表队的奖牌数、达等级人数和团体总分。

（4）及时整理每天比赛成绩及各项信息，印制成绩公告，下发各队和各单位。（国内比赛一般是印发分场成绩公告，即分场成绩册。）

（5）省市级以上比赛可印制每日秩序册，将当天的成绩公告和第二天的比赛日程、竞赛分组名单和比赛场地图合订成一个册子下发到各竞赛部门、人员、裁判员和参赛队。

（6）在赛中工作的具体操作过程中还应注意以下的几个方面：

① 如果径赛项目是采用手计时计取成绩的，应仔细审核径赛项目每组的

终点名次与成绩是否出现“交叉”，如有问题应交径赛裁判长处理。

② 后继赛次的录取、分组和道次编排。

a. 大型田径赛按田径竞赛规则第 166 条执行(或按竞赛规程的规定执行)。

b. 基层运动会，大多数都没有报名成绩，而且比赛时间短，赛程紧，参赛运动员水平不高、比赛能力有限。因此，不能按大赛的要求设置赛次。可以根据实际情况设置比赛办法，但在竞赛规程上写明。

③ 径赛项目中按成绩录取参加后继赛次比赛时出现成绩相等问题的处理。

a. 如果裁判员或终点计时裁判员按规则无法分清排位，（如果实际情况允许）则运动员排位并列。

b. 如遇运动员成绩相等涉及按规则 166.3（b）确定来自不同组别运动员的排名，或按成绩录取进入下一轮的情况时，主终点摄像裁判应考虑有关运动员的 0.001 秒的实际时间。如果成绩仍相等，并涉及运动员的排名时，应抽签决定排名。当涉及按成绩或排位录取进入下一轮时，成绩相等的运动员将进入下一轮；如果实际条件不允许，将通过抽签决定进入下一轮的运动员。

注：当按照排名和成绩录取下一轮选手时（例如，两组中的每组前 3 名，再加上其余成绩最好的 2 名），在以名次录取下一轮选手的最后一个晋级名次上出现成绩相等时，将允许该运动员晋级下一轮，并将相应减少以成绩录取下一轮的运动员人数。

④ 径赛各项目“落选”卡片的整理。在采用卡片分组和记录手计时成绩的方式中，这个环节很重要，它方便于进行成绩查询和赛后的成绩整理。方法是将各项目的成绩从好到差排顺后按组别归类。

⑤ 审查田赛各项目的成绩和名次。

收到田赛每项的成绩记录表后，必须进行仔细的审查核对。核对的内容首先看决定成绩是不是取运动员的全赛最优成绩，其次看名次有无判对，特别是那些成绩相等的运动员的名次是否取对。如果发现有问题，应交由有关的裁判长处理。

⑥ 审核全能项目的各项得分及累计。

⑦ 与各裁判长的联系和配合。

落实径赛卡片、检录单、田赛项目比赛成绩记录表的发放与回收；与检录

裁判长联系落实运动员赛前检录的确认问题；与终点摄像计时主裁判和径赛裁判长协调落实电动计时成绩的提取和确认程序；与现场指挥（不设时与宣告员）联系确定比赛信息的传送和提取事宜。如果是大型田径比赛，要与成绩经理落实如何获取技术代表确认的每日赛程、竞赛分组表、检录单和成绩记录表等。

⑧ 印发每场成绩公告（分场成绩册）。大型比赛每项目比赛结束，即时发布成绩公告。

五、赛后工作

（1）每日比赛后，根据秩序册汇编的安排，由计算机系统输出每日秩序册清样，或单张，经过编辑和审核后，立即交付印制。（洲际以上的大型比赛，要通过成绩处理系统获取第二天的赛程、分组表和当天比赛的成绩等汇编成每日秩序册。）

（2）统计破纪录人数、队数、项数，达健将人数，各代表队的奖牌数和总分。

（3）汇编总成绩册。

（4）按参赛队的要求，填发运动员成绩证明单。

（5）做好比赛文件、资料的归档工作。

（6）进行工作总结。

一般运动会结束后，紧接着将进行闭幕式和颁奖仪式。所以要求竞赛秘书组在运动会结束后，尽快将团体总分、名次、破纪录的情况整理出来，交给赛事主管（总裁判长）宣布。

六、秩序册与成绩册

秩序册是田径比赛中的通用文件之一，是裁判工作和运动员参赛的依据。大型的田径赛要印制两种秩序册，分为总秩序册和每日秩序册。中、小型的比赛只有一种惯常使用的秩序册。

秩序册和每日秩序册和成绩册的内容可分为以下内容。

（一）总秩序册内容

（1）中国田径协会主席或秘书长致辞。

（2）当地组委会主席致辞。

（3）中国田径协会委员名单。

（4）当地组委会主要成员名单。

（5）竞赛规程、补充通知。

（6）当地组委会办事机构。

（7）中国田协选派竞赛代表名单。

（8）裁判员名单。

（9）大会活动日程。

（10）比赛日程。

（11）各代表队名单。

（12）各代表队人数统计表。

（13）各项目参赛表。

（14）记录。

（15）运动员等级标准。

（16）当地城市风貌介绍。

（17）竞赛场地示意图。

（18）各参赛队服装照片。

（二）分秩序册（每日秩序册）内容

（1）比赛当天的竞赛日程。

（2）比赛当天各项目分组名单。

（3）比赛当天场地项目布局图。

（4）前一天各项目比赛成绩。

（5）全能项目截至当天比赛成绩的排名。

（6）比赛奖牌榜。

（7）整体比赛日程。

（8）记录。

（三）总成绩册内容

（1）创纪录统计。

（2）各项目所有轮次的比赛成绩。

（3）比赛达田径等级标准名单。

（4）全能项目各项比赛成绩和最后成绩排名。

（5）比赛奖牌榜。

（6）记录。

（四）一般基层运动会秩序册的内容

（1）封面。

（2）目录。

（3）竞赛规程。

（4）组委会及办事机构名单。

（5）技术代表、技术人员仲裁委员会、裁判员名单。

（6）各代表队名单。

（7）大会活动日程。

（8）竞赛日程。

（9）竞赛分组名单（按场次先后开列）。

（10）各单位人数统计表。

（11）各项记录及运动员等级标准。

（12）竞赛场地示意图。

七、计算机和网络技术在田径比赛中的运用

随着计算机设备的日益普及和计算机技术的提高，计算机网络已经成为社会生活中不可缺少的重要组成部分。计算机和网络也是大型田径运动会信息化管理系统的核心配置，担负着比赛的控制、信息的接收、处理和传递的功能。计算机网络是利用通信线路把分布在不同区域的计算机与专门的外部设备互联成一个规模大，功能强的网络系统，使众多的计算机可以方便地互相传递信息，共享硬件、软件和数据信息等资源。随着各类系统终端的扩展，使现代大型田径比赛的信息化管理实现了以竞赛组织编排、记录、成绩处理、成绩公告为核心，以计算机网络为依托的高效率、高速度的智能化管理。

田径比赛的信息管理体系由竞赛系统、赛程控制系统、信息发布与查询系统、

通信系统以及网络监控管理系统组成。另外，目前很多田径比赛的外场终端都采用了无线网络技术，无线局域网技术的运用，提高了计算机应用的灵活性。

基层田径比赛中计算机的应用已经相当普遍，并在编排记录、成绩处理与公告、团体总分统计和奖牌统计中发挥很大的作用，加上局域网的运用大大地提高信息的传递速度、成绩处理的速度和准确性，使现代化的手段在基层运动会中也得到充分的体现。

第三节　技术信息中心裁判工作

一、任务

确保每个代表团和组委会之间、技术代表和竞赛管理在技术事务上保持通畅的联络，准确地收集和传递各种比赛信息，解答比赛中的相关问题，接收参赛单位每日运动员参赛确认表和接力棒次表，对申诉材料及时上报仲裁委员会，确保比赛顺利、有序地进行。

二、人员设置和职责

（一）人员设置

（1）主裁判：2 人。

（2）裁判员：5 人。

（3）志愿者：16 人。

（二）职责

1. 主裁判

（1）全面领导本中心的各项工作，制定工作流程，明确人员分工。

（2）负责与相关裁判组、有关机构的协调和沟通，确定获取信息的途径及方法。

（3）保证信息的传递及时顺畅，全面了解竞赛事宜，简明准确地解答相关问题。

2. 裁判员

（1）在主裁判的领导下认真完成岗位职责规定的各项工作。

（2）及时收集各种竞赛信息和及时准确地传递信息，并了解和解答相关问题。

（3）签收和发送各种文件及各项用表。

3. 志愿者

（1）负责分发比赛秩序册、成绩册和紧急通知等信息，张贴比赛成绩，协助裁判员接待前来问询的各队代表团官员。

（2）复印比赛相关信息和各种通知，并提供技术支持和服务。

（三）分工

1. 主裁判

主裁判 1 负责总体工作外联，主裁判 2 负责内务管理。

2. 裁判员

（1）裁判员 1 负责申诉工作及解答咨询工作。

（2）裁判员 2 负责负责接收各种文件及复印工作。

（3）裁判员 3 负责张贴成绩及日志整理工作。

（4）裁判员 4 负责发放文件及证书成绩证明打印工作。

（5）裁判员 5 负责外联及证书印章管理工作。

3. 志愿者

（1）志愿者 1、2 配合裁判员 1 的工作。

（2）志愿者 3、4、5、6、7 配合裁判员 2 的工作。

（3）志愿者 8、9 配合裁判员 3 的工作。

（4）志愿者 10、11、12、14 配合裁判员 4 的工作。

（5）志愿者 15 配合裁判员 5 的工作。

（6）志愿者 16 担任接待引导及证件检查工作。

三、工作方法

（一）赛前

（1）认真学习，明确各项职责。

（2）熟悉相关裁判组工作方法及流程，了解各项目的比赛概况。

（3）做好赛前的各项准备工作，熟悉各有关部门的位置、联系方法，布置工作室，绘制各种表格和领取所需物品等。

（4）认真进行赛前的各项工作，保证各联系渠道的畅通。

（5）对不易解决的问题加以研究确定具体的处理方法。

（二）赛中

（1）提前到达工作地点，做好工作准备。

（2）及时分发有关文字类文件，并认真做好签发登记。

（3）及时浏览网上公布的比赛信息，尽可能早地掌握比赛进程，成绩公布和有关信息发布内容等。定时与有关部门联系，向他们了解各种比赛信息。

（4）对各种咨询做好耐心答复，必要时进行记录，并适时上报有关领导。

对不易解决或一时难以答复的问题要作好记录，待了解或请示后再予以答复。

（5）把握联络时机，必要时可以通过电话联络方式解答有关咨询与问题。

（6）对每位问询者都要保证做到耐心细致，不急不躁，礼貌相待。

（7）及时签收各代表队应上报的各种表格，按规定时间收取“运动员棒次表”。检查接力棒次表填写内容是否准确，如是后继赛次的需核查替补队员是否符合规则规定，检查领队与教练签字与时间是否完整。

（8）对申诉材料及申诉费进行签收登记，详细记录收到时间、金额数量，无误后请有关申诉代表团官员签字确认，迅速上报仲裁委员会。

（三）赛后

（1）清理各种记录和剩余文件。

（2）做好每单元的工作小结。

（3）做好书面工作总结并归还各种物品。

四、所需物品

（1）终端输入电脑：4 台。

（2）针式平推打印机：2 台。

（3）速印机：1 台。

（4）双面复印机：2 台。

（5）单面复印机：1 台。

（6）信箱带锁头的：参赛队数外加备用 5 个。

（7）办公电话：1 部。

（8）装订机：6 台。

（9）订书器：4 台。

（10）打印纸：若干包。

（11）档案袋：200 个。

（12）大白板：6 块。

（13）白板笔、水性笔、彩笔。

（14）外用胶带、胶水、壁纸刀。

（15）桌卡：6 个。

（16）碎纸机：1 台。

（17）电动车：1 台。

五、应急预案

表 5-1　应急预案

序号	场景描述	发生时间	解决方法	预防措施	对接部门
1	多人多单位多次询问某一项目比赛结果，但比赛结果没能及时公布	某一项目比赛结束时间已过多时，但成绩一直没有能及时公布	耐心解释，及时发布成绩	掌握比赛进程，及时收取有关项目比赛结果，及时发布	竞赛秘书处
2	对某一项目比赛结果有异议，申诉人或申诉单位的个别人，情绪激动	某一比赛结果公布后，对比赛结果有异议	耐心劝导，提醒通过正常程序进行有关申诉。及时维护秩序	对比赛情况尽可能的了解情况，进行有必要的有针对性地解释工作。进行有关规则等方面的宣传、解释工作	裁判长及保安
3	接力比赛棒务表中参赛队员资格有问题	接力比赛棒务表进一步审查过程中发现某队某队员的参赛资格有问题	及时与参赛队及竞赛秘书处取得联系	接收接力比赛棒次表时，应认真核对参赛队员的参赛资格。及时了解各队队员参赛情况	各代表队、竞赛秘书处
4	对某一问题的咨询工作中，没能满足咨询者的要求	接待咨询者询问时	及时向有关部门提示汇报，再回答咨询者的问题	及时了解有关情况	相关裁判长
5	如计算机、打印机、复印机等出现临时故障	比赛进行中器材出现故障	及时向有关部门汇报	加强器材管理，责任到人。建议有关部门准备备用器材	竞赛委员会

第六章 外场竞赛裁判工作

第一节 马拉松裁判工作

一、马拉松裁判的设置

（1）马拉松裁判长：1～2 人。

（2）线路丈量员：1～2 人。

（3）检查裁判组：若干。

（4）饮料裁判组：若干。

（5）用水裁判组：若干。

（6）分段计时裁判组：若干。

（7）器材管理组：若干。

（8）前导车计时裁判员：2 人。

（9）收容车裁判员：2 人。

（10）医务人员：若干。

二、马拉松裁判的任务

（1）负责各运动员自备饮料桌的布置准备。

（2）负责各递水人员递水工作的组织。

（3）监督自备饮料的拿取与递送。

（4）负责大会的饮料、饮（用）水的供应工作。

（5）比赛中监督是否有运动员接受非自备和大会提供的饮料或水。

（6）保证比赛中赛道的畅通。

（7）做好用后物品的回收工作。

三、马拉松裁判的职责

（一）马拉松裁判长

（1）负责马拉松赛的全部工作，保证比赛符合《国际田联手册》的规定。

（2）赛前领导全体裁判员学习，分配裁判员工作。

（3）监督路线丈量组的丈量工作，配合国际路线丈量员进行路线的复核。

（4）检查、督促马拉松赛的器材运送以及饮料、用水等方面的管理工作。

（5）与通讯、医务、气象、交通管制等方面取得联系，协调各方面的工作，保证比赛顺利进行。

（6）处理比赛中临时发生的各种问题，对违反规则的运动员进行判罚。

（7）比赛结束后应审核成绩、签字，送竞赛秘书处。

（二）路线丈量员

（1）负责马拉松路线全程的丈量工作，保证全程不少于 42.195 千米，也不多于 42.237 千米。

（2）在路线上标明每千米和半程的标记，以备比赛时放置千米牌。

（3）向马拉松赛裁判长报告全程丈量情况，并配合国际丈量员和马拉松赛主裁判对路线进行复核。

（4）向马拉松赛各分段计时站、饮料站、用水站或饮水站人员介绍工作地点，赛前向参加马拉松赛的运动员介绍路线并带领他们察看路线。

（5）比赛当天协助器材管理组运送马拉松赛所用的器材，将计时显示器、各种标记、桌椅、千米牌等准确地放到指定地点。

（三）检查主裁判及检查员

（1）内场检查组，马拉松比赛的起点、终点设在田径场内，其职责如下。

① 运动员跑完场内规定路线后引导出田径场。

② 运动员跑回田径场时，引导运动员按比赛路线到达终点。

③ 检查运动员有无犯规情况。

（2）外场检查组。

① 一般分为定点和流动检查。可根据马拉松比赛路线对检查裁判员进行分工。通常在 5 千米、10 千米、15 千米、20 千米、25 千米、30 千米、35 千米、40 千米和半程以及转折点、交叉路口、转弯处、立交桥等较复杂路段定点检查。

② 检查报告运动员有无犯规情况。

③ 向终点报告前 8 名运动员顺序。

④ 检查员有责任陪同运动员去厕所。

（四）饮料裁判组

（1）主裁判分配裁判员到 8 个饮料站执行任务，并为各饮料站分配 3 名志愿者协助工作。

（2）主裁判根据各饮料站的需要，配置不同数量的饮料，明确各饮料站负责的各国（或地区）运动员的自备饮料。

（3）裁判员负责布置饮料桌，正确放置饮料站标记，对饮料实行严格管理。

（4）若运动员在饮料站以外的地方拿取饮料，将会被取消比赛资格。

（5）观察是否有拿错饮料的运动员，如出现此情况，应记录在运动员的号码牌上。

（五）饮（用）水主裁判组

（1）主裁判分配裁判员到 7 个饮（用）水站执行任务，并为各站配备 3 名志愿者协助工作。

（2）主裁判根据 7 个饮（用）水站的需要，配置若干无毒海绵块和加盖饮水桶。

（3）裁判员布置用水桌或饮水桌，正确放置饮（用）水站标记，严格管理饮（用）水。

（4）负责对递水人员的组织工作。

（5）志愿者负责将运动员使用后的饮料瓶、杯子及时回收和场地的及时清理工作。

（6）裁判工作的位置布置。

运动员跑进方向→自备饮料→（50 米）大会饮料→（30 米）白水区。

桌子规格为 1.20 米 × 0.50 米 × 0.80 米，在桌上铺设大会竞赛标志。大会饮料站摆放 4 张桌子，桌子间隔为 5 米，大会饮（用）水摆放 3 张桌子，为运动员提供饮（用）水，桌子摆放和桌面水瓶的摆放同饮料区的要求。

（六）分段计时裁判组

（1）负责记取 5 千米、10 千米、15 千米、20 千米、25 千米、30 千米和 40 千米共 8 个计时站的分段成绩，并排出运动员到达本站的名次和号码。

（2）30 千米和 35 千米裁判组还要负责比赛“关门”工作。

（3）比赛结束后，计时裁判组将分段成绩，抄送竞赛秘书处。

（七）器材管理组

（1）负责丈量马拉松比赛路线，并按千米做好分段标记。

（2）该路线的长度在比赛前应经过一名国际田联批准的路线测量员认证，并绘制比赛路线图提交技术代表审定。

（3）负责向参赛运动员及全体裁判员介绍马拉松路线情况，并组织察看路线。

（4）提前准备好比赛使用的全部器材用具。

（八）前导车计时员

（1）赛前熟悉计时显示器性能和操作方法，检查计时显示车运转工作的情况，并装车待命。

（2）待发令员鸣枪，计时裁判员启动计时显示器，引导运动员按指定路线跑进。

（3）赛中始终行驶在领先运动员的左前方，与领先运动员保持 20～30 米的距离，要经常核对、检查计时器显示成绩的正确与否。

（九）收容车裁判员

（1）赛前领取收容车上应有的毛巾被、饮料口杯、污物桶等物品，装车待命。

（2）比赛中收容中途退赛的运动员和“关门”在外的运动员，收回运动员的一个号码布，并填写登记表，返场后签字交主管裁判长或竞赛秘书处。

（十）医务人员

（1）比赛前负责审查运动员体格健康检查证明，对不宜参赛的运动员提出检查意见。

（2）比赛前应与路线附近指定医院取得联系，并做好应急预案。

（3）比赛中，发现运动员身体状况不适，不宜继续进行比赛者，医生有权令其退出现场停止比赛，并进行医疗处理，同时取下一个号码布，做出书面记录交终点主裁判。

（4）终点附近医务站与救护车，负责护理跑过终点或进场运动员体力不支或其他情况的处理。

四、马拉松裁判的工作细则

（一）赛前工作

（1）召开有公安、交通、安保等部门参加的协作会议。

（2）由马拉松裁判长负责主持召开全体裁判员会议。组织裁判员认真学习竞赛规程和竞赛规则，了解竞赛日程，制订工作细则，明确各自的分工。

（3）召开领队、教练员、主裁判联席会议，进一步明确有关竞赛和裁判工作的情况。

（4）熟悉、检查比赛场地和路线，熟悉各自的裁判工作和器材、仪器的使用方法，落实每位裁判员的工作位置。

（5）裁判长分别检查各裁判员的工作落实情况，特别是前 15 千米分段计时组的工作准备、落实饮料站、饮（用）水站的地点、设备和设置。

（6）落实与医务、车辆、交通、宣传、气象及通讯联络等有关部门的交接、协调与配合。

（二）赛中工作

1. 场地器材组

（1）赛前1～1.5小时将各站比赛物品运送到规定位置，并将各站标志牌、公路标志牌、计时显示器放在明显而又不妨碍运动员跑进的位置。

（2）布置好饮料站。饮料站设在运动员跑进方向的右侧，每隔5千米设一站，每站一般用6张长桌一字排开。每张桌子间隔10米，每张桌子后面有一名裁判员、三名志愿者负责管理和服务。

① 红桌布桌子摆放运动员自备饮料。

② 白桌布桌子摆放大会规定的饮料。

③ 蓝桌布桌子摆放矿泉水或白开水。

（3）布置好用水站或饮水站所需的物品，设置方位和排列方式与饮料站相同。第一站设于7.5千米处，以后每隔5千米一站。将浸过水的海绵块放好，由运动员自已取用。

（4）交叉口与转弯处，应设置方向指示牌或路段隔离标志。

2. 分段计时组

（1）全体裁判员提前1小时集合，由指定车辆运送到各站点。

（2）各分段计时组完成准备工作后与起点和终点取得联系，保证通信联络畅通。

（3）赛前20分钟，主裁判沿线检查各站的准备工作情况，并报告马拉松裁判长。

（4）按大会统一发令信号，准时启动计时显示器和秒表。

（5）计时裁判员与记录员分成两组，同时记录运动员通过本站的名次及号码，并记取分段成绩，同时用摄像机录下运动员跑过本站的顺序号码，避免遗漏与差错。

（6）根据大会的要求，将通过本站领先的运动员的号码、名次、成绩用报话机报告内场有关裁判组。

（7）最后将全部运动员分段成绩汇总并报告竞赛秘书处。

3. 检查组

（1）检查裁判员准时到达工作岗位，并与交通公安民警、通信联络及医务组密切配合。

（2）检查运动员犯规的情况，如遇有下列情况，应予以警告。

① 接受、听取任何人的技术指导。

② 接受伴跑，跟随机动车辆、非机动车带跑。

③ 接受非指定人的报时。

④ 影响其他运动员跑进和违反规则的行为。

（3）如遇有下列情况，应取消比赛资格。

① 被警告后仍再违反者。

② 擅自离开比赛路线或有意缩短路线者。

③ 在饮料站外私自摄取饮料者。

④ 用推、撞阻挡其他运动员跑进者。

⑤ 已上收容车，又下车继续跑进者。

（4）流动检查由 1 名主裁判负责，带领 4～8 名检查裁判员乘坐指定车辆，在规定地段巡查运动员有无犯规的情况。在前 6～8 名运动员抵达终点后，将前 6～8 名运动员有无犯规的情况，通过内场检查员，报告给径赛裁判长。检查主裁判应将全部比赛中的运动员犯规的情况做具体说明，并将运动员犯规报告表交裁判长。

4. 终点组

（1）终点记录员依次记下到达终点的运动员的名次和号码，经终点主裁判审核签字后，先将前 10 名运动员的名次与号码交马拉松裁判长审核。

（2）待全部运动员通过终点后，整理好到达终点的运动员的名次与号码，将名次表签字后交马拉松裁判长。

5. 计时组

（1）计时员站成一列横队，站在终点主裁判对面，用循环计时法，对通过终点的运动员依次计取成绩、名次与号码。一人一表，一轮后再由 1 号重新轮转，以此类推，直至运动员全部通过终点。

（2）为尽快宣告比赛成绩，应先将前 10 名运动员的成绩、名次与号码交计时主裁判，经计时主裁判审核无误后签字交马拉松裁判长。

（3）若设有多功能电子计时器（有打印功能），应由一名计时员操作，将到达终点的所有运动员的名次和成绩记录打印出来，另两名记录员同时记录运动员的号码。

6. 赛后控制中心的工作

（1）运动员通过终点后，将其带至赛后控制中心。

（2）如现场发奖，将前 3 名运动员送到颁奖处。

（3）将需要兴奋剂检测的运动员控制好，及时与兴奋剂检测人员取得联系。其余运动员退出赛场。

（三）赛后工作

（1）车辆组将路线上的裁判员、志愿者与工作人员接回内场，并将路线上所用器材用具拉回场地器材组。

（2）各裁判组归还所借器材用具。

（3）各裁判组小结，马拉松裁判长召集各组主裁判进行总结。

五、马拉松裁判的协调与配合

（1）马拉松各分段计时站无线电报话员与田径场通信中心保持通讯联络畅通。

（2）田径场通信中心保持与终点终端的联络。

（3）马拉松裁判长与检查主裁判应保持无线电联系。

（4）与内场各裁判组联系落实裁判工作的配合，运动员跑出和跑进场的裁判分工界面。

六、马拉松裁判的工作重点与难点

（1）颁奖与兴奋剂检查同时举行，先办理兴奋剂检查签字手续，协调员与兴奋剂检查人员一同带领运动员到颁奖处，颁奖完由兴奋剂检查人员带领相关运动员到兴奋剂检测中心。

（2）颁奖、兴奋剂检查人员、新闻发布会三者几乎需要同时举行，先办理兴奋剂签字手续，再根据时间安排，协调员与兴奋剂检查人员带领，或先去颁奖，或先开新闻发布会。

（3）运动员身体疲劳急需救治及时联系医疗及相关部门到达现场进行施救工作。

七、马拉松裁判所需的物品

（一）赛前布置器材

（1）起点倒数计时显示牌（5 分钟、3 分钟、1 分钟）：各 1 块。

（2）小千米牌：34 块（1、2、3、4、6、7、8、9、11、12、13、14、16、17、18、19、21、22、23、24、26、27、28、29、31、32、33、34、36、37、38、39、41、42 千米）。

（3）大千米牌：8 块（5、10、15、20、25、30、35、40 千米）。

（4）半程标志牌：1 块。

（5）方向指示牌：25 块。

（6）饮料站标志牌：8 块。

（7）用水站或饮水站标志牌：7 块。

（8）前导车计时显示装置：2 台。

（9）计时点时间显示装置：8 台。

（10）饮料站条桌：48 张。

（11）用水站或饮水站条桌：14 张。

（12）收集废弃物塑料大筐：15 只。

（13）用水或饮水用白搪瓷托盘（50 × 50）：28 只。

（14）隔离墩：400 个。

（二）自带器材

（1）记录板：94 块。

（2）笔：94 支。

（3）扩音话筒：1 个。

（4）对讲机：14 部。

（5）起点带、终点带：各 1 条。

（6）黄旗：66 面。

（7）绿旗：2 面。

（8）秒表：40 块。

（9）打印计时器：2 台。

（10）小录音机：9 台。

（11）警告黄牌：3 块。

（12）罚下红牌：3 块。

（13）红、白、蓝塑料布（覆盖饮料桌、用水桌或饮水桌用）：若干。

（14）纸杯、饮料：若干。

（15）毛巾、无毒海绵块：若干。

（16）饮（用）水桶（5 千克）：7 个。

（17）毛巾被（收容车、救护车、终点用）：若干。

第二节　竞走裁判工作

一、竞走裁判的设置

（1）竞走主裁判：1 人。

（2）竞走裁判员：7 人。

（3）饮料裁判员：若干人。

（4）用水裁判员：若干人。

（5）记录员：4 人。

（6）联络员：8 人。

（7）红卡显示记录员：3 人。

（8）终点记圈员：16 人。

二、竞走裁判的任务

在竞走主裁判的领导下，根据《田径竞赛规则》和竞赛规程的要求，公正、准确地执行裁判工作，使所有参赛运动员的技术动作符合规则要求，保证竞走比赛顺利进行。

三、竞走裁判的职责

（一）主裁判

（1）赛前组织全组人员学习竞赛规程、规则及有关规定，研究裁判方法，明确各裁判员、记录员、联络员及志愿者的分工。

（2）赛前检查比赛场地、路线、用水站、饮料站的准备情况，并及时提出改进意见。

（3）参加技术会议，提出竞赛中的有关要求，听取意见，回答问题。

（4）检查全组裁判员、记录员、联络员和志愿者所需用品的落实情况。

（5）比赛中检查和判定运动员有无犯规的情况，有权对犯规运动员提出警告和执行取消比赛资格的判罚。

（6）每项比赛结束，召集竞走裁判员及时进行小结，核对该项比赛成绩单中有无被判罚的运动员，在成绩单上签字，如遇到破纪录时，应在破纪录成绩单上签字。

（7）整理比赛成绩表、警告和取消比赛资格记录。

（8）成绩公布后的30分钟内，解决和审理比赛中提出的抗议及需要处理的未尽事宜。

（9）比赛结束后，整理材料，并向竞赛秘书处递交包括技术判罚统计材料。

（二）竞走裁判员

（1）在竞走主裁判的领导下，组织学习竞赛规程和竞赛规则，了解竞赛日程，熟悉比赛场地、路线，明确各自的分工。

（2）在比赛过程中，根据分工，每位裁判员在各自负责的裁判区域里，根据竞走规则，判定运动员有无技术犯规动作。

（3）有权对犯规运动员进行警告和给予取消比赛资格的红卡判罚。对运动员警告时应及时通知该运动员，填写红卡后应通过联络员及时报告主裁判。

（4）比赛中，在没有检查员的情况下，除注意运动员有技术犯规外，还应按主裁判的要求，负责检查运动员是否在比赛中有违反规则的行为，并按规则中的有关规定执行。

（5）比赛结束后，在主裁判的领导下进行小结，协助主裁判做好各项结束工作。

（三）饮料裁判员

（1）在主裁判的统一指挥下，裁判员、志愿者共同完成饮料站的工作。

（2）赛前做好饮料站桌子的布置和饮料的准备工作。

（3）裁判员与志愿者按照大会的规定及时摆放大会饮料。

（4）当运动员走过后及时清理场地，回收饮料瓶和杯子，确保场地整洁。

（四）饮（用）水裁判员

（1）熟悉田径规则有关章节和竞赛规程，制订工作细则，研究裁判的工作方法。

（2）带领志愿者提前做好准备，确保比赛当日赛事饮（用）水的供应。

（3）执行裁判工作方法，讨论工作中易出现的问题和难点，发现问题，与主裁判沟通，确定解决方案。

（4）与其他各组的协调，如与大会送饮（用）水人员的交接、与器材组的交接、与志愿者的联系等。

（五）记录员

（1）赛前学习竞赛规程和竞赛规则，了解竞赛日程，熟练掌握记录方法，做好赛前准备工作，红卡显示牌记录员在赛前应熟悉显示牌的性能和使用方法。

（2）赛中与主裁判、联络员协调配合，负责收集、整理、统计和保管由联络员送交的红卡，并将犯规性质、时间、准确无误地填入判罚总记录表中。

（3）及时将运动员得到的红卡情况通知红卡显示牌记录员，并经常核对。

（4）红卡显示牌记录员应将运动员得到的红卡数及时显示在红卡显示牌上，以便通知运动员。

（5）当运动员得到 3 张来自不同裁判的红卡判罚后，应及时报告主裁判，在裁判长判罚后，及时记录判罚时间，并在红卡显示牌上显示出 3 张红卡数量（主裁判未判罚之前，红卡显示牌记录员不得显示出 3 张红卡数量）。

（6）比赛结束后，将裁判员的警告判罚表及时收齐，并记录在判罚总记录表中，该总记录表经过统计整理后，连同红卡一起交主裁判最后审核、签字。

（六）联络员

（1）参加裁判组的有关会议，了解竞赛日程，明确分工，做好赛前各项准备工作。

（2）比赛中，跟随各自负责的裁判员，并将裁判员填写的红卡迅速交至记录处的记录员。

（七）红卡显示记录员

（1）当接到记录员的通知，某一运动员得到被取消比赛资格的红卡时，应及时将犯规运动员的号码及红卡数准确地登记在红卡显示牌上。

（2）当主裁判执行取消运动员比赛资格的判罚后，应在红卡显示牌上显出3张红卡。

（八）终点记圈员

准确、迅速记取竞走运动员走过的圈数。

四、竞走裁判的工作细则

（一）赛前工作

（1）在主裁判的领导下，认真学习竞赛规则、规程，明确裁判员的职责与分工。

（2）终点主裁判组织计时记圈员、终点裁判员、转折点记录员和检查员研究工作方法及在比赛中相互配合，确定终点计时、记圈的方法。

（3）确定各组配合与工作方法，制订本组的岗位职责和工作细则，提交裁判用品清单，检验设备和物品的性能、规格和使用方法。

（4）准备和检查裁判所用器材和物品，熟悉裁判用具及表格。

（5）检查和熟悉比赛场地、路线，检测外场的距离，落实饮（用）水、饮料站的地点、设备和设置。

（6）布置红卡显示牌的位置。

（二）赛中工作

（1）比赛前 1 小时到达赛场，竞走主裁判和终点主裁判分别召集会议，主要落实以下几个方面的工作。

① 进一步明确各组裁判员的分工和工作区域。

② 确定比赛中竞走裁判员换位的时间与方法。

③ 指定 3 名竞走裁判员在比赛开始时在起点处工作。

④ 指定 3 人（包括竞走主裁判）在比赛结束时在终点处工作。

⑤ 每名竞走裁判员分发比赛路线网、裁判员臂章、警告判罚牌、判罚记录表及红卡等比赛所需的物品。

⑥ 统一核对表的时间。

（2）比赛前 30 分钟竞走裁判员到达自己的工作岗位。

（3）其他裁判员（计时记圈员、记录员、红卡显示员等）提前 1 小时到达工作场地，布置好工作场地的比赛用具。

（4）竞走主裁判的工作。

① 只有竞走主裁判在比赛中才有权取消技术犯规运动员的比赛资格。

② 比赛中，竞走主裁判根据记录员的报告，对得到 3 张红卡的运动员，执行取消比赛资格的判罚。

③ 对被取消比赛资格的运动员，应及时摘掉其佩戴的号码布并令其离开比赛路线。

④ 出示判罚红牌时，应走近被罚运动员，呼叫其号码，同时举起红牌，使运动员知道自己被判罚。

⑤ 在公路上举行的竞走比赛，应将得到 3 张红卡的运动员尽可能在运动员进入田径场之前判罚出场。

⑥ 主裁判因故在当时或运动员走入田径场前不能及时判罚时，应等到下一圈或比赛结束后及时补判。

⑦ 比赛结束后，主裁判应将被取消资格的运动员的号码及时通知终点主裁判，在成绩单上签字。

⑧ 赛后 30 分钟内留在赛场，处理有关抗议等事宜。

（5）竞走裁判员的工作。

① 对犯规运动员提出警告或做出取消比赛资格的判罚，其方法如下。

a. 提出警告时，裁判员呼叫犯规运动员的号码，同时清楚地出示警告判罚牌，并把标有该运动员犯规性质的符号的一面对着运动员，“M”表示腾空，“V”表示屈膝，使运动员知道自己犯规的原因，并将犯规运动员的号码、犯规时间、犯规性质填写在判罚记录表内，比赛结束后，裁判员应及时将记录表交给主裁判或记录员。

b. 取消运动员比赛资格时，应清楚地填写竞走运动员犯规卡（即红卡），并通过联络员及时交给记录员或主裁判。

② 技术判罚的依据和注意事项，裁判员判罚运动员的技术犯规，应以自己的眼睛来判断运动员是否违反了竞走的定义。

a. 裁判员的任何判罚均应在主裁判为自己指定的工作区域内进行。

b. 应站在合理的位置进行观察，并将注意力集中在观察运动员的双腿和双脚上，不应根据运动员竞走的方式、身体姿势等进行判罚。

③ 应注意容易出现技术犯规的时刻，如比赛开始的出发阶段；互相追逐、竞争激烈或超越对手时；比赛后期，运动员身体出现疲劳；有上、下坡路段比赛的上、下坡走时；最后冲刺走阶段时；用水或饮水时；在距离裁判员较远的位置时。

（6）联络员、记录员的工作。

① 联络员接到裁判员发出的红卡后，应及时将红卡送交记录员或竞走主裁判。

② 在整个比赛中，联络员应始终与竞走裁判员保持联系。

③ 记录员应及时收集所有判罚卡，并将判罚情况登记在竞走裁判员判罚总记录表中。

④ 记录员边收集红卡、边整理、边登记，并及时将已被判罚 3 张红卡的运动员的名单交给竞走主裁判。

⑤ 当竞走主裁判执行取消运动员比赛资格的判罚后，应及时记下执行判罚的时间，同时通知红卡显示记录员，登记在红卡显示牌上。

（7）红卡显示记录员的工作。

① 当接到记录员的通知，某一运动员得到被取消比赛资格的红卡时，应

及时将犯规运动员的号码及红卡数准确地登记在红卡显示牌上。

② 当裁判执行取消运动员比赛资格的判罚后，应在红卡显示牌上显示。

（三）赛后工作

（1）归还器材。

（2）主裁判组织全体裁判员进行工作小结，并写出书面报告交技术代表。

五、竞走裁判的位置

（1）场地比赛站在外道。

（2）公路比赛选择路两边，能清楚观察到运动员腿部动作。

（3）开始观察运动员的位置与裁判员成45°角。

（4）站在运动员最容易犯规的地带，如比赛开始加速时、超越其他运动员时、最后冲刺阶段、转弯处、上下坡地带、折返点、饮（用）水站等。

六、竞走裁判的协调与配合

（1）该单元有场地比赛项目时，需要对该单元比赛裁判工作合理的分配，径赛的相应器材设备也应保证（主要是径赛的终点、检查裁判及终点摄像计时），在场内和公路同时比赛的情况下确保比赛顺利进行，不出现差错。

（2）竞走比赛在外场进行，而获奖运动员的颁奖仪式和兴奋剂检测要在体育场内进行，必须协调有关部门和时间，对运动员进行赛后控制，使整个比赛有序进行。

（3）由于比赛在公路上进行，必须提前与公安、交管部门进行协调，提供对部分交通进行封闭的设备和器械，确保比赛道路的畅通和安全。

（4）比赛中要随时与田径场有关的裁判组保持联系和沟通，确保相互之间的衔接和协调，与大会医务急救站联系，对在比赛中出现异常情况的运动员及时进行处理。

七、竞走裁判工作的重点与难点

（1）如果对技术有异议，尽量让利运动员。

（2）如果认为犯规，应立即判罚，清晰准确地填写记录表和严重警告卡，出卡不要走极端，前紧后松。

（3）不要用固定的眼光看待运动员（昨天犯规者今天不一定犯规）。

（4）要善于利用提示，警告某运动员时一定要让他看清楚标志，不要跟随跑动。

（5）不要受外界的影响；不要关心任何队、运动员的名次；不要向运动员传达比赛的有关信息；比赛结束不能向外界表明你是否给严重警告卡，要独立执裁，注意道德规范，对竞走裁判集体负责。

（6）场地位置：① 号在起终点；② 号在 1 500 米起点后 20 米；③ 号在东直道中间；④ 号站在弧顶附近；⑤ 号在西直道中间位置，避开严重警告牌公告。

（7）裁判员号每场都不变动，就是这次比赛的号，和位置号不同，不能混淆。

（8）先记号注意观察，确实违反定义再判罚，先观察前面，中间的最容易跑，沉着冷静，注意观察第一集团，第二集团，最后阶段，出卡应慎重。

八、竞走裁判所需物品

（一）自带物品

（1）板夹、圆珠笔、记录纸。

（2）警告记录卡、红卡、裁判员站位图（场地路线图）。

（3）判罚标志牌。

（二）其他物品

（1）自行车：10 辆。

（2）小型机动车：2 辆。

（3）记录用长桌：2 张。

（4）椅子：4 把。

（5）记录表格、红蓝两色圆珠笔等：若干。

（6）红卡显示牌：1 套。

（7）长桌：1 张。椅子：3 把。

（8）用水长桌：6 张。

（9）椅子：4 把。

（10）海绵块：400 块。

（11）毛巾：3 条。

（12）放海绵块与毛巾的托盘或脸盆：8 只。

（13）水桶：2 只。

（14）饮料站用长桌：8 张。

（15）一次性纸杯：80 个。

（16）饮料桶：2 个。

（17）国家或地区名标志牌：若干。

（18）折返塔：2 个。

（19）路标小旗：60 面。

（20）椅子：4 把。

（21）便携式录音机：2 台。

（22）自动报时器：3 只。

（23）椅子：4 把。

（24）分段计时秒表：25 块。

（25）终点记圈牌：1 块。

（26）急救车及医务用品：若干。

第七章
全能裁判工作

在总裁判长的领导下，与各有关裁判组加强联系和协调，严格执行竞赛规则和竞赛规程，协助并完成对全能运动员的检录、管理以及统计单项成绩得分、累积分和比赛名次等工作，保证全能比赛的顺利进行。

第一节　全能裁判长工作

一、任务

（1）在赛事主管领导下工作。协助检录处做好各项检录工作，陪同运动员到达比赛场地。

（2）负责运动员在各单项比赛之间休息时的管理工作。

（3）根据竞赛规则有关规定，负责与有关裁判组联系，保证比赛顺利进行。

（4）及时领取比赛成绩和评分统计表并宣布分数。

（5）制定全能运动比赛各单项检录时间表，在检录处和全能运动员休息室分。

二、人员设置与分工

全能裁判长设 3 人。

（一）分工

（1）全能裁判长 A 分管全能裁判组的全面工作。

（2）全能裁判长 B 分管男子全能裁判组工作。

（3）全能裁判长 C 分管女子全能裁判组工作。

（二）职责

（1）执行国际田联规则，竞赛规程和技术代表所作的竞赛须知。

（2）处理发生于全能比赛期间部分以及规则、技术规程未作明文规定的任何问题。

（3）检查所有有关全能比赛成绩，并处理任何有争议的问题。

（4）对全能比赛进行中的抗议或异议作出裁决。

（5）有权对有不正当行为的运动员提出警告或取消比赛资格。

（6）有权对有违反体育道德或者有不正当的行为提出警告或取消比赛资格。

① 给予运动员警告，向运动员出示黄牌。取消比赛资格，向运动员出示红牌。这两种处分均应填入成绩记录卡。

② 如果运动员有在一项比赛中违反体育道德或有不正当的行为而得到第二次警告，将取消该比赛及后继赛次比赛资格。如果第二次警告发生在另外一项比赛中，则取消运动员第二次警告所在比赛及后继赛次比赛资格。

③ 对在径赛比赛中，提供或接受帮助的任何运动员给予警告（黄牌），并告诫他如重犯将取消该项目的比赛资格（红牌）。

（7）如果裁判长认为某项比赛或某项比赛的任何部分应予重赛方为公允时，有权宣布该项比赛无效，并作出在当日或其他时间重新比赛的决定（技术代表、竞赛主任）。

三、工作方法

（一）赛前

（1）根据大会及赛事主管的安排，组织全能裁判组学习规则、竞赛规程和竞赛须知，确定各裁判组人员的具体分工。

（2）组织各裁判组分别检查场地、器材和所需设备。

（3）组织有关终端操作员熟悉掌握各种终端设备，确保熟练操作、准确无误。

（4）组织各裁判组进行现场实习。

（5）设想比赛中可能发生的各组问题和解决问题的方案，让各有关裁判组在赛前做好一切防范措施，如雨天各种电子设备的操作、侧号码的粘贴、运动员违反体育道德、或有不正当的行为以及运动员不认真参赛等。

（二）赛中

每一单元前按赛会规定的时间、地点集合，检查全能裁判员人数简要提示各组在本单元工作要点、难点及注意事项，并现场指挥联系，准时入场。

1. 全能裁判长 A

（1）领导全能裁判组各项工作，遇到问题及时与赛事主管沟通并及时处理。

（2）及时输入各裁判长对运动员的判罚信息，并对比赛成绩做最后的确认。

（3）随时与竞赛秘书组和现场指挥保持联系。

2. 全能裁判长 B

（1）负责男子组全能裁判工作。

（2）领导全能男子裁判组全体裁判员做好各项准备工作。

（3）检查全能运动员休息室设施是否完善。

（4）对比赛中受到他人影响而未获得应得利益的运动员，可令其参加另一组的比赛或下一赛次的比赛，或令该组重赛。在作出决定前，要与赛事主管研究再做决定。

（5）比赛中有权对有不正当行为的运动员提出警告和取消其比赛资格。给予运动员警告，应向运动员出示黄牌；取消比赛资格，应出示红牌。这两种处分应填入成绩记录卡。

3. 全能裁判长 C

（1）负责女子组全能裁判工作。

（2）领导全能女子裁判组全体裁判员做好各项准备工作。

（3）检查全能运动员休息室设施是否完善。

（4）对比赛中受到他人影响而未获得应得利益的运动员，可令其参加另一组的比赛或下一赛次的比赛，或令该组重赛。在作出决定前，要与赛事主管研究再做决定。

（5）比赛中有权对有不正当行为的运动员提出警告和取消其比赛资格。给予运动员警告，应向运动员出示黄牌；取消比赛资格，应出示红牌。这两种处分应填入成绩记录卡。

（三）赛后

（1）每一单元结束，要及时向各裁判组了解情况，如发现问题及时提出解决办法。

（2）归还各种器材和设备。

（3）汇总各组小结，写出全能裁判工作总结，并上报赛事主管。

四、重点与难点

（1）除各执行单项比赛的竞赛规则外，裁判员应特别注意有关全能比赛的各项规则规定。如：全能项目的试跳、试掷次数，径赛项目起跑时所允许的犯规次数，风速规定，试跳高度的递升等。

对策：必要时，有责任提醒有关裁判员注意，防止出现错误。

（2）按规则处理运动员的请假等事宜。

对策：若运动员中途退出比赛或放弃任一项比赛，应及时向裁判长报告，（因试跳、试掷失败或径赛犯规或成绩太低没有得分，无论是一项或几项，仍应计算其总成绩）。

（3）全能最后一个项目比赛前，应将前几项累积分数较多的运动员编在一组。

（4）为了使各单项比赛的间隔不少于 30 分钟，裁判长可适当调整比赛顺序或组次，以保证每个运动员至少有 30 分钟的休息时间。

（5）比赛中，如果某单项超过规定风速时，该单项成绩仍应评分和计算全能名次，但不得将此成绩和总分作为正式纪录。

（6）当运动员参加径赛项目比赛结束后，应通过检录处进入全能运动员休息室，当通道受阻时如何处理。

对策：赛前与赛事主管沟通、与安保负责人沟通、与检录裁判长沟通，保证该通道畅通，让运动员得到充分时间的休息。

五、所需物品

（1）对讲机：3 部。

（2）红黄牌：3 套。

（3）各裁判组所需器材（由各主裁判提交）。

（4）最新大会记录。

第二节　全能项目裁判工作

一、任务

全能项目比赛的各个单项，由大会各个项目裁判组执行裁判工作。全能裁判组的主要工作任务如下：

（1）在赛事主管领导下工作。协助检录处做好各项检录工作，陪同运动员到达比赛场地。

（2）负责运动员在各单项比赛之间休息时的管理工作。

（3）根据竞赛规则有关规定，负责与有关裁判组联系，保证比赛顺利进行。

（4）及时领取比赛成绩和评分统计表并宣布分数。

（5）制定全能运动比赛各单项检录时间表，在检录处和全能运动员休息室分别公布。

二、人员设置与职责

（1）全能裁判长：3 人。

（2）管理裁判员：3 人。

（3）成绩统计裁判员：2 人。

（4）志愿者：4 人。

（一）全能裁判长

（1）全面负责整个全能比赛，领导全能裁判组工作，与各有关裁判组密切配合。

（2）根据竞赛日程和竞赛规则规定，掌握进程，保证比赛顺利进行。

（3）及时处理运动员因故、因伤弃权情况，并通知有关裁判组。保证单项之间休息时间不少于 30 分钟，如有变化，应及时与大会竞赛秘书组联系，进行必要的调整。

（4）如认为原分组不合理，有权对任何一组进行重排。

（二）管理裁判员

（1）公布各单项检录时间，须在检录处、全能运动员休息室分别公布，协助检录处做好第一个项目的检录工作。确定运动员的进、退场路线，负责后继项目的检录工作并带领运动员到比赛场地，将运动员交给有关裁判组的主裁判。

（2）负责全能运动员休息室的管理工作。在各项比赛后带领运动员到休息室休息，并始终伴随运动员进行管理，休息期间运动员请假离开休息室须经全能裁判长同意。

（3）全能所有项目比赛结束后，负责将运动员带至赛后控制中心交主裁判。

（三）成绩统计裁判员

（1）每一单项比赛结束后，及时收取成绩记录表，迅速准确地统计每名运动员的单项成绩得分及累积分，交裁判长审核后及时向运动员宣布，然后将单项成绩得分、累积分填写在张贴于休息室的全能成绩记录表上。

（2）在全能倒数第二项比赛结束后，及时统计出所有运动员前几项累积分的排名顺序，并及时与技术代表和竞赛秘书组联系，确定组次和抽签排定道次（顺序），交管理裁判员进行最后一项的检录工作。

（3）全能所有项目比赛结束后，仔细核对所有成绩并排列名次，填写成绩报告表，交全能裁判长审核签字，然后送竞赛秘书组和赛后控制中心。

（四）裁判员的工作位置

径赛在赛后控制中心附近，田赛在该项目比赛的记录台和运动员休息处附近。

三、工作方法

（一）赛前工作

（1）全能裁判长宣布分工与职责，组织学习大会有关文件、竞赛规程和规则有关部分。了解全能比赛的竞赛日程，熟悉并掌握全能比赛的有关规定，裁判方法和《全能运动评分表》的用法及评定名次的办法等，了解秩序册中参加比赛的运动员人数、组别、时间及比赛场地等情况。

（2）提交比赛用品清单。落实和检查全能运动员休息室及有关设施。了解赛前、赛后控制中心的位置。

（3）与编排、检录处、径赛、田赛各有关裁判组商定联系与配合的具体方法。如确定需用表格的格式，填写方法等；与检录处配合如何做好每天第一项的检录工作。

（4）熟悉比赛场地，做好比赛实习工作。明确检录的时间、地点、比赛场地出入路线及场内工作位置等。选择适宜的运动员集合与休息地点，有利于比赛的进行，并保证运动员的安全。

① 其他全能运动项目检录表，可按此表规格制定。

② 检录时间可根据运动员人数而定，以保证运动员在各单项之间至少有30分钟休息时间为原则。

（5）提示检录处提前领出全能运动成绩记录表，协助进行核对。

（6）领取和准备好比赛用品。如计算器、评分表、成绩记录表（见表7-1、表7-2）、复写纸、笔等。全能成绩记录表应制作两大张，分别张贴在成绩公告处和全能运动员休息室，以供观看。此外要随身可以携带小型成绩记录表，夹在夹板上或其它垫板上，以便随时填写。

表7-1　女子七项全能比赛检录时间表

日期	第一天（　　月　　日）				第二天（　　月　　日）		
单元	上午		晚上		上午		晚上
项目	100米栏	跳高	铅球	200米	跳远	标枪	800米
检录时间							
比赛时间							

注：应用时放大绘制在整张纸上。

表7-2　男子十项全能比赛检录时间表

日期	第一天（　　月　　日）					第二天（　　月　　日）				
单元	上午			晚上		上午			晚上	
项目	100米	跳远	铅球	跳高	400米	110米	铁饼	撑竿跳高	标枪	1 500米
检录时间										
比赛时间										

注：应用时放大绘制在整张纸上。

（二）赛中工作

（1）全组人员应于每天第一项检录之前 40 分钟到达检录处，由一名管理裁判员协助进行检录。除了进行常规的检录和检查工作外，还应向运动员通告全能项目的比赛秩序和比赛时应注意的事项。后继项目由全能管理裁判员负责检录。

（2）根据不同项目时间要求，由管理裁判员带领运动员（全能裁判员亦列队入场）到比赛场地后，将运动员和成绩记录表、检录表、交有关裁判组主裁判执行裁判工作。比赛结束后从竞赛秘书处领取成绩记录表、全能成绩记录表（经主裁判签字），有风速要求的项目还须取回风速记录表。

（3）在下一项目比赛检录前向运动员宣布，同时将全能成绩记录表送至大会竞赛秘书组进行登记核实后取回，待下一项比赛时再用。

（4）每项比赛结束后，由管理裁判员将运动员带至休息室休息。如果下一项检录时间已到，则可把运动员直接带到该项目比赛场地，就地进行检录。

（5）掌握好各个单项比赛之间的休息时间。

（6）全能比赛最后的分组（女子七项 800 米、男子十项 1 500 米）应将倒数第二项比赛后累积分领先的运动员分在一组。由技术代表和大会竞赛秘书组抽签排定组次和顺序，及时向运动员公布。

（7）比赛结束后，认真核对所有成绩、得分、累积分，排出名次（遇到总分相等的按规则规定确定名次），经与大会竞赛秘书组校对后，填好成绩报告表，经全能裁判长签字后，送大会秘书组和宣告员、赛后控制中心各一份。

（8）所有比赛项目结束后，管理裁判员将运动员带到赛后控制中心交主裁判。

（9）男子十项中的撑竿跳高比赛时，持续时间比较长，特别是在烈日下和雨天进行比赛时，更要协助撑竿跳高裁判组做好组织工作。

（三）赛后工作

（1）每单元（场）比赛完后，及时统计与公布运动员的成绩与累积分，进行工作小结以改进工作。

（2）全部比赛完后应进行全组工作总结，提出今后工作的改进意见与建议，并写出书面材料交赛事主管。

（3）整理有关资料交大会有关部门保存。

（4）归还所有裁判用具。清理各种手续。

四、工作重点与难点与对策

（1）除各执行单项比赛的竞赛规则外，裁判员应特别注意有关全能比赛的各项规则规定。如：全能项目的试跳、试掷次数，径赛项目起跑时所允许的犯规次数，风速规定，试跳高度的递升等。

对策：必要时，有责任提醒有关裁判员注意，防止出现错误。

（2）按规则处理运动员的请假等事宜。

对策：若运动员中途退出比赛或放弃任一项比赛，应及时向裁判长报告，（因试跳、试掷失败或径赛犯规或成绩太低没有得分，无论是一项或几项，仍应计算其总成绩）。

（3）全能最后一个项目比赛前，应将前几项累积分数较多的运动员编在一组。

（4）为了使各单项比赛的间隔不少于30分钟，裁判长可适当调整比赛顺序或组次，以保证每个运动员至少有30分钟的休息时间。

（5）比赛中，如果某单项超过规定风速时，该单项成绩仍应评分和计算全能名次，但不得将此成绩和总分作为正式纪录。

（6）当运动员参加径赛项目比赛结束后，应通过赛后经过外场在从新通过检录处进入全能运动员休息室，当通道受阻时如何处理。

对策：赛前与赛事主管沟通、与安保负责人沟通、与检录裁判长沟通，保证该通道畅通，让运动员得到充分时间的休息。

五、所需物品

（1）运动员休息室用：两间。

（2）桌子、按摩床：各2～4张。

（3）垫子和椅子（或长条凳）：20。

（4）饮料、饮水及饮水机：两套。

（5）饮水用具（纸杯）：400个。

（6）裁判员用折叠椅：6 把。

（7）手提扩音器：2 个。

（8）计算器：2 个。

（9）记录夹板：4 块。

（10）鞋钉检查器：1 个。

（11）卡尺：1 把。

（12）针线包：1 个。

（13）能量棒、点心、水果：40 份。

（14）笔、复写纸、曲别针、铅笔、橡皮：若干。

（15）全能成绩记录表、检录表：若干。

（16）名次号码簿 1～20：两套。

（17）领先者标志：2 套。

（18）扫除用具：2 套。

（19）垃圾桶：2 个。

第八章
场地器材管理与检查工作

第一节　场地器材裁判工作

一、任务

负责落实体育器材和辅助器材的运输、景观的设计和数量的确定；管理器材库房，负责各裁判组申报的器材管理、准备、出借、运送和回收，确保所有器材的维护和安全；为比赛和训练时场地和器材设备的使用提供服务；确保所有的训练、比赛器材的使用完全符合国际田联相关规定；检验运动员的自备器材并负责封存和保管，提供每日场地器材的使用情况报告。

二、人员设置和职责

（一）人员设置

（1）主裁判：2 人。
（2）径赛组裁判员：4 人，志愿者：40 人/班。
（3）田赛一组裁判员：1 人，志愿者：10 人/班。
（4）田赛二组裁判员：1 人，志愿者：10 人/班。
（5）热身场地组裁判员：1 人，志愿者：10 人/班。
（6）器材室裁判员：2 人，志愿者：10 人/班。

（二）职责

1. 主裁判

领导裁判组工作，与各有关裁判组联系和协调。负责裁判员分工，以及制定详细工作计划，保证比赛的顺利进行。

2. 径赛组裁判员

负责径赛比赛场地的器材与设施的运送与摆放。熟悉比赛中有关器材的摆放要求，按照比赛的规定时间摆放各类器材，保证比赛的顺利进行。

3. 田赛组裁判员

负责田赛场地的器材与设施的运送与摆放。熟悉比赛中有关器材的摆放要求，按照比赛规定时间摆放各类器材，保障比赛的顺利进行。

4. 热身场地组裁判员

负责热身场地的器材与设施的管理

5. 器材组裁判员

负责比赛使用器材的检验与管理，运动员自备器材的检验与管理，保证比赛器材符合田径竞赛规则和比赛规程的要求。

三、工作方法

（一）赛前

1. 学习竞赛规则和规程

认真学习竞赛规则和比赛规程的相关条款，熟悉对场地器材的规定和要求。在赛前学习的时候，与各项目主裁判协调，根据规程及规则的相关要求，确定各项目场地布置位置，并做好示意图。核对各项目比赛器材清单。

2. 明确分工与任务

制定详细工作方案，明确每一名裁判员的职责与任务。根据大会要求制定各项相关规定，器材管理规定、自定器材管理规定等。

3. 检验测量比赛场地与器材

按照规定检验测量所有比赛场地和器材，发现问题及时汇报解决。

4. 培训志愿者

对志愿者进行培训并分工（分组）。按照工作方案操作各项工作流程，熟悉各项器材放置的位置、运输的路线、到位的时间以及完成任务的时间，必须严格按照时间要求工作，实习损坏器材替换的流程。

（二）赛中

1. 径赛项目

（1）布置起跑器、犯规检测仪和道次墩

在进行 400 米及 400 米以下竞赛项目（含 4×400 米接力第一棒）比赛起跑器及犯规监测仪和道次墩。在进行 800 米比赛前只需布置道次墩。

主裁判带领 8 名志愿者在赛前 20 分钟布置。先布置个分道上的道次墩，放置在距起跑线 3 米处的各分道中央。在安放各道起跑器起跑线后约 0.2 米处，并连接犯规检测仪，连接电源。全部安装完毕请发令协调员检查。一切正常后主裁判留在工作岗位，其他人员在附近看台下等候，如发生故障，立即更换。

比赛结束后，首先切断电源，拆除起跑器上犯规检测仪的电缆。由志愿者把起跑器和道次墩送至下一个项目的起点或运送回仓库。

在进行 400 米、4×100 米、4×400 米接力赛时，当起跑后，在主裁判的指挥下撤掉各（或部分）分道上的起跑器、犯规检测仪电缆和道次墩。如有二组或二组以上，带该组比赛结束后，即刻布置后一组分道上的起跑器、道次墩，连接犯规检测仪的电缆。

（2）放置栏架

在进行 100 米栏、110 米栏及 400 米栏的比赛前 15 分钟（单元第一项 1.5 小时），按比赛项目的规则规定，调好栏架的高度和配重，并摆放在栏架车上。主裁判带领 10 名裁判员及 40 名志愿者（4 人/组）各推一辆栏架车在赛前 15 分钟或前一个项目比赛结束后，进入场地布置。

直道栏时，主裁判和 10 名裁判员带领 40 名志愿者（4 人/组），10 组志愿者各推一辆已装有 9 只栏架的栏架车，其中有一只为备用栏架，在看台下通道内等候。进入场地时匀速前进，前者为第十栏、后者为第一栏。每一辆车距为下一栏位左右，沿跑道外侧，行至各栏位点后侧，人、车右转 90 度后，人面向东站立，稍停。看到主裁判的手势，各组志愿者将车推至第二道，然后依次

搬栏放置在第一至八分道的栏位标记上，使栏板的后沿与栏位标记的后沿重合，相邻道次的栏板之间相隔至少1厘米。各分道次上已放置好栏架后，人面向东站立至车的右侧稍停顿。按主裁判的手势，人车行至看台。比赛时，如遇栏架损坏，负责该位的裁判员和志愿者即迅速更换栏架，坏栏架送至预备栏架处。如遇数只栏架损坏，相邻裁判员应合力迅速将损坏栏架更换。

400米栏时，主裁判和10名裁判员带领20名志愿者（2人/组，共十组），每组推一辆已装有9栏架（其中一只为备用栏架）的栏架车，在主裁判下达入场手势后，兵分三路前往各栏位（绿色短线），由第一道至第八道放置栏架。使栏板的后沿与栏位标记的后沿重合。各分道口上放置好栏架后稍停。按主裁判的手势，人车行至原进口时的通道口内。比赛时，遇某栏位上的栏架已坏，负责该栏位的裁判员或志愿者迅速推预备栏架车更换栏架。

如变换项目，应迅速准确地调整高度及配重，按主裁判的手势，立即前去本栏位进行调整。待比赛全部结束，按主裁判的手势，撤回栏架装车，按规定路线运送回仓库。对撤回器材室的栏架立即进行检查，如有损坏立即进行更换。

（3）布置隔离墩和抢道旗

在进行5 000米及10 000米比赛，因参赛人数超过12人时，起跑分常规跑线（第一组）和外侧起跑线（第二组）同时起跑。弯道隔离旗在上一个项目结束后或赛前10分钟布置。

由1名裁判员带领2名志愿者，使用一辆车（40只分道标旗、1面抢道旗和1只棱柱体），由外侧起跑线至抢道线，沿着第四分道外侧线以内（标志旗底部的多余部分放在第四分道上），按每3米布置一隔离旗，共38只，最后再抢道点上放置一只棱柱体（或小锥体），在抢道点跑道外侧放置一面抢道旗，完毕后人车行至看台下就近等候。待运动员都已超过抢道点，裁判员即上道撤掉抢道旗、棱柱体（或小锥体）及标志旗收回装车，沿跑道外侧运回仓库。

（4）放置抢道标记物（棱柱体）

在800米比赛前和4 × 400米接力比赛中，由1名裁判员带领2名志愿者（携带棱柱体7只），在赛前5分钟布置。

在进行800米比赛起跑前和当4 × 400米接赛第一棒运动员均超过进入直道后，由裁判员放置7只棱柱体（或小锥体）在规定的位置上（即抢道线与分道线交界处之后）主裁判迅速查核完毕后，在看台下就近等候。800米起跑后或 4 × 400 米接赛第二棒运动员超过抢道线后，立即撤出棱柱体，全部比赛结束，送回仓库。

（5）布置 3 000 米障碍赛道

在进行 3 000 米障碍比赛前 2 小时（视情况而定），水池注水到位（与跑道表面齐平，最多不能低于 2 厘米）。水池的障碍栏架用蓝布或盘花遮挡，在注水前把水池上的盖板掀掉并装车送回仓库。为考虑其他人员安全，布置完水池后，水池周围先用隔离墩（或盘花）进行围栏，赛前再撤除。赛后安装上水池赛道左侧的突沿。

主裁判和 1 名裁判员带领 10 名志愿者，将第三、第四障碍栏架装车，从入口进场，运至第三栏位，卸下 3.960 米栏放在跑道内侧备用；行至水池卸下 3.660 米栏并安装。

三名裁判员带领 10 名志愿者，将第五、第一和第二（女子）（依次顺序从左至右）装车，从入口进场，运至第二栏位，卸下 3.960 米栏放在跑道内侧备用，运至第一栏位，卸下 5.000 米栏放在跑道内侧备用，运至第五栏位，卸下 3.960 米栏放在跑道内侧备用，然后返回。

赛前 10 钟（或按技术代表的指令）布置好赛道：二名裁判员各带 4 名志愿者，负责摆放第一、第二障碍栏架。一名裁判员带领 4 名志愿者，比赛时当运动员起跑后，跑过第三障碍栏位，立即摆放障碍栏架，然后退回通道内等待。

比赛结束，安装东西道口的突沿。排空水池的水，裁判员拆下水池边的栏架，放到北弯道内侧。由裁判员带领志愿者将盖板送至水池边，将盖板把水池盖好。主裁判指挥裁判员和志愿者，分别把二栏、三栏、四栏、五栏和最长的一栏相继装车运回仓库。

（6）布置场地饮水/用水站

当进行 5 000 米以上项目时，由 4 名裁判员和 8 名志愿者，推两辆车，装桌子 4 张、饮水/用水用品（2 只装水的水桶和被子及瓶装水若干，20 块小海绵等）及垃圾桶 2 只，运至 200 米起点向南 20 米及 40 米处，卸下桌子两张和瓶装水（饮水提供大会专用瓶装水，不得开启瓶盖）、垃圾桶于 20、30 米处，为饮水站。在 30、40 米处卸下另两张桌子和两只水桶及小海绵块、垃圾桶为用水站。比赛开始后，当运动员跑过以后，迅速将饮水/用水站的桌子和物品移至第四道摆放。饮水/用水站分别设置 2 名裁判员和 4 名志愿者负责，2 名志

愿者将运动员丢弃的小海绵以及杯子或瓶子的捡起或回收，小海绵块洗净可再用，杯子或瓶子入垃圾桶内，待比赛结束后，立即装车运送回仓库。

（7）布置风速仪、风标（风向袋）、标记旗和电脑终端

在 200 米以及 200 米以下项目及跳远和三级跳远比赛前一小时布置。

主裁判带领三名裁判员，将风速设备及器材送至西直道第一分道内侧，距跑道不超过 2 米，距终点线 50 米处。桌子 1 张，椅子 2 个。风速仪、电脑终端和 2 米卷尺放在桌上，风标放置在一侧。在 200 米比赛时放置标记旗在西北角直曲段交叉点的内侧。离跑道约 1 米处。待比赛结束后，撤掉设备和器材，运送回仓库。

主裁判带领裁判员，将风速设备及器材送至跳远或三级跳远比赛区。具体安置在距起跳板 20 米，距助跑道不超过 2 米处为风速仪、电脑终端和 2 米卷尺放在 2 张桌子上，椅子 3 张。风标放置在风速仪对面助跑道外侧附近。待比赛结束，一并撤掉运送回仓库。

（8）布置终点器材

由两名裁判员带领志愿者，在每单元比赛开始前 60 分钟，把本单元比赛终点所需物品运至终点，并按终点主裁判的要求布置好。

（9）跑道突沿

每个单元布置场地器材前，首先检查跑道突沿安装是否完好无缺。

在跳高和标枪比赛前 50 分钟，将相关区域弯道内突沿拆除，放置在就近看台下围栏边，并放置分道标志旗。比赛结束后，立即安装拆下的内突沿。

2. 田赛项目

因项目多，设备和器材较复杂，必须严格细致，安全的进行安装和布置，具体实施方法可分为以下几个方面。

第一，裁判组在每个单元比赛前 2 个小时到达比赛场地，从器材室接受本单元比赛项目的器材，由各组裁判员带领志愿者，摆放各比赛场地器材。

第二，在比赛前一天或单元比赛结束后，全体裁判和工作人员在主裁判的指挥下完成安装大型器材的任务。当确定各赛场的位置后，摆放跳高场地海绵包及支架，把跳高起跳区前的应沿着两个立柱前沿垂直面的地面上划一条 5 厘米宽的白线（通常可用胶布或类似物质），该白线前沿与立柱前沿垂直面相交，并延伸至立柱以外三米处（建议此线由临场裁判布置为好）。安装撑竿跳高海

绵包及电动横杆升降系统，在撑竿跳高插穴前壁顶端的内沿齐平，与助跑道的中轴线垂直化一条 6.5 米宽 1 厘米的白线（用白色喷漆）。在安装铁饼、链球护笼、布置落地区角度线之前，必须确定角度线的中心线。并确定前后半径的延长线（各长 0.75 米，宽 5 厘米，后沿为前后半圆），同时量准并埋下角度线的具体远端（100 米）和近端（圈前）的木桩标记。

第三，裁判员在赛前 1.5 小时驾车，送桌子、椅子、运动员休息椅子、电脑终端、成绩告示牌、时限计时器、风速仪、电子测距仪、铅球输送器、遥控输送车及裁判用具等。

田赛一组的裁判员及志愿者布置跳部赛区的场地设备。田赛二组单位裁判员及志愿者布置掷部赛区的场地设备。场地布置结束后，请各主裁判核准并在器材单上签字，如有情况，在场的场地裁判与执行主裁判商定为修复或更换，立即通知器材组，迅速解决。

在赛中，田赛一组负责跳部项目，田赛二组负责掷部项目中的服务性工作。

比赛结束，在场的场地裁判清点核实后由工作人员撤回除落地海绵包、护笼外的设备和器材及用具，运送回仓库。将护笼的档、挂网放下。海绵包罩上防护罩。在适宜时撤回设备，运送回仓库。

跳高落地区海绵包及跳高架布置，在前一单元结束后或赛前二小时布置进场布置时按序放在规定的地区（白线后 10 厘米外）先中间后俩侧，每小块之间的搭扣完全搭齐搭牢扣紧，平坦无凹凸现象，上复盖面盖，（其落地区为 6 × 4 × 0.7 米）再用防护罩套好，然后放置跳高架（先调整好架子的水平及垂直角度），调试横杆升降良好后把横杆放在横杆架上。运动员进场后由负责跳高区的场地裁判员和工作人员把防护罩掀掉，装车运送回仓库。

撑竿跳高落地区海绵包及架子布置，在前一单元结束后或赛前两小时布置。在进场后，先把架子放在一确定的位置上，（在安装前对应立柱伸臂至横杆托之间距离，主柱的内沿与底座的内边之间的距离一一记录下来，这样两底座内边之间的距离为：横杆伸臂至横杆托的距离减去立柱内边至底座内边的距离，再乘 2 加 4.34 米，并测量两底后脚和前脚是否是等腰三角形。底座上的“0”必须对准 1 厘米宽的白线后沿上，在放置中间的靠近插穴前的海面块，离插穴前臂为 10～15 厘米（初定 10 厘米）。依次从中间到两边（6 × 6 × 0.8 米）最后布置插穴两侧的护柱海绵包。覆盖面盖及防护罩。把横杆放在伸臂的横杆

托上（长 5.5 厘米，粗 1.3 厘米）调试升降状况正常后把横杆放在横杆架上。当运动员进场后由场地裁判和工作人员把防护罩掀掉，装车送回仓库。

跳远与三级跳远及橡皮泥显示板在每个单元赛前 90 分钟布置。在前一单元比赛结束后对比赛沙坑进行浇喷水，浸湿后在赛前四十分钟再翻松，沙面与助跑道表面齐平，同时橡皮泥板必须牢固的放在起跳板前沿槽内。如果沙坑宽于落地区（2.75～3.00 米）则需拉 5 厘米宽布带一条或两条（每条长 8.50 米）用钉钉牢，清扫干净后，最后放置测距板。

链球、铁饼、铅球和标枪落地区的角度线赛前 2 小时布置。

（1）根据比赛场地布置位置投掷项目角度线，铅球、链球、铁饼为 34.92 度，标枪为约 29 度（赛前可预埋 U 型钉）。

（2）为了裁判员能更快、更准确地在角度线处标设前三名运动员的成绩标志牌，在东侧角度线上放置 5 米间隔距离的彩色线带。

（3）若是及格赛，距离线只设一条黄色的及格线。

（4）若是决赛或全能的单项比赛，距离线设置一条红色世界纪录线、一条白色全国纪录线和一条白色基本成绩线。并在角度线上用醒目的标志牌显示世界纪录和全国纪录，以及基本成绩线距离标志牌。

设置链球、铁饼、铅球和标枪落地区角度线及米线。在主裁判的指挥带领下，先布置角度线（已经测量并在近端和远端埋下 U 型钉作角度标记，下同）。两名裁判员把布带拉直拉紧。由裁判员间隔 5 米用 U 型钉固定布带。然后布置米线。完成落地区角度线和米线布置后，裁判员收回钢尺等工具，打扫投掷圈内地面。工作完成后裁判员返回仓库或去另一赛区。

比赛结束，在主裁判的带领下，对于下一单元没有比赛的场地，收回全部器材。对于下一单元仍要比赛的项目，保留固定器材如海绵包、撑杆海绵包、角度线等。全体裁判员先把护笼的档、挂网降下，整理在立柱旁，然后拆除落地区所有布带，把桌子、椅子、休息长凳、布带、U 型钉、木棰、比赛设备、器材和用具装车，一并送回仓库。

（三）赛后

（1）整理、登记入库器材。

（2）移交所有器材及用品。

（3）进行小组总结。

四、场地器材工作重难点

（一）重点

（1）器材的检验，尤其是自备器材的检验和封存。
（2）投掷场地的快速布线。
（3）跨栏跑、障碍跑的栏架布置以及水池的处理。

（二）难点

（1）大型器材设备的安装、拆卸及回送。
（2）栏架的回收及再布置。

五、比赛项目场地布置

表 8-1　100 米、200 米场地布置

场地器材组负责布置	发令台，风标，道次墩 9 个 终点裁判椅子 3 把
计时计分负责布置	风速仪，显示器，终点摄影设备，分段时间显示屏，终点计时显示器，起跑器电子系统
裁判员领用	发令枪 3 把，子弹 50 发，手套 5 副，红黄卡 1 副，夹板 2 块，橡皮头铅笔 2 支

表 8-2　400 米场地布置

场地器材组负责布置	发令台，道次墩 9 个 终点裁判椅子 3 把
计时计分负责布置	终点摄影设备，分段时间显示屏，终点计时显示器，起跑器电子系统
裁判员领用	发令枪 3 把，子弹 50 发，手套 5 副，红黄卡 1 副，夹板 2 块，橡皮头铅笔 2 支

表 8-3　800 米场地布置

场地器材组负责布置	发令台 终点裁判椅子 4 把，内场 1 把 检查裁判枪道标志物 8 个
计时计分负责布置	终点摄影设备，分段时间显示屏，终点计时显示器、终点报圈器
裁判员领用	发令枪 3 把，子弹 50 发，手套 5 副，红黄卡 1 副 夹板 2 块，橡皮头铅笔 2 支

表 8-4　1 500 米场地布置

场地器材组负责布置	发令台、终点裁判椅子 4 把、内场 1 把
计时计分负责布置	终点报圈器，终点摄影设备，分段时间显示屏，终点计时显示器
裁判员领用	发令枪 3 把，子弹 50 发，手套 5 副，红黄卡 1 副，夹板 2 块，橡皮头铅笔 2 支

表 8-5　3 000 米场地布置

场地器材组负责布置	发令台 终点裁判椅子 7 把、内场 2 把 饮用水站，分组起跑分道隔离墩及标志旗
计时计分负责布置	终点报圈器 终点摄影设备，分段时间显示屏，终点计时显示器，自动记圈仪电子系统
裁判员领用	发令枪 3 把，子弹 50 发，手套 5 副，红黄卡 1 副 终点脱圈报圈牌（1～10+1～5） 夹板 2 块，橡皮头铅笔 2 支

表 8-6　5 000 米场地布置

场地器材组负责布置	发令台 终点裁判桌子 3 张，椅子 10 把、内场 2 把，饮用水站，分组起跑分道隔离墩及标志旗
计时计分负责布置	终点报圈器 终点摄影设备，分段时间显示屏，终点计时显示器，自动记圈仪电子系统
裁判员领用	发令枪 3 把，子弹 50 发，手套 5 副，终点脱圈报圈牌（1～5）3 套，夹板 2 块，橡皮头铅笔 2 支

表 8-7　10 000 米场地布置

场地器材组负责布置	发令台 终点裁判桌 3 张，椅子 10 把、内场 2 把 饮用水站，分组起跑分道隔离墩及标志旗
计时计分负责布置	终点报圈器 终点摄影设备，分段时间显示屏，终点计时显示器，自动记圈仪电子系统
裁判员领用	发令枪 3 把，子弹 50 发，手套 5 副，终点脱圈报圈牌（1～5）3 套夹板 2 块，橡皮头铅笔 2 支

表 8-8　女子 100 米栏场地布置

场地器材组负责布置	发令台，风标，道次墩 9 个，终点裁判椅子 3 把跨栏架 100 个（栏高 0.84 米）
计时计分负责布置	风速仪，显示器，终点摄影设备，分段时间显示屏，终点计时显示器，起跑器电子系统
裁判员领用	发令枪 3 把，子弹 50 发，手套 5 副，红黄卡 1 副，夹板 2 块，橡皮头铅笔 2 支

表 8-9 男子 110 米栏场地布置

场地器材组负责布置	发令台，风标，道次墩 9 个 终点裁判椅子 3 把 跨栏架 100 个（栏高 1.06 米）
计时计分负责布置	风速仪，显示器，终点摄影设备，分段时间显示屏，终点计时显示器，起跑器电子系统
裁判员领用	发令枪 3 把，子弹 50 发，手套 5 副，红黄卡 1 副，夹板 2 块，橡皮头铅笔 2 支

表 8-10 400 米栏场地布置

场地器材组负责布置	发令台，道次墩 9 个，终点裁判椅子 3 把 跨栏架 100 个男子（栏高 0.914 米）女子（栏高 0.76 米）
计时计分负责布置	终点摄影设备，分段时间显示屏，终点计时显示器，起跑器电子系统
裁判员领用	发令枪 3 把，子弹 50 发，手套 5 副，红黄卡 1 副，夹板 2 块，橡皮头铅笔 2 支

表 8-11 4×100 米接力场地布置

场地器材组负责布置	发令台，道次墩 9 个 终点裁判椅子 3 把
计时计分负责布置	终点摄影设备，分段时间显示屏，终点计时显示器，起跑器电子系统
裁判员领用	发令枪 3 把，子弹 50 发，手套 5 副，红黄卡 1 副，夹板 2 块，橡皮头铅笔 2 支，接力棒 16 根

表 8-12 男子 3 000 米障碍赛场地布置

场地器材组负责布置	发令台，终点裁判椅子 6 把、内场 2 把 障碍跑道分道旗，障碍栏架 5 个（栏高 0.914 米），千米点标志旗
计时计分负责布置	终点摄影设备，分段时间显示屏，终点计时显示器、终点报圈器，自动记圈仪电子系统
裁判员领用	发令枪 3 把，子弹 50 发，手套 5 副，红黄卡 1 副，夹板 2 块，橡皮头铅笔 2 支

表 8-13 女子 3 000 米障碍赛场地布置

场地器材组负责布置	发令台，终点裁判桌子 2 张、椅子 9 把、内场 2 把障碍跑道分道旗，障碍栏架 5 个（栏高 0.762 米），千米点标志旗
计时计分负责布置	终点摄影设备，分段时间显示屏，终点计时显示器，点报圈器，自动记圈仪电子系统
裁判员领用	发令枪 3 把，子弹 50 发，手套 5 副，红黄卡 1 副，夹板 2 块，橡皮头铅笔 2 支

表 8-14 跳高场地布置

场地器材组负责布置	裁判桌 2 张，椅子 11（+1 全能）把，运动员休息椅 16 座，风标，清扫工具，停用显示标记（STOP）1 个，海绵包 1 套，跳高架 1 副，横杆（4 米）4 根，跳高丈量尺 1 个，跳高架基准线（5 厘米×12 米）1 根
计时计分负责布置	终端设备，激光测距仪，田赛成绩显示屏，时限显示屏，候赛运动员号码显示屏

续表

裁判员领用	红旗、白旗、黄旗各1面，钢尺（30米）1把，皮尺（50米）1把，粘胶带（各色）各8卷，锤子1把，小钉10枚，手套2副，擦布2块，扫帚（软）1把，橡皮头铅笔2支，夹板3块，签字笔1支，电子秒表1块，白板笔3支，红黄卡1副

表 8-15 撑竿跳高场地布置

场地器材组负责布置	裁判桌2张，椅子13把，运动员休息椅16座，风标，清扫工具，停用显示标记（STOP）1个，镁粉盒1个，海绵包1套，撑竿跳高架1副，横杆（4.5米）4根，撑竿跳高丈量尺1个，撑竿搁架1个，横杆叉1副压顶，电动立柱控制台，架距显示屏
计时计分负责布置	终端设备，激光测距仪，田赛成绩显示屏，时限显示屏，候赛运动员号码显示屏
裁判员领用	红旗、白旗、黄旗各1面，钢尺（100米）1把，皮尺（50米）1把，助跑标记物20副，手套2副，擦布2块，扫帚（软）1把，橡皮头铅笔2支，夹板3块，签字笔1支，电子秒表1块，白板笔3支，红黄卡1副，运动员比赛用撑杆

表 8-16 跳远场地布置

场地器材组负责布置	裁判桌2张，椅子14（+1全能）把，运动员休息椅16座，风标，清扫工具。3米起跳板1块，橡皮泥板4块，橡皮泥板搁架1个，起跳板显示标记2个，停用显示标记（STOP）1个，距离显示板（4～9米）1套 黄砂铲1个，平砂器1个
计时计分负责布置	终端设备，激光测距仪，田赛成绩显示屏，时限显示屏，运动员号码显示屏，风速仪
裁判员领用	红旗、白旗、黄旗各1面，钢尺（30米）1把，皮尺（50米）1把，钢插钎2根，助跑标记物20套，橡皮泥若干，橡皮泥刮刀2把，刷子2把，小铲子1把，小锤子1把，手套2副，擦布2块，扫帚（软）1把，起跳线3米1根，小钉子4枚，粘胶带1卷，橡皮头铅笔2支，夹板3块，签字笔1支，电子秒表1块，红黄卡1副

表 8-17 三级跳远场地布置

场地器材组负责布置	裁判桌2张，椅子14把，运动员休息椅16座，风标，清扫工具，3米起跳板1块，橡皮泥板4块，橡皮泥板搁架1个，停用显示标记（STOP）1个，镁粉盒1个，距离显示板（4～9米）1套，黄砂铲1个，平砂器1个
计时计分负责布置	终端设备，激光测距仪，田赛成绩显示屏，时限显示屏，运动员号码显示屏，风速仪
裁判员领用	红旗、白旗、黄旗各1面，钢尺（30米）1把，皮尺（50米）1把，钢插钎2根，助跑标记物20副，橡皮泥若干，橡皮泥刮刀2把，刷子2把，小铲子1把，小锤子1把，手套2副，擦布2块，扫帚（软）1把，起跳线3米1根，小钉子4枚，粘胶带1卷，橡皮头铅笔2支，夹板3块，签字笔1支，电子秒表1块，白板笔3支，红黄卡1副

表 8-18　铅球场地布置

场地器材组负责布置	裁判桌 2 张，椅子 11 把，运动员休息椅 16 座，风标，镁粉盒 1 个，角度线，记录旗，距离标志线（红色 22.63 米、白色 22.63 米）、墩（17、19、21 米），清扫工具，脚垫，铅球回收架，比赛铅球女子（4 千克）10 个，男子（7.26 千克）10 个，投掷器材架 2 个
计时计分负责布置	终端设备，激光测距仪，田赛成绩显示屏，时限显示屏，运动员号码显示屏
裁判员领用	红旗、白旗、黄旗各 1 面，钢尺（100 米）1 把，钢钎 2 根，成绩标记牌 3 块，手套 2 副，擦布 2 块，扫帚（软）1 把，橡皮头铅笔 2 支，夹板 3 块，签字笔 1 支，电子秒表 1 块，白板笔 3 支，红黄卡 1 副

表 8-19　铁饼场地布置

场地器材组负责布置	裁判桌 2 张，椅子 13 把，运动员休息椅 16 座，风标，记录旗，停用显示标记（STOP）1 个，角度线，距离标志线（红色 74.08 米、白色 74.08 米）、墩（50、60、70 米），落地挡网，U 型钉 100 个，清扫工具，脚垫，镁粉盒 1 个，铁饼回收车 2 辆，比赛铁饼男子（2 千克）15 块，女子（1 千克）15 块，投掷器材架 2 个
计时计分负责布置	终端设备，激光测距仪，田赛成绩显示屏，时限显示屏，运动员号码显示屏
裁判员领用	红旗、白旗、黄旗各 1 面，钢尺（100 米）1 把，皮尺（50 米）1 把，钢钎 2 根，成绩标记牌 3 块，手套 2 副，擦布 2 块，扫帚（软）1 把，橡皮头铅笔 2 支，夹板 3 块，签字笔 1 支，电子秒表 1 块，白板笔 3 支，红黄卡 1 副

表 8-20　链球场地布置

场地器材组负责布置	裁判桌 2 张，椅子 13 把，运动员休息椅 16 座，风标，记录旗，停用显示标记（STOP）1 个，角度线，距离标志线（红色 77.80 米、白色 77.80 米）、墩（55、65、75 米），落地挡网，U 型钉 100 个，清扫工具，脚垫，镁粉盒 1 个，链球回收车 2 辆，比赛链球女子（4 千克）15 个，男子（7.26 千克）15 个，投掷器材架 2 个
计时计分负责布置	终端设备，激光测距仪，田赛成绩显示屏，时限显示屏，运动员号码显示屏
裁判员领用	红旗、白旗、黄旗各 1 面，钢尺（100 米）1 把，皮尺（50 米）1 把，钢钎 2 根，成绩标记牌 3 块，手套 2 副，擦布 2 块，扫帚（软）1 把，橡皮头铅笔 2 支，夹板 3 块，签字笔 1 支，电子秒表 1 块，白板笔 3 支，红黄卡 1 副

表 8-21　标枪场地布置

场地器材组负责布置	裁判桌 2 张，椅子 12 把，运动员休息椅 16 座，风标，记录旗，停用显示标记（STOP）1 个，角度线，距离标志线（黄色）、墩（65、75、85 米），U 型钉 100 个，脚垫，清扫工具，镁粉盒 1 个，标枪回收车 2 辆，男子比赛标枪（800 克）（65 米）2（70 米）2（75 米）2（80 米）2（85 米）2（90 米）2（95 米）2（100 米）2（无米级）2 共计 18 支，女子比赛标枪（600 克）共计 18 支，投掷器材架 2 个
计时计分负责布置	终端设备，激光测距仪，田赛成绩显示屏，时限显示屏，运动员号码显示屏
裁判员领用	红旗、白旗、黄旗各 2 面，钢尺（100 米）1 把，皮尺（50 米）1 把，钢钎 2 根，白色胶带 1 卷，助跑标志物 20 个，成绩标记牌 3 块，手套 2 副，擦布 2 块，扫帚（软）1 把，橡皮头铅笔 2 支，夹板 3 块，签字笔 1 支，电子秒表 1 块，白板笔 3 支，红黄卡 1 副

第二节　场地指挥裁判工作

一、工作任务

维持场内秩序，保证竞赛顺利进行，比赛场地管理裁判对比赛场地拥有管辖权，维持赛场内竞赛的正常运行，保证有关工作人员和已被召集参赛的运动员外，不允许其他任何人员进入或停留在比赛场地。

二、人员设置与分工

（一）人员设置

（1）主裁判：1 人。

（2）裁判员：4 人。

（3）志愿者：4 人。

（二）分工

（1）主裁判全面负责赛场秩序，领导裁判组工作，分配裁判员的岗位及任务，制定裁判工作细则，根据每单元的项目安排重点放在终点和有热点人物或明星的比赛场地，预防和处理赛场中突发事件的发生。

（2）A 负责入口，运动场北面区域的赛场秩序。

（3）B 负责入口，运动场西面区域的赛场秩序。

（4）C 负责入口，运动场南面区域的赛场秩序。

（5）D 负责入口，运动场东面区域的赛场秩序。

（6）志愿者和保安人员按人员多少分配到进出口，按证件要求对允许进入田径场内的人员进行把关。

三、工作职责

比赛场地管理裁判员对比赛场地有管辖权。

允许进入田径场内的人员包括与比赛有关的官员，当值的裁判员、正在比赛的运动员、按规定可以进入内场的摄影记者、必要的志愿者、器材保障人员等工作人员，不允许其他任何人员进入或停留在比赛场地内。

保证自己管辖区域内记者等各类人员只能在各自规定区域内工作、所有人员不能影响比赛的进行以及比赛中快速处理有违体育道德的标语、口号的发生。

（一）主裁判

（1）负责赛场秩序。对比赛场地有管辖权，除有关工作人员和已被召集参赛的运动员外，不允许其他任何人员进入或停留在比赛场地。

（2）领导裁判组工作，分配裁判员的岗位及任务，制定裁判工作细则。

（3）全面负责本裁判组工作，安排裁判员分别负责田径场的入口和比赛区域的工作。

（4）熟悉比赛场地布局以及出入口的情况，根据每单元的竞赛日程，合理分配场地管理员。

（5）组织裁判组学习有关场地管理的规定及相关的竞赛规则。

（6）熟悉每单元比赛的热点人物或明星，对比赛中可能出现的情况做好应急预案。

（7）组织裁判员按比赛分工及裁判工作流程进行实习，熟悉裁判工作期间各环节的衔接与配合，提出预案和解决问题的方法。

（8）每单元比赛结束后进行总结。

（二）裁判员

（1）在主裁判的带领下，认真学习有关竞赛规则和工作细则。

（2）服从主裁判的分工，熟悉所分配的工作和管理的区域，保证自己管理区域内记者等各类人员只能在各自区域内工作，所有人员不得影响比赛的进行，果断处理赛场中出现的有违反体育道德的标语口号等情况的发生。

（3）与赛后控制中心裁判组协调配合，合理地进行管理。

（4）在管理中讲究工作艺术，用语文明，举止大方，态度和蔼，服务热情，执法公正。

（5）每单元比赛结束后进行总结。

（三）志愿者和保安人员

（1）熟悉田径比赛各类人员发放的证件及证件的通行区域，明确允许进入场地的各类人员。

（2）按场地管理要求把好进入比赛场地的各通道口，坚决杜绝任何无证、无关人员进入比赛场地。

四、工作方法

（一）赛前工作

（1）主裁判带领全体裁判员认真学习竞赛规则、竞赛规程和工作细则。

（2）熟悉田径比赛场地和设施。

（3）熟悉田径比赛各类人员发放的证件及证件的通行区域，明确允许进入场地的各类人员。允许进入田径场内的人员包括：与比赛有关的官员、裁判员、正在比赛的运动员、按规定可以进入场内的摄像记者、有关的志愿者、器材保障人员等，不允许其他任何人员进入或停留在比赛场地内。

（4）分配每单元比赛场地管理员的工作任务，明确工作区域。

（5）对每单元比赛的重点项目和重点运动员进行分析，预计可能出现的场地情况，并制定疏散预案，保持赛场的秩序。

（6）做好与相关裁判组的协调和联系工作。

（7）统一裁判员之间的联络方式。

（8）工作中要讲究工作艺术，语言文明，举止大方，态度和蔼，服务热情，执法坚决。

（二）赛中工作

（1）全体裁判员提前 60 分钟进入场地，对田径比赛的所有无关人员进行清场。

（2）明确不同工作人员的证件类型及工作位置和范围。根据竞赛日程，严格、准确核对进入场地的各类人员的证件、服装、号码布和广告标志等。督促无比赛任务的裁判员和其他人员、无内场证件的记者离开场地或到指定的区域观看比赛。

（3）杜绝任何无证、无关人员进入比赛场地，如果在场地内发现此类人员要坚决予以清退，如说服无效，及时通知安保部门，给予强行清退。

（4）对于不听从管理的或离开自己工作区域的记者和其他工作人员，及时制止，令其回到其各自的区域，说服无效，通知安保部门，强行清退，并记下事件经过上报有关单位。

（5）根据有关“没有工作任务的裁判员和结束比赛的运动员不得滞留比赛场地”的规定，说服裁判员和运动员迅速离开比赛场地。

（6）若有颁奖，当颁奖时，疏导新闻媒体人员，维持好颁奖区域的秩序。

（7）运动员即将到达终点时，注意是否有媒体及其他人员进入终点摄像区域。

（8）引导媒体工作人员出入场走规定的通道。

（9）比赛结束后引导和督促运动员有序地接受记者采访，维持赛场的秩序。

（10）当遇到有运动员展示与赛事无关的标语，口号时要及时、果断处理，防止事态扩大。

（11）出现突发情况及时与主裁判联系，主裁判仍无法解决时应及时与有关官员进行沟通，迅速处理事件，避免事态的扩大。赛场上各种情况随时都可能发生，要求赛场管理裁判自始至终不但要有高度的责任心、荣誉感，还要专心致志，密切注视赛场动态，遇到问题要镇静、果断、迅速地加以解决，并防止事态的扩大，以保证比赛不受影响，或者把影响降到最小。

（12）严密注意赛场的情况，特别要提醒有关人员在比赛场地内的安全。

（三）赛后工作

（1）监督结束比赛的各裁判组场地、器材是否整洁、有序。

（2）总结本单元工作情况，及时调整方案。

（3）根据比赛的任务，布置下一单元工作的重点和人员分配。

五、工作重点和难点

（1）当获胜运动员要在运动场绕场一周时，应注意疏导运动员和记者。尤其在标枪和跳高比赛时，要密切注意绕场的运动员。

（2）发现无关人员在场内时，应立即要求他们离开场地。

① 结束比赛的裁判员。

② 结束比赛的运动员。

③ 无关的工作人员和官员。

④ 证件与工作区域不符的新闻媒体人员。

（3）预防有违体育道德的事情发生。

具体解决办法分为以下几个方面。

① 根据裁判工作条例有关“没有工作任务的裁判员和结束比赛的运动员不得滞留比赛场地”的有关规定，说服裁判员和运动员迅速离开比赛场地。

② 坚决杜绝任何无证、无关人员进入比赛场地，如果在场地内发现此类人员要坚决予以清退，如说服无效，则联系其相关工作部门，如仍然无效，则及时通知安保部门，予以强行清退。

③ 对于不听从管理的或离开自己工作区进入非允许的区域的记者或其他工作人员，要及时制止，令其回到其各自的区域，说服无效，通知安保部门，强行清退，并记下事件经过上报组委会。

④ 当颁奖时，要疏导新闻媒体人员，维持好颁奖区域的秩序。

⑤ 运动员即将到达终点时，要注意是否有媒体以及任何人员进入“无人区域”。

⑥ 区分不同工作人员的证件类型及工作位置和范围。

a. 文字、摄影、摄像等各类新闻媒体。

b. 各组裁判员和各类裁判长、官员等。

c. 比赛机械系统的工程师、器材保障人员等。

⑦ 媒体出入场，尤其是离场时要走自己的通道。

⑧ 进入内场摄影、摄像的记者 30 分钟前要由相关工作人员引领下由东南通道集体进入。

⑨ 竞走比赛时遇到运动员中退或者被罚下时，要由裁判员或者委派志愿者把这些运动员护送到赛后控制中心。

⑩ 当遇到有运动员展示与赛事无关的标语、口号时要及时、果断处理，防止事态扩大。

六、应急预案

表 8-22　应急预案

序号	突发事件	解决方法	处理预案	涉及部门
1	当获胜运动员要在运动场绕场一周时，场内记者跟随、或影响田赛的比赛	疏导运动员和记者，尤其在标枪和跳高比赛中，要密切注意绕场的运动员	事先做好场地指挥裁判员的站位，做到有利有理	本裁判组、相关裁判组、安保组
2	运动员在比赛期间不慎发生运动损伤或外伤害	迅速通知大会医生到场处理，护送至适宜处休息	1. 熟悉医务人员所处位置，便于立即通知 2. 赛前与医务中心联系，协商好遇运动员伤病通知和处理办法	医务中心、本裁判组、场地指挥裁判员
3	比赛中观众冲入比赛场地	1. 及时通知大会现场指挥； 2. 组织裁判员迅速进行阻挡或疏导，保证比赛顺利进行	全面掌握和了解大会安保部门的联络方式和工作位置	各裁判员
4	场外物品扔进比赛场地	1. 及时通知大会现场指挥； 2. 组织裁判员迅速进行清理，保证比赛顺利进行	全面掌握和了解观众席安保人员的联络方式和工作位置	各裁判员安保部门

七、工作要求及协调和配合

（1）认真学习规则和裁判法，加强岗位责任制，齐心协力、提高效率、按时、保质保量完成任务。

（2）工作时准时到岗、到位，不要无故缺勤、迟到和提前离岗，有事要事先向总裁判长请假并与相关负责人说明把自己的工作安排清楚。

（3）执行裁判工作时，要严肃认真，公正准确，谦虚谨慎，团结协作，着装整洁并应佩戴胸牌或标志，以资识别，除执行裁判任务外，均不得在场地内停留。

（4）工作中要讲究工作艺术，用语文明，举止大方，态度和蔼，服务热情，执法坚决。

（5）要与有关裁判组联系，了解本单元比赛的重点运动员或重点区域，合理分配人员做好充分的准备工作。

（6）要与有关媒体管理部门联系，合理引导新闻工作人员的流动。

（7）要与赛后控制中心裁判组联系，配合赛后控制中心裁判员对比赛结束

的运动员进行疏导和离开比赛场地。

（8）要与场地器材组联系，对使用的通信器材进行检查和落实。

八、所需器材及场地布置

（一）所需器材

（1）对讲机：5 部。

（2）资料夹：4 个。

（3）折叠椅：9 把。

第三节　热身场地裁判工作

一、工作任务

在赛事主管的领导下，树立服务意识，认真完成运动员赛前训练、赛中热身工作，保证运动员安全、舒心地进行热身准备工作。

二、人员设置与分工

（1）主裁判 2 人，1 人负责外场热身工作，1 人负责内场热身工作。

（2）裁判员 4 人，1 人负责内场管理，3 人负责外场管理。

（3）志愿者 20 人（分为 2 组），4 人负责内场工作，12 人负责外场工作，4 人负责热身场地大门的管理。

三、职责

（一）主裁判

（1）全面负责本组工作，进行本组成员的分工与工作细则制定。

（2）组织裁判员学习竞赛规则和技术规程、竞赛须知等文件。

（3）组织培训裁判员和志愿者，统一裁判工作方法，提出工作要求。

（4）组织本组成员准备好运动员热身所需的器材、饮用水，力所能及的为运动员提供服务。

（二）裁判员

（1）在运动员热身过程中，确保秩序井然、安全第一，尽量使运动员安心、舒心。

（2）管理好热身场地的门，尤其是外场投掷场地的门，不允许无关人员进入场内。

（3）在大会的安排下，认真进行投掷场地热身训练，确保每位成员各司其职，安全、稳妥地完成任务。

四、工作方法

（一）赛前工作

（1）主裁判组织学习竞赛规则、规程等文件，制定工作方案，明确分工，熟悉场地，准备器材。

（2）明确各组成员的分工，认真学习热身场地工作细则。

（3）准备好所需器材，饮用水等。

（4）按照大会安排的训练时间，提前20分钟到位。

（5）清理场地，各司其职，等候运动员训练。

（6）在运动员训练中要注意保障安全，尽量提供便利。

（二）赛中工作

（1）保证热身场地秩序、保证热身安全，尽量提供便利。

（2）管理好热身场地的门，确保安全。

（三）赛后工作

（1）回收器材，清理场地。

（2）认真小结，不断改进。

（3）安排下一场的人员分工及集合时间。

五、工作重点和难点

（1）管理好志愿者，调动其积极性。

（2）确保场地人员安全，确保热身安全。

（3）管理好投掷项目，保证安全。

六、应急预案

（1）确保单向投掷，一旦出现交叉投掷，马上劝导，制止。

（2）确保室内热身场的干净，减少不安全因素。

（3）准备好室外热身场用的干布，当下雨时提供给运动员。

七、工作要求及协调配合

（1）认真学习规则和裁判法，加强岗位责任制，齐心合力、提高效率，按时完成任务。

（2）准时到岗、到位，不要无故缺勤、迟到和提前离岗。

（3）工作中要讲究工作艺术，用语文明，举止大方，态度和蔼，服务热情，执法坚决。

（4）加强与安保、医疗、检录、器材组的协调与配合。

八、所需器材（室外热身场）

（1）扩音器：2 个。

（2）饮水设备：2 套。

（3）座椅：25 把。

（4）电动车：1 辆。

（5）起跑器：6 个。

（6）跳高杆：2 个。

（7）镁粉、防雨粉盒：1 个。

（8）30 米钢尺：1 把。

（9）扫帚、拖把、干布等：若干。

（10）运动员休息长凳：若干。

（11）对讲机：2 部。

第四节　外场比赛场地和器材、器械的布置

一、任务

（1）赛前筹备比赛所需物品，检查比赛所需物品，熟悉比赛路线和物品摆放位置，并将比赛物品装车，装完后就地封存。

（2）开赛前将比赛所需物品器材如数送到比赛场地，比赛后将比赛物品收回。

二、马拉松与公路赛跑器材布置

（1）起点检录指示牌、手提扩音器；起点带、胶带、发令台；饮料指示牌、厕所指示牌；桌子、桌布、饮料、矿泉水、水杯、垃圾袋、浴巾。

（2）比赛路线公里牌、方向指示牌、分道指示牌、双面计时器；饮料指示牌、饮水、用水牌、厕所指示牌；桌子、桌布（红、蓝、白）、自备饮料、胶带；饮料、矿泉水、水杯、海绵块、水桶（圆/扁）、垃圾袋。

（3）终点门、长桌、桌布、椅子、太阳伞；终点横幅、终点隔离墩、拉杆、方向箭、终点带；手提扩音器、双面计时器、胶带；饮料指示牌、巧克力、浴巾。

（4）大会。

（5）竞赛委员会。竞赛委员会标志牌、长桌、折叠椅、太阳伞。

（6）新闻委员会。新闻标志牌、长桌、折叠椅、长凳、太阳伞。

（7）编排记录。办公桌、椅、太阳伞；复印机、计算机、电源线及电源插座、办公用品。

（8）另外，发令枪、裁判旗、收容车用矿泉水由各裁判组赛前从器材组领取。

参考文献

［1］康钧. 田径全能技术与训练研究［M］. 北京：首都经贸大学出版社，2022.

［2］孙南，熊西北，张英波. 现代田径训练高级教程［M］. 北京：北京体育大学出版社，2021.

［3］黄敏. 田径运动与健身［M］. 北京：化学工业出版社，2021.

［4］蒋国荣. 田径运动教学与训练研究［M］. 哈尔滨：哈尔滨出版社，2021.

［5］黄亚飞. 田径运动的科学研究与人才培养［M］. 北京：中国原子能出版社，2021.

［6］洪艳玲. 高校高水平田径运动队［M］. 武汉：武汉大学出版社，2020.

［7］王丙振. 田径运动体能训练［M］. 北京：化学工业出版社，2020.

［8］闫俊涛. 田径裁判晋级教程［M］. 北京：北京体育大学出版社，2020.

［9］谭政. 田径训练中教与学的系统实践研究［M］. 长春：吉林人民出版社，2020.

［10］詹建国，张铁军. 田径运动专项身体素质训练［M］. 北京：北京体育大学出版社，2020.

［11］于可红，沈国平，过平江. 田径训练教程［M］. 北京：高等教育出版社，2019.

［12］谢向阳，张卫. 田径运动实用教程［M］. 广州：中山大学出版社，2019.

［13］常生. 田径竞赛组织与裁判［M］. 北京：高等教育出版社，2019.

［14］林伟良. 体育教育田径网络课程管理体系研究［M］. 北京：科学出版社，2019.

［15］张树峰. 现代田径运动技术与训练［M］. 北京：化学工业出版社，2018.

［16］李健臣，王永安，文世林. 田径运动教程［M］. 北京：化学工业出版社，2018.

［17］高峰. 田径运动技术研究及实践项目分析［M］. 北京：中国纺织出版社，2018.

[18] 杨军，丹娟. 中国田径运动发展研究［M］. 郑州：河南大学出版社，2018.
[19] 林松，张垚. 田径竞赛规则与裁判法解析［M］. 北京：人民体育出版社，2017.
[20] 夏冬，黄炜皓. 田径裁判工作细则与方法［M］. 北京：体育大学出版社，2017.
[21] 李诗瑜. 田径运动教学与训练研究［M］. 北京：人民日报出版社，2017.
[22] 崔运坤. 田径运动教学信息整合运用研究［M］. 北京：中国纺织出版社，2017.
[23] 周次保. 田径运动训练与教学的多方位研究［M］. 北京：中国纺织出版社，2017.
[24] 朱波涌，周家全. 田径运动教学与训练实践研究［M］. 成都：西南交通大学出版社，2016.
[25] 藏海波. 田径训练实用教程［M］. 武汉：武汉大学出版社，2016.
[26] 陈于山，陈琳. 田径场地设计计算测量和画法［M］. 北京：人民体育出版社，2016.
[27] 周建梅，李建臣. 田径运动技术诊断［M］. 北京：化学工业出版社，2016.
[28] 王平. 现代田径运动竞训发展探究［M］. 长春：东北师范大学出版社，2015.
[29] 李相如. 田径运动竞赛双语教程［M］. 桂林：广西师范大学出版社，2014.
[30] 文超. 中国田径运动史［M］. 广州：华南理工大学出版社，2014.